Elsbeth Wallnöfer

Politik der Verführung

Von „Volkskanzlern" und politischen Illusionen

Michael Wagner Verlag

Stadt Wien | Kultur

Gefördert von der Stadt Wien Kultur

Erlerstraße 10, A-6020 Innsbruck
E-Mail: mail@uvw.at
Internet: www.michael-wagner-verlag.at

Projektleitung: Elisabeth Waldhart / Michael Wagner Verlag
Lektorat: Ilona Mader / Michael Wagner Verlag
Buchinnengestaltung nach Entwürfen von: himmel. Studio für Design und Kommunikation, Innsbruck / Scheffau – www.himmel.co.at
Satz: Dörlemann Satz, Lemförde
Umschlaggestaltung: Anna Grill | annagrill.com
Autorinnenfoto: Michael Wagner Verlag / Fotowerk Aichner

Gedruckt auf umweltfreundlichem, chlor- und säurefrei gebleichtem Papier.

Bibliografische Information der Deutschen Nationalbibliothek
Die Deutsche Nationalbibliothek verzeichnet diese Publikation in der Deutschen Nationalbibliografie; detaillierte bibliografische Daten sind im Internet über <http://dnb.dnb.de> abrufbar.

ISBN 978-3-7107-6799-9

Inhalt

Lasciate ogni speranza, voi ch' entrate
[Lasst alle Hoffnung fahren, Ihr, die ihr eintretet][1]
Dante
Inschrift am Höllentor

Geleit

Ein Buch ist wie eine Frucht, es bedarf eines Biotops, eines idealen Bodens, auf dem zu gedeihen es imstande ist. In diesem Fall erwuchs es aus dem Boden, um nicht zu sagen aus dem Sumpf, des aufstrebenden Populismus. In der europäischen Politik erstmals mit Silvio Berlusconi in Erscheinung getreten, schien dessen zunächst befremdlich unterhaltsamer Lärm eine kurzzeitige Laune der Geschichte, die bald wieder vorbei sein würde. Doch dem war nicht so. Nach und nach erfasste der boulevardeske Radau Europa und die Welt und wie auf einem Jahrmarkt reihte sich eine Clownerie an die andere. Schon bald zeichnete sich ab, dass groteske Verführungskünste mehr und mehr selbstverständlicher Teil politischen Machtstrebens wurden, Magie und das Streben nach Macht der Sachpolitik den Rang abliefen, seltsame Illusionen und ethnische Kollektivierungsträume um sich griffen und die bisherige solide Mitte ausfransten, wenn nicht gar vollständig verdrängten. Dies alles lässt sich nachzeichnen.

Als tagespolitisch interessierte, kulturpolitisch geübte, philosophisch-anthropologisch geschulte Ethnografin verzeichnete die Autorin eine stetig zunehmende Anzahl von „ausfransenden" Politikstilen bei bisherigen Parteien und eine Zunahme bukolischer Verführungskünste in Form von politischem Folklorismus. Das Werben ums Volk zeitigt bizarre Liebesstrategien, zornige Eruptionen, tierische

Zuneigungen nebst einem verstärkt auftretenden xenophoben und misogynen Habitus, die Faszination von Glamour und Eros des Geldes tut ihr Übriges. So mancher Trend, der gerade noch alle ergriffen hatte, ist während der Durchsicht des Typoskripts vor Drucklegung bereits keiner mehr und sich abzeichnende Tendenzen bei der politischen Mitte nach rechts haben sich nicht etwa unter Rückgriff der Vernunft aufgelöst als vielmehr manifestiert. Der Unterschied der Populisten hin zu den Demagogen wurde immer geringer, der sprachpolitische Duktus künftiger Volkskanzler schärfer. Immer mehr wurde die Politik der Verführung zu einem Spiel um diktoriale Macht.

Das Geschäft mit der Illusion vom Volk blüht. Es wird getäuscht, getrickst, gelogen, aufdirndlt und bierlaunig folklorisiert, applaudiert und schnell vergessen, was gestern noch als unumstößlich erklärt wurde. Wie sehr sich diese Politik des Folklorismus in nur allzu menschliche historische Muster totalitärer, demokratiefeindlicher Politiken einfügt, will hier angerissen werden. Wie viel Illusion und Suggestion, Pathos, Begehren und Spiegelungen sich dabei Raum schaffen und was das mit uns zu tun hat, ist Absicht zu zeigen. Das Buch teilt sich grob in drei Dachthemen ein. Einmal kommt es zu einer Standortbestimmung des Volkes und dessen Begehrens. Diese führt uns weiter zu den Taktiken einer Politik der Täuschung, und gegen Ende schauen wir auf die gestisch-kulturellen Attitüden politischer Verführungen. Nicht immer sind die Unterordnungen auf einen der Dachbegriffe beschränkt, zu verwoben sind sie miteinander. Einiges wird sich bis Erscheinungstermin verändert, manches wie von selbst kannibalisiert haben. Trotz allem bleibt zu hoffen, dass der Verlust der Mitte nicht der Verlust des Maßes dessen, was eine Demokratie ausmacht, bedeutet, wir uns nicht politischen Illusionisten opfern werden und dabei einen Rückfall in vormoderne Zeiten in Kauf nehmen.

Die Seele
Auch ein Bub hat Seele eine,
Ist sie voll, dann hat er eine,
Ist sie leer, dann hat er keine.
Darum ist es eine Seele eine.
Ernst Herbeck[2]

Als im Oktober 2021 in Österreich ein gerade mal 35-Jähriger seinen Rückzug aus der Politik verkündete, meinte dieser leicht verschnupft: „Ich bin weder ein Heiliger noch ein Verbrecher." Mit diesem einen Satz versuchte er alles zurückzunehmen, was ihm und den Seinen bis anhin erstes Ziel war, und wahrlich auch gelang: Glanz und Gloria, trunkene wie willfährige Bewunderung jener Art zu erringen, wie sie uns nur aus den Erzählungen über antike Volkstribune, mittelalterliche Könige und von Führern totalitärer Systeme bekannt sind.

In Gestalt dieses Kanzlers eines Kleinreichs von nicht ganz neun Millionen Einwohnern[3] verdichtet sich ein allgemein gesellschaftspolitischer Trend, der weltweit zu beobachten ist: ein Aufstieg von Populisten und Demagogen, Schwätzern und Entertainern. Was mit Silvio **Berlusconi** in Italien seinen Ausgang nahm, mit Donald **Trump** in den USA einen weltpolitisch relevanten Kulminationspunkt erreichte und immer mehr ähnliche Politikernaturen wie Marine **Le Pen** in Frankreich, Boris **Johnson** in Großbritannien, Jair **Bolsonaro** in Brasilien, Giorgia **Meloni** in Italien oder auch Javier **Milei** in Argentinien zum Erfolg führte, sagt mehr über eine Gesellschaft aus, als uns vielleicht lieb ist. Denn ihr Aufstieg zeigt, wie sehr wir es lieben, zu jubeln, zu klatschen und mit „Volk" angesprochen zu werden. Dieses Volk ist es, das bei Begegnungen mit Populisten vor Bewunderung wie besinnungslos zu deren Füßen feiert. Das Volk, das wie im Rausch auf

Kundgebungen zürnt, bierselig auf Volksfesten schunkelt und auf Demonstrationen brüllt.

Doch was ist die Kraft, die solch ein Verhalten auszulösen imstande ist, was sind die Mechanismen und Instrumente, die eine derartig volkstümliche Verehrung bedingen, und worin genau besteht das Faszinosum, das von Populisten und Demagogen, von Hetzern ausgeht? Was ist das Band, das Volksführer und Volk verbindet?

Auf der Suche nach historischen Vergleichsmöglichkeiten stößt man auf eine in Fachkreisen bekannte wie brillante Erörterung eines Historikers, der sich in einer „Studie zur politischen Theologie des Mittelalters" mit den „zwei Körpern des Königs" (*The Kings' Two Bodies*) beschäftigte.[4] Wenngleich wir es dabei mit einem rechtshistorischen Kompendium zu tun haben, das die juristische Bedeutung der geheiligten Rolle ehemaliger Könige erörtert, ist es dennoch unerwartet aktuell. Denn es behandelt den Personenkult rund um Könige und deren rechtswirksame Unantastbarkeit ihrer symbolischen Rolle. Wir erkennen dabei Parallelen zu Repräsentanten des gegenwärtigen Populismus. Damals wie heute haben wir es mit einem durch und durch anthropologischen Phänomen zu tun: den Politiken und Praktiken von Adoration, dem Eros der Macht, den Verführungskünsten und Gesten der Repräsentation von Macht.

Dieses Gemisch ist es, dem hier auf den Grund gegangen werden soll. Wir suchen nach dem schillernden „Göttlichen" selbsterklärter „Volksvertreter", den Tricks, mit denen sie uns zu umgarnen versuchen und denen viele von uns aufsitzen.

Wie einst im Absolutismus (also bis in nach-revolutionäre Zeiten), zu Hochzeiten des Hoch- und Landadels und dessen Allianzpartners, der mächtigen Kirche, dreht sich auch gegenwärtig alles um dieses besondere, schleierhafte Etwas, das beinahe Religiöse, das Magische, das vielfach entweder zu bedingungs- und kritikloser Gefolgschaft oder aber zu radikaler Ablehnung führt. Wir stoßen auf bekannte Heroen der Macht, ihre repräsentativen Gesten wie ihre schillernden oder zurückhaltenden Dramaturgien, wir begegnen einer Faszination, die seit Menschengedenken nichts an Wirkung verloren zu haben scheint, und müssen mit Schrecken feststellen, dass sie nichts von ihrer faustischen List verloren hat. Einst wie heute ist das Zusammenspiel von Machtstreben und schillerndem Blendwerk ein nicht zu unterschätzender Faktor auf dem Weg zur totalen Macht.

Was heute von der vulgärdeutsch genannten „Message Control", von professionell-strategischen Kommunikationsberatern also, in die Hand genommen wird und darauf abzielt, stylisch smarte oder knallig laute Kandidaten zu kreieren, gab es in der ein oder anderen Form schon immer. So wir historischen Quellen Glauben schenken, dass auf dem Weg zur Herrschaft das vorrangige Ziel darin bestanden hat, ein perfektes Image zu kreieren, den grellsten Schein zu erzeugen, möglichst die gesamte Aufmerksamkeit auf sich zu ziehen, ein diffuses Begehren und die Aura von Macht in uns, dem Volk, dem populus, zu nähren. Wir haben es also auch mit menschlichen Tricks zu tun, die uns in ihren Bann ziehen (sollen), um Gefühle in uns zu erzeugen, um Illusionen entstehen zu lassen, die dazu führen, jemanden zum „Volkskanzler" krönen zu wollen.

Es geht also um den Komplex Macht und die damit verbundenen Verführungskünste, um unsere Empfänglichkeiten dafür.

Eines wird beim Schreiben dieser Zeilen schnell klar: In Zeiten des überbordenden Populismus über Macht nachzudenken und zu schreiben, führt an den Rand der Verzweiflung, wie schon Klügere vorher befanden, die sich Gedanken darüber machten und zum unweigerlichen Schluss kamen, dass sich dabei recht bald „Vorsicht und schließlich [...] Resignation“[5] einstellt. Doch lasst uns nicht verzweifeln, nicht den Glauben an die parlamentarische Demokratie verlieren.

Denn sie birgt wie kein anderes politisches Modell die Chance für Individuen, nicht in der Resignation verharren zu müssen, sie allein vermag die Welt und die in ihr beheimatete Macht der Individuen voll zu entfalten.

Teufel
In der Hölle entfacht der Teufel sein Grauen.
Der Teufel lockt die Menschen in seinen Feuerzauber.
In der Hölle gibt es brüllende Offiziere.
Die Teufel lungern stinkfaul in den Höllenlöchern.
Sie scheuen Müh und Plag.
Ganze Nächte tanzen die Teufel im Reigen
der Schlachtgesänge.
Sie wippen mit ihren Schwänzen und treiben
die Mücken in Abwehr.
Auf der Welt erscheinen sie als Fehlerteufel.
Im ewigen Feuer gibt es keine Seife zum Händewaschen.
Im Inferno fühlen sich die Gehörnten pudelwohl.
Georg Paulmichl[1]

Der Anlass

Der Anlass zu diesen Überlegungen ist einem gefühlten Wandel im Politikstil geschuldet. Starten wir zur Veranschaulichung mit einem Beispiel, das wirklichkeitsgetreu sowie symbolisch für einen Generationenwechsel von einer klassischen Politik konservativer Mitte hin zu einer volatilen populistischen Politik steht.

Die Szene: Ein smart-juveniler Kanzler eines kleinen Landes weilt auf Staatsbesuch in der Hauptstadt Deutschlands. Bei diesem bilateralen Treffen zwischen Österreich und Deutschland begegnet ein Regionalpolitiker – gemessen an seinem Vis-à-Vis – auf eine an Erfahrung reiche und geopolitisch versierte Playerin: Kurzum, Sebastian **Kurz** trifft Angela **Merkel**.

Spürbar, mit leichtem Befremden beim Lesen, schrieb damals der Deutschlandkorrespondent einer großen

Schweizer Tageszeitung: „Merkel mag mit Kurz, der Sehnsuchtsfigur der Konservativen, nicht richtig warm werden.“[2] Diese Bemerkung ist, auch wenn sie nur ein Gefühlsbild eines Journalisten wiedergibt, eine wichtige Botschaft. Es ließe sich einwenden, solche und ähnliche „Stimmungsberichte“ seien eben nur genau das, eben sehr subjektiv. Aber diese Zeilen erzählen uns sehr viel mehr. Sie erzählen davon, was in der politischen Welt beim Ringen um Macht immer öfter eine Rolle spielt: Stimmungen zu verbreiten, gefühlte Wahrheiten zu erzeugen, sie spürbar werden zu lassen. Oftmals erfolgt dies durch Körpersprache, Blicke, Gesten des Grußes oder repräsentativen Symboliken wie Kleidung.

So war es in diesem Fall ein Gefühl, die Stimmung eines Journalisten, die den Gegensatz zwischen der damals mächtigsten Frau der Welt mit einem der weltweit wirtschaftlich leistungsfähigsten Länder im Rücken und dem ehrgeizigen Vertreter einer Kleinrepublik ohne größere wirtschaftsschwangere Ressourcen aufzeigte. Was beide, Merkel und Kurz, nicht aussprachen, ja, vermutlich gar bemüht waren zu verbergen, war dennoch spürbar und blieb nicht folgenlos. Es war nicht messbar und dennoch von Bedeutung, da das Ereignis einen generellen Wechsel des Politikstils der deutschsprachigen Konservativen markierte.

Hier bekamen wir eine gereifte, hochgebildete Frau, deren Markenzeichen ihre Zurückhaltung war, zu sehen, und daneben stand ein gerade eben 30-jähriger Studienabbrecher ohne einen bis dahin beruflichen Erfolg[3] – außer den des gelernten Parteifunktionärs –, aber ausgestattet mit der Begabung zur Selbstdarstellung. Der junge Herr Kurz redete viel in wohltemperierten Phrasen und gestikulierte stets mit einem leichten Hauch von theologischem Pathos in Richtung Pressevertreter. Sie, die Antagonistin, war reserviert bis maulfaul. Kein Wort zu viel kam ihr über die Lippen, keine bemüht extemporierte Nebensächlichkeit setzte sie ein. Wohlformuliert und mit Bedacht sprach sie in diesem Moment, jedes Wort hatte seinen vorgesehenen Platz. Es war zu spüren, dass sie es vorzog, im Zweifelsfall lieber zu schweigen. Das war der exemplarische Augenblick eines europäischen Politikwandels. Hier die klassisch wertkonservative, bedächtige, die in ihrem Habitus stets etwas pesante deutsche Bundeskanzlerin auf der einen Seite, und dort der an Erfahrung blanke, geopolitisch unbeleckte wie charmante Schwiegermutter-Typ Kurz, Kanzler von Österreich. Obwohl beide derselben Parteienfamilie angehör(t)en, sind sie doch pars pro toto eines neuen Trends, oder doch nicht?

Es handelte sich bei diesem Treffen nicht um eine bloß klassisch-politische Begegnung zwischen zwei europäischen Politikern gesinnungsverwandter Parteien. Dieses Setting markierte vielmehr eine Art Stellvertreter-Moment jüngster Geschichte, der einen Generationen- und Stilwechsel im Selbstverständnis dessen, was Politik war und im Begriff war zu werden, verdeutlicht. Diese Begegnung veranschaulicht wie keine vor ihr den Unterschied zwischen klassisch distinguierter Politik und flapsigem Populismus. Sie steht für einen Übergang, einen inhaltlichen Stilwechsel in der Politik – auch für den Verlust der Mitte. Sie steht für einen Wechsel des Politikstils, der mit der Formel „von der Kraft der Überzeugung zur Kraft der Verführung“ umrissen werden kann. Beide verkörpern diesen Wechsel, beide demonstrieren auf ihre Weise die Kraft populistischer Ikonografie und den repräsentativen Charakter von Macht, den Nimbus derselben.

Da solche Ereignisse unser aller Emotionshaushalte nähren, unsere inneren Begehren, unsere Wünsche spiegeln, da sie wirken, noch bevor wir hingehört haben, was gesagt wurde, hat die Politik der Verführung selbstverständlich auch mit uns zu tun. Wir sind es, die die Mächtigen zu dem ermächtigen, was sie am Ende sind. Und so ist der Zauber angeführter Szenerie etwas, das uns ergreift, in seinen Bann zieht, weil wir es zulassen.

Atmosphärische Lagen sind es also, die uns in ihren Bann ziehen, die in uns etwas wachrufen, das dazu führt, schleichend Gefallen oder spontane Abneigung für die Mächtigen zu entwickeln. Dieselbe Kraft ist es, die uns auch zu willfährig gehorsamen Anhängern werden lässt. Diese Stimmungen, diese irisierenden Aufladungen, sind das Schmieröl im Motor hierarchischer Ordnungen und somit der Strukturen von Macht generell. Sie sind unter anderem das Band zwischen „Volk" und „Volkskanzlern". Und je mehr wir und die Politik uns vom Bedürfnis einer ruhigen, wohlbedachten Sachpolitik wegbewegen, umso mehr müssen wir uns auf solche Stimmungen verlassen. Je mehr wir die Gestikulierer und Parlierer bevorzugen, umso mehr erliegen wir den Dynamiken dieses (populistischen) Werbens.

Wie wir schon zuvor festgestellt haben, wissen wir von der Macht, dass sie nach den Regeln eines Spiels funktioniert, das so alt wie die Menschheitsgeschichte ist. Die Literaturen sind voll von Erzählungen politischer Ränkespiele. Wir haben es also keineswegs mit einer Erfindung der jüngsten Epoche zu tun. Die Techniken derzeitigen politischen Machtstrebens reihen sich in eine habituell und gestisch kulturell lange Tradition ein. Es läuft nur alles – untertrieben formuliert – ein wenig schneller. Der Augenblick, der Moment symbolisch repräsentativer Techniken und Mechanismen einstiger Kaiser, Könige, Fürsten, Vögte und auch Päpste beim Streben nach Macht scheint sich angesichts der Digitalisierung für aufstrebende Regierungschefs, Präsidenten, Ministerinnen auszudehnen. Es ist heutzutage nämlich möglich, zur selben Zeit quasi überall auf der Welt präsent zu sein, ohne anwesend sein zu müssen.

Im Prinzip jedoch scheinen immer schon die gleichen Praktiken und menschlichen Tricks dabei zum Einsatz zu kommen. Repräsentieren, hofieren, informieren – und mindestens genauso wichtig und immer öfter: desinformieren. Dies alles, um das Verlangen, mächtig zu werden oder zu bleiben, zu stillen. Formvollendet zeigt sich die Macht von ihrer repräsentativen Seite im Glanz und im Ritual, in hochsymbolischen Gesten, in aufgeladenen Szenerien, die, garniert mit süßlichen Worten oder flammenden Reden, Mensch und Welt vibrieren lassen.

Von der Macht reden heißt deshalb, von der Balance zwischen Mächtigen und Ohnmächtigen zu reden, von Verführungskünsten und immer öfter auch von hochbezahlten Stylisten, Stil- und Farbberatern, von Scharen an Kommunikationsprofis.

So schickt sich die Politik an, das Schöne zum Nützlichen werden zu lassen – während das Vernunftmäßige, die Sachpolitik, zum lästigen Beiwerk verkommt. Und noch ehe wir uns versehen, werden der Stylist und die Kommunikationsberaterin, vermutlich ohne sich dessen gewahr zu werden, zu gewichtigen politischen Beratern.[4]

Strapazieren wir zur Vertiefung deswegen noch einmal die Protagonisten des Berliner Treffens. Auf der einen Seite begegnen wir in der Person Angela **Merkel**, deren uniforme Sakkos betonten, was sie sonst noch schien: eine exzellent gebildete, doch stets etwas gefühlskühl distanzierte, ja, emotional hoch kontrollierte, etatistisch-trockene Konstanz verströmende Politikerin zu sein. Auf der anderen Seite steht der blasierte, spürbar um Aufmerksamkeit heischende Ex-Student Sebastian **Kurz**, der kaum realpolitische Erfolge vorzuweisen hat, jedoch eine Fülle redundanter Sätze zur Lösung der Probleme der Welt anbot. Kurz reiste stets mit einem hochbezahlten Tross von Medien- und Kommunikationsarbeitern und machte mit seiner immer zu jeder Zeit perfekt sitzenden Frisur auf sich aufmerksam. Hat sich das Spiel um Macht in Europa also mit dieser Begegnung endgültig von der imperialen Intrige à la Shakespeare oder einer trockenen Sach- und Staatspolitik verabschiedet und hat es sich zu einem politischen Folklorismus und anderen seichten Populismen hin verschoben?

Als der österreichische Jurist, Richter und Autor Oliver Scheiber jüngst mit seinem Buch über die Österreichische Volkspartei die Frage *Konservative Wende oder konservatives Ende*[5] in den Raum stellte, stand dies unmittelbar in Zusammenhang mit der Person Sebastian Kurz. Auch ihm fiel auf, dass es hier um mehr als um einen Personalwechsel innerhalb der Partei ging, dass mit dessen Politikstil und den von diesem kultivierten rechtstendenziösen Populismus, seiner – inzwischen nachgewiesenen – Klientelpolitik für einige handverlesene Freunde, sich eine ganz Partei änderte. Kurz personifiziert einen vollendeten Stilwechsel im Ringen um politische Macht innerhalb der österreichischen Volkspartei, was tatsächlich auch Auswirkungen auf die deutschen Volksparteien CDU und CSU hatte. Denn der unmittelbare Vergleich Kurz-Merkel ließ die mächtigste Frau der Welt, Angela Merkel, und ihre CDU wie eine dröge, wenngleich solide, unaufgeregte, ja beinahe unzeitgemäße Vertreterin der Konservativen dastehen. Da Kurz nicht nur ob seiner Jugendlichkeit leuchtete, sah man ihn über Österreichs Landesgrenzen hinaus als Hoffnung bringenden Kometen am Firmament der deutschen Volksparteien. Er schien der bisher gemäßigt wirtschaftsliberalen alten Tante Volkspartei mit seiner libertären und in der Tendenz autokratischen Haltung neues Leben einzuhauchen. Die österreichische Volkspartei, die bis dahin immer einen Hauch von biederer habsburgisch-katholischer Land- und Bauerntreue verströmte, schickte sich unter seiner Übernahme an, „ein hippes Ding“ zu werden. Es dauerte auch nicht lange, bis der etwas altbacken gemächlichen, sympathisch konservativen Partei das Streben nach Glanz und Gloria der „nouveau riche“ nachgesagt wurde. So schien es für einen Augenblick, als hätte die schillernde Macht der Jugend gesiegt, als sei die mächtigste Frau der Welt von nichts als dem schönen Schein blühender Adoleszenz in eine Nebenrolle gedrängt, eben entmachtet, worden.

Die Faszination von Macht und das Begehren, sie zu besitzen, sind – so möchte man meinen – durch den stetigen Fortgang bisheriger Demokratisierung sachlicher, aufklärerischer widerständiger, rationaler, kurzum weniger imperial im Gestus geworden. Doch scheint dies bei genauerer Betrachtung der aktuellen Populismusauswüchse nicht der Fall zu sein. Der Aufschwung von Populisten und Demagogen, besonders die aggressive Selbstbehauptung von Rechtspopulisten, wirkt wie ein Abschied von bisherigen Prinzipien geltender Staatsräson, die sich selbst unter Zuhilfenahme des demokratisch zustande gekommenen Rechts eine Form von Objektivität und Respekt verpasste. Im Spiel um die Vorherrschaft von Macht müssen jene, die einen Machtwechsel herbeiführen wollen, entweder auf Bewährtes setzen und garantieren, dass alles so bleibt, wie es ist, oder sie müssen zu neuen Mitteln der Verführung greifen.

Berlusconi verließ sich in Italien auf seinen stereotyp männlichen Habitus, auf sich als bonviantes Vorbild für Millionen von Italienern. Kurz wiederum warf Jahre später seinen juvenil treuherzig lieblichen Charme in die Runde. Sich ins Werk zu setzen, war das Angebot an die Wähler. Kein wirtschafts-, sozial- oder kulturpolitisches Konzept sollte dem im Wege sein. Sie selbst waren das Angebot und die Verführungskünstler, die mit zunehmendem Maß die repräsentative Bedeutung des Staates vom Parlament auf ihre Person verschoben. Sozusagen das „positive Recht" zugunsten einer Politik des schönen Scheins, des gelungenen Habitus und der plakativen Sprüche aufgaben.

Immer öfter stehen zuletzt für diesen Trend vor allem die ehemals christsozialen Volksparteien. So macht sich mit ihnen auf dem Parkett politischer Macht eine Stimmung breit, die bisherige strukturelle Grenzen eines parlamentarischen Staates zusehends verwischt. Es kommt zu einem Stilwechsel, einem Gefühlswechsel, einem Mentalitätswechsel im nationalen Geist.

Dies hat bei rechtstendenziösen, also rechts von der Mitte angesiedelten Journalisten und Politikern zur Folge, dass sie unumwunden der Meinung sind, das Recht hätte der Politik zu folgen.[6] Man schreckt auch nicht davor zurück, bisherige internationale Konventionen wie die UN-Menschrechtskonvention in Frage zu stellen oder die Bedeutung des humanitären Völkerrechts zu schmälern.

Im Überbietungswettbewerb vom Schlechtreden des Staates und der gleichzeitig stattfindenden Fokussierung auf ein Führerprinzip setzt sich ein Mechanismus der Selbstermächtigung in Gang, der nicht einmal mehr ein Mindestmaß an politischem Anstand verlangt und für den die Fähigkeiten logischen Schließens ein Hindernis darstellen. Immer öfter scheint es, als bestünde Demokratie nur mehr aus Regierungen ohne Parlament im Rücken, aus Ministerpräsidenten und Landeshauptleuten, die perfekt ausgeleuchtet in stereotypen Motiven ein Sujet – sich selbst – in allen möglichen Alltagsverrichtungen verkaufen. Dadurch wird der Staat überflüssig und der selbst ausgerufene Vorsteher des Volkes mit seinem eigenen Willen zur Macht umso wichtiger. Kurzum: Damit ist die Epoche des Populismus eingeläutet.

Der Aufstieg der Populisten wird somit zum Symbol der Erosion des Respekts vor dem parlamentarischen Staat mit Gewaltenteilung. Potenzielle Schulterschlüsse unter selbstdarstellerischen Autokraten, herrschsüchtigen Demagogen oder gar tyrannischen Despoten zeichnen sich ab. So sind wir angekommen im Zeitalter trügerischen Glanzes, wo Blazer, Pudel, Glamour, Volksfeste, auf denen Bierkrüge gestemmt werden, die politischen Stimmungen dominieren und der parlamentarische Staat nur als Staffage von Emporkömmlingen dient.

Standort

Alles eine Frage der Macht

Die Lust nach Macht ist das Verlangen nach einem Imperium, einem Staat, und, nun, wahrlich etwas zutiefst Menschliches, das uns gerade deshalb vermutlich immer erhalten bleiben wird. Wir begegnen ihm allüberall, schon in der kleinsten Organisationsform: der Familie. Es beginnt am Küchentisch, setzt sich fort in allen weiteren Zellen einer Gemeinschaft, es begegnet uns als historische Ränkespiele in Büchern und Filmen bei Königen, in der Kirchengeschichte von Päpsten und den zahlreich überlieferten politischen Machtkämpfen von Regierungen.

Die Macht trägt Glanz wie Schrecken in sich. Sie zeigt sich von ihrer hässlichsten Seite, in pervertierten oder tyrannischen Gesten von totalitären und autoritären Staaten, von ihrer schönsten Seite in der parlamentarischen Demokratie.

Macht ist in ihrer anthropologischen Dimension eine der Hauptspuren allgemeinen Handelns, Ursache für das Glück oder Unglück vieler oder einiger. Sie steht in unmittelbarem Zusammenhang mit Status und Reputation. Sie wird demonstrativ zur Schau gestellt oder sehr subtil ausgeübt, sie steht für ein Verlangen, das in den meisten von uns steckt. Wir begegnen ihr auf kleinstem Raum innerhalb der Verwandtschaft ebenso wie im politisch öffentlichen Raum. Ihre Gestalt ist vielerlei, sei es als pater familias antiker römischer Familien, als Rädelsführer einer Gruppe, als Stammesälteste, als Oba im Königreich Benin oder wie bei den Lobi in Westafrika, wo es in jedem „Haus“ einen „Familienchef“ (*tyordarkuun*) gab, der über absolute

Autorität über die „Hausbewohner" (*tyordara*) verfügte,[1] als Dienststellenleiter in einem Ministerium. All diese und noch unzählige andere Rollen repräsentieren Macht, ihre Inhaber können nach ihrem Gutdünken „machen", was sie für richtig halten.

Die politische Macht jedenfalls kennt eine Armee von Mächtigen, darunter einige exzentrische Prachtexemplare. Die Galerie politischer Kämpen und irisierender Despoten ist so lang wie die Menschheitsgeschichte, deren Fama nahezu endlos schillernd. Für das 20. Jahrhundert erinnern wir an illustre Figuren wie den Äthiopier Haile **Selassie** (1892–1975), Josef **Stalin** (1878–1953), Che **Guevara** (1928–1967), den Libyer Muammar al-**Gaddafi** (1942–2011). Dabei zeigen diese Beispiele schon eines deutlich: Politisch Mächtige gibt es in jeder politischen Färbung und nicht alle missbrauchen ihre Macht auch zu ihren Gunsten, aber doch recht viele.

Besonders al-Gaddafi und Selassie erlaubten sich ihre eigenen besonderen Eskapismen, die dafür sorgten, ihr Gegenüber wegen ihres exotischen Charmes für sie einzunehmen und dabei altbekannte Stereotypien in uns von exaltierten Berberführern und afrikanischen Königen zu bedienen. Egal wo Gaddafi – „the flamboyant colonel",[2] wie ihn die Franzosen nannten – auf Staatsbesuch im Ausland weilte, er schlug stets in männlich tribalistischer Manier seine (Beduinen-)Zelte auf.[3] Allein dies sorgte bereits für ein Schillern und Staunen, dem sich zu entziehen schwer war.

Solche Übertreibungen des Selbstgefälligen sind Exempel gewiefter Gesten, um Aufmerksamkeit zu generieren; zu zeigen, dass man qua Macht imstande ist, sich mehr herauszunehmen, als rundum geltende gesellschaftliche Konvention es vorsehen. Gaddafis Auftritte jedenfalls veranschaulichen, worauf Macht auch beruht, vom Flair und dessen Wirkung auf andere, vom Draufgängertum und einer demonstrativen Selbstbehauptung.

Die Magie der Macht bedarf, wie wir hier lernen, zu ihrer vollen Entfaltung eines gewissen Maßes an Eskapismus. Dazu gehört ein imposantes Auftreten, nicht zuletzt, um zu zeigen, wo die Grenzen der anderen, der weniger Mächtigen, enden. Wer diese Magie herzustellen imstande ist, ist mächtig und verweist die Gewöhnlichkeit der anderen in ihre Schranken. Somit scheidet sich recht bald die Welt in auserwählte Mächtige und viele andere Nicht-Mächtige, gar Ohnmächtige.

Die grenzenlose Lust am Herrschen, das Begehren, derart mächtig zu werden, dass kein Gesetz der Welt für einen gilt, diese Lust personifizieren die selbstgefällige nordkoreanische **Kim-Dynastie**, eine einstige Reihe von Päpsten und (römischen) Kaisern der Vergangenheit, aber auch Demagogen wie Donald **Trump**. Wer, wie Letzterer, vorgibt, er würde „nur für einen Tag Diktator“ sein wollen, nämlich am ersten Tag seiner Amtseinführung,[4] leistet damit einen Offenbarungseid, ein Bekenntnis zu totalitären Strukturen, zur totalen Macht. In den Kreis derer, die ihre Macht über alle nicht selbstgestrickten Gesetze stellen, gehören alle Despoten dieser Welt und ganz besonders Wladimir **Putin**. Sie stehen für einen völlig entgrenzten Willen zur Macht, für eine Politik der harten Hand und das Verlangen, entweder durch offen zur Schau gestellte oder im Verborgenen gepflegte Exaltiertheit gerühmt zu werden. Sie zeichnet aus, Jongleure der Selbstdarstellung zu sein, sie sind Experten im Erfinden von Huldigungsritualen und Meister des Verbergens eigener Verfehlungen. Sie beherrschen die scheinbar generösen, großen Gesten perfekt, so wie sie nur Selbstdarsteller imstande sind zu zeigen. Meistens führen sie ein Doppelleben, ein öffentliches und ein privates, das den durch die Kraft der Macht verliehenen Luxus entweder verbergen (Putin) oder mit ihm beeindrucken (Trump) will.

Gewiss ist, sie alle hatten Vorgänger und werden auf ihre Weise Nachahmer finden, denn Herrschaftssucht, Selbstverliebtheit, Mitteilungslust und Ringen um Anerkennung scheinen ein substanzielles anthropologisches Prinzip zu sein.

Der ewige Hunger Einzelner auf Macht ist es, der die Welt in Bewegung hält, und leider auch sehr gefährlich macht. Besorgniserregend zeigt sich, dass das Buhlen um Macht speziell bei Populisten, Demagogen und Despoten spürbar entfesselter vonstattengeht, als dies bei Demokratie und dem Parlament verpflichteten Politikern der Fall ist.

Vor allem Populisten scheinen zu wissen, dass sie die perfekte Dramaturgie gleißender Inszenierungen zum Erfolg führt. Daher lieben sie alles, was der politische Folklorismus zu bieten hat. Volksfeste, Brauchtümer und Rituale, beispielsweise politische Aschermittwoche. Ihre Entourage ist ein handverlesener Haufen, der hauptsächlich gesinnungstreu ist und sich entsprechend gerne mit dem Abglanz ihrer populistischen Lichtgestalt begnügt. Der Mächtige wiederum weiß, dass er ohne Gleichgesinnte allein dastünde. Wer gar ein Volkskanzler werden will, braucht nicht nur Wähler, er oder sie braucht ein gesinnungsgleiches (willfähriges) Volk – oder eine mächtige Illusion davon.

Das derzeit von Populisten, Autokraten und Demagogen nur zu gern beschworene Volk meint also tatsächlich auch nur „ein“ Volk und keine Gesellschaft. Sie sehen in ihm nicht eine sozial strukturierte Gesellschaft, sie meinen „ein“ Volk, das geboren aus einem Ideal, verbunden in einer gemeinsamen kulturellen Projektion, zusammengehalten von einem Bluts- und Stammesdenken, einem Ius-sanguinis-Denken, wird.

Populisten, Autokraten, Demagogen und Despoten suchen nach Widerhall, erwarten ein Echo der Zustimmung, verlangen nach Bewunderung. Sie dürsten nach möglichst viel und lautem Applaus. Sie rufen, in religiöser Manier, die „einfachen Menschen“ an, feuern sie an. Sie brauchen den per tosendem Applaus herbeigeführten Rausch. Sie lechzen nach Atmosphäre, nach emotionaler Stimmung, nach der Hitze der Emotion. Denn sie ziehen den Genuss ihrer politischen Legitimation aus genau dieser Stimmung. Wenn Sie, verehrter Leser, sich im Bierzelt dieser Stimmung hingeben, euphorisiert schunkeln und klatschen, werden Sie am Ende dieses Klatschen sehr wahrscheinlich in eine Wahlstimme umwandeln. Deswegen stemmen „Volkskanzler“ und solche, die es noch werden wollen, im Trachtenjanker Bierkrüge und hopsen zu Blasmusik, hauen mit der Faust auf den Tisch und erzeugen die Stimmung von Revolten.

L'esprit de l'egalité est
que chaque individu soit une portion égale de la souveraineté,
c'est-à-dire du tout.
[Der Geist der Gleichheit ist, dass jedes Individuum ein gleicher Teil des Souveräns ist. Allgemein gesprochen.][1]
Saint-Just, 1791

Das Volk, il popolo, le peuple I

Die Vorstellung davon, was ein Volk im politischen Sinne ist, folgt neuerdings immer öfter den Gesetzen einer hochidealisierten Fantasie. Das „Volk" oder der „Pofel", il popolo, le peuple, *wir* also, sind, was die Macht des Mächtigen ist: realpolitische Verhandlungsmasse ebenso wie fantastisches Gebilde. Wir sind aber auch die Claqueure, die Klatscher, die bereitwillig applaudieren und adorieren. Wir sind auch jene, die auf den Straßen zürnen und über die Macht verfügen, die Mächtigen zu Fall zu bringen. Wir, das Volk, sind in einer Demokratie eine Gesellschaft, also diejenigen mit der rechtlich verbrieften Freiheit, die Mächtigen (friedvoll) abwählen zu können. In anderen Systemen als einer Demokratie müssten wir sie stürzen.

Wer Volk statt Gesellschaft sagt, meint meist nicht eine heterogene Gesellschaft. Wer Volk sagt, der meint ein im Geiste vereinigtes Volk, ein hermetisches Kollektiv, das keine sozialen Nuancierungen kennt.

Doch ist das Volk tatsächlich eine idealisierte, archaische Masse, die zu ritualisierten Zeiten als bierschwangeres folkloristisches Spektakel in Erscheinung tritt und vor Begeisterung klatscht, sobald ein Kanzler (so unlängst in Österreich passiert) auf einem Volksfest ein Bier „auf ex" trinkt? Ist ein Volk, ein perfektes, geistig harmonisiertes Volk, das es lässig findet, wenn sein „Stammesführer" den auf einen Schluck leer getrunkenen Bierkrug wie eine Trophäe in die Luft streckt? Sind ein Volk, und noch ein Volk, und noch ein Volk mehr von Gewicht und besser als eine Gesellschaft? Ist das Volk ein „erzeugender Geist", wie der Philosoph Fichte in seinen *Reden an die Nation* 1808 einst meinte? Wohl kaum. Oder doch?

Das Volk und seine Mächtigen befinden sich in einer verhängnisvollen Liaison, die sich, wie jede Beziehung, von der Spiegelung gegenseitigen Begehrens nährt. In dieser politischen Beziehung ist es also wie im eigenen privaten Beziehungsgeflecht: Wo die Grenzen von Individuen mit denen anderer verschwimmen, verschwimmen zugleich auch ihre Identitäten. „Wir" werden eins, „wir" sind die Welt. Diese Sehnsucht nach einem „Wir" muss wohl aus dem romantischen Bedürfnis nach Harmonie resultieren und einer ewigen, sehnsuchtsvollen Erzählung. Es hat vermutlich mit dem Wunsch in uns, in jedem Einzelnen von uns zu tun, ähnlich oder gleich sein zu wollen wie andere. Es steht in Zusammenhang mit dem Begehren nach Harmonie, aber auch der geballten Macht eines Kollektivs, sei es als Nation, als Ethnie, als bionationale Entität. Wer „unser Volk zuerst" oder „America first" skandiert, signalisiert, dass er eine Idealvorstellung von einem Volk in Harmonie hat. Wer umgekehrt nach einem Volkskanzler für alle begehrt, muss wohl ein ähnlich homogenes Volk von Gleichen im Kopf haben. Spinnen wir den Gedanken weiter: Was würde es für eine Gesellschaft, für uns alle, tatsächlich bedeuten, ein Volk zu sein und einen Volkskanzler an der Spitze des Staates zu haben, welche Menschen, welche Lebensstile würden zum stellvertretenden Maßstab für *das* Volk?

Das Angebot, „Volkskanzler" werden zu wollen, sich als Stimme *eines* Volkes, eines „Wir" auszugeben, ist demnach wohl nichts mehr als eine bittere Verheißung, die sich gerade nicht an eine Gesellschaft richtet. Ein Volkskanzler, der sich an ein Volk wendet, hat kein Interesse an einer pluralistisch-sozialheterogenen Gesellschaft. Da der demokratische Staat, und nur der demokratische Staat, vom Prinzip des individuellen, personalen Rechts ausgeht, ermöglicht eine Demokratie einer Gesellschaft ein Höchstmaß an unterschiedlichen Lebensweisen und Lebensstilen. Richtet sich ein Volkskanzler an ein Volk, dessen Merkmale per se feststehen – nämlich ethnisch und kulturell homogen zu sein –, stellt er sich folgerichtig früher oder später gegen den demokratischen Staat und jene Teile der Gesellschaft, die sich nicht ins Volkskonzept fügen. Anders formuliert: Ein Volkskanzler ist gegen Vielfalt und im Kern anti-demokratisch. Wer Volkskanzler sein will, ist anti-pluralistisch und damit anti-demokratisch.

Denn eine Gesellschaft entspricht im realen Leben nie einer gefühls- und gedankengleichen Illusion. „Ein Volk" hingegen schon. Sollte es am Ende des Tages der Geschichte und der Demokratien doch zur politischen Realität eines Volkes kommen, wird die rein idealisierte Gesinnung zur Vermessung des Volkes herangezogen werden, und das wären ethnische und kulturpolitische Kriterien. Die Macht, die von einem solchen Volke ausgeht, ist, weil sie alle realen sozialen, wirtschaftlichen und kulturellen Faktoren unberücksichtigt lässt, konsequenterweise die Macht eines Idealbildes, in das nicht alle im Staate Lebenden passen.

Macht, besonders politische, beruht stets auf vertikallinearen Ordnungen. Ganz oben steht in einer Demokratie das positive Recht, ihm haben sich ausnahmslos alle unterzuordnen. Es kann nur mit der und durch die Kraft des Parlamentes verändert werden. In autokratischen und totalitären Systemen ist hingegen der Präsident ad personam die letzte Instanz. Er steht als Einziger über dem Recht, weil er nicht das Recht *repräsentativ verkörpert*, sondern er selbst das Recht *ist*. Er bekleidet nicht nur für bestimmte Zeit einer Wahlperiode die Rolle eines ersten, obersten gemeinsamen Volksgeistes – er *ist* der Geist.

Da in einer parlamentarischen Demokratie die Gewaltenteilung dafür sorgt, dass es zu keiner Machtkonzentration auf eine Person, Institution oder Gesinnungsgemeinschaft kommt, ist nachvollziehbar, woher das Begehren aufstrebender Volkskanzler herrührt, einem Volke vorzustehen. Der Rechtsstaat, wie ihn Volkskanzler vertreten, meint also einen Staat, in dem das Recht der Politik zu folgen hat, und zwar einer Politik, die der Volkskanzler ad personam vorgibt.

Einen Volkskanzler, der über ein Volk *herrscht*, das sich durch nichts als eine Gesinnungsgemeinschaft auszeichnet, sollten wir fragen, was mit jenen Menschen passiert, die aufgrund ihres sozialen, religiösen, politischen, individuellen Lebensstils außerhalb des festgelegten Volksbegriffes bewegen. Die für sich einen Lebensstil gewählt haben, der sich einem allgemeinen Diktat (Volkswillen) nicht unterzuordnen bereit ist. „Wir" sollten uns fragen, was passiert unter der Herrschaft von Volkskanzlern mit den Befürwortern einer parlamentarischen Demokratie und Gewaltenteilung, den Vertretern von Pressefreiheit, den Verteidigern und Verteidigerinnen von universellen Menschenrechten und Völkerrecht, den Kritikern der Volksgemeinschaft?

Sie genießen, so lehrt uns die Geschichte, nicht die volle Fürsorge der Volkskanzler, weil diese schlicht und einfach selbst bestimmen, wen sie zum Volk zählen und wen nicht. Für Volkskanzler sind sie im Grunde nicht sichtbar oder, noch schlimmer, lästige Störer und nicht Teil des gemeinsamen Volksgeistes. Sie gelten als anders oder fremd, gar als störend. Daher unterliegen sie ausgeklügelten Strukturen von Observanz des Volkswillens und des Volkskanzlers. Ausgeliefert der Gnade einer Volksidee und nicht geschützt von einem allgemeingültigen positiven Recht.

So gipfelt die zur Perfektion getriebene Macht eines Volkskanzlers in der Herrschaft einer finsteren Illusion, einem Ideal im Kopf, wie wir das sonst nur vom Totalitarismus kennen. Aus historischer Anschauung wissen wir, dass der Weg von einer heterogenen Demokratie in die Herrschaft *eines* Volkes über die teilparlamentarische Autokratie führt. Es sei denn, es erfolgt durch einen Putsch ein drastischer Systemwechsel von einer demokratischen Gesellschaft in ein Volkssystem. Vor diesem Hintergrund sollten wir uns gegenwärtig der Anzeichen einer Erosion der Demokratie gewahr werden.

In der politischen Praxis beinhaltet der Weg in eine Autokratie Attacken auf Parlament und längst ausgehandelte universelle Rechte gleichermaßen wie gegen nicht gesinnungsgleiche Medien. Auf der geistigen Ebene kommt es dabei zu einer Art Umformung einer diversen Gesellschaft in eine reine, homogene Illusion von einem Volk und Angriffen auf nicht gleichgesinnten „Eliten“. Die Geschichte des „deutschen Volkes“ hat uns dies gelehrt und die Gegenwart, so scheint es, wiederholt gerade die Geschichte.

Ein wenig anders verhält es sich mit dem Traditionsbegriff des französischen *le peuple* oder des italienischen *il popolo*, die aus sozialpolitischen Revolten und Revolutionen hervorgingen. So ist das deutsche Volk immer schon auferstanden als ewiger Selbstbehauptungswille politischer Niederlagen (vor allem gegen die Franzosen) und andere geistiger Ideale. Das deutsche Volk zählte den

Pöbel (vulgus) nie zu seinem „bürgerlichen Ganzen“, der Nation, wie Kant es einst formulierte.[2] Das Volk der Deutschen war immer schon die bloße Vorstellung eines elitären Bürgertums, nie Ausdruck einer Gesellschaft. Es war also immer schon auf eigene Weise national idealisierend, somit ausgrenzend, nicht einend.

Deswegen sind die Vertreter der reinen Idee eines Volkes nur zu gern dem Geist des deutschen Idealismus verpflichtet und nicht an einer sozial heterogenen Gesellschaft interessiert. Darum betreiben sie eine Politik der Destruktion und attackieren bestehende Konzepte einer diversen Gesellschaft. Eben darum mangelt es ihnen an inhaltlichen Programmen, denn sie verlassen sich auf eine historische, elitäre Idee. Und unter Zuhilfenahme der Illusion von einem Volk in einem national-religiösen und kulturellen Erweckungsgeist schielen sie einmal mehr auf eine Alleinherrschaft.

Die Vorstellung eines Volkes, bestehend aus reinen Menschen mit reiner Seele und einer „ethnischen Kontinuität“,[3] wie es der Spitzenkandidat der AfD zur Europawahl schonungslos ehrlich und erschreckend formulierte, ist – gemessen an den sozialen Wirklichkeiten – eine altbackene Idee, deswegen aber keineswegs unbedenklich. Sie mag als politisches Programm populismustauglich sein, führt jedoch an den tatsächlichen Problemen einer Gesellschaft des 21. Jahrhunderts vorbei. Eine schemenhafte Volksidee zum Programm zu erheben, dient daher nur einem Zweck: den kollektiven Selbstbehauptungswillen der Deutschen (und Österreicher) zu wecken, um damit nach der Macht zu greifen. Die Illusion vom Volk wird in seiner Bedeutung aufgebläht, indem dessen Bedrohung düster gezeichnet wird, und dafür verantwortlich gemacht werden alle repräsentativen Institutionen eines demokratischen Staates. Daraus resultiert die Devise *Das*

Volk gegen den demokratischen Staat. Ein verhängnisvolles Verlangen.

Dazu passt, dass auf einem der letzten Parteitage der **AfD** unumwunden die Demontage der EU in der Präambel des Leitantrages zur Europawahl offengelegt wurde. Erst angesichts der Reaktionen auf die politische Brisanz dieses Bekenntnisses ruderte die Partei mit der Begründung, dies sei „ein Versehen" gewesen, zurück.[4] doch fällt es schwer, dem Glauben zu schenken, zumal wir von Ungarn ein lebendiges Beispiel zur Umsetzung solcher Ideen geliefert bekommen. Viktor **Orbán** macht es uns seit geraumer Zeit vor, lange (zu lange) geduldet, gar unterstützt, von den europäischen Volksparteien. Und auch in Italien macht sich die Postfaschistin Giorgia **Meloni** aktuell daran, um vermeintlich im Sinne des italienischen Patriotismus Änderungen demokratischer Strukturen, zum Beispiel des Wahlrechts, vorzunehmen. Alle diese rechten Volksillusionisten betonen unermüdlich, für ihr Volk da zu sein, Stimme ihres Volkes zu sein, und alle meinen nur einen gewissen Anteil der Bevölkerung des Staatsvolkes. Was sie dabei eindeutig nicht tun: die Interessen einer Gesellschaft vertreten, die realpolitischen Probleme zu lösen. Doch wie gelingt ihnen das so gut, wie kommen sie zu immer mehr Wählerstimmen, wenn sie Wahlen doch eigentlich am liebsten gleich ganz abschaffen würden?

Sie alle eint: Sie beschwatzen uns, sie repräsentieren und promenieren, sie plustern sich auf, sie befeuern uns, sie frömmeln, biedern sich dem Volke als Beschützer vor einer Gefahr an, die sie selbst vorzeichnen.

Obwohl sie überdurchschnittlich verdienen (oft bis zu zehnmal mehr als das Medianeinkommen beträgt), gerieren sie sich als Volksvertreter, als Stimme „einfacher Menschen", als Vertreter einer Macht, die vorgibt, gegen den

Moloch eines demokratischen Staats aufzustehen, um eine neue Gerechtigkeit herzustellen. Diese schon demagogische Manier hat sich inzwischen zu einer Mode ausgewachsen, der besonders die konservativen Parteien bereit sind zu folgen. Tragischerweise praktizieren derlei konservative Parteien. Schlecht über amtierende, demokratisch gewählte Regierungen oder den Staat zu reden, hat sich besonders bei der bisherigen konservativ-demokratischen Mitte in Deutschland zu einem Trend entwickelt. Während in Österreich die bis 1999 durchaus als solide Mitte geltende und gerade regierende Volkspartei seit einigen Jahren eine besonders paradoxe Doppelrolle einnimmt. Sie spielt Regierung und Opposition zugleich, fantasiert von einem Volk „Normaldenkender" und teilt damit die Gesellschaft in Normale und Nicht-Normale ein. Dabei wird kein Hehl daraus gemacht, wer als normal gilt: wer nicht gendert, wer viel Fleisch isst, wer ein Auto mit Verbrennermotor fährt, wer sein Geld für Schweinsbraten und Schnitzel ausgibt und nicht für den Döner – camoufliert formuliert „klassisch-regionaltypisch" isst. Derlei wird zu allem Überfluss noch mit einem Wirtschafts- und Tourismusfondsgesetz unter ideologischer Berufung auf die Pflege „kulinarischen Erbes" verbrieft.[5] Der Kanzler selbst, Karl Nehammer, nahm ohne einen Anflug von Scham eine Definition des „Normalen" vor und verschob damit en passant die Grenzen des gemeinhin als normal Geltenden (nämlich nicht amtlich bestätigt unzurechnungsfähig zu sein), indem er Klimaaktivisten mit Rechts- und Linksliberalen in einen Gulaschtopf von Nicht-Normalen warf. Dies wurde dann selbst dem Bundespräsidenten zu viel. Er wandte sich umgehend an die Österreicher und Österreicherinnen und warnte vor einer Spaltung der Gesellschaft.[6] Woraufhin sich wiederum der Kanzler auf allen denkbaren Social-Media-Kanälen bockig im Habitus und indirekt gegen den Bundespräsidenten – immerhin der oberste Mann im Staate – in Stellung brachte, er lasse sich das Wort nicht verbieten, das sei alles nicht mehr normal. Politisch geschulten Ohren fiel auf, dass der ÖVP-Kanzler dabei weit von einer geziemenden Mitte-Haltung abrückte und vielmehr einen rechtspopulistisch-demagogischen Schwung anspitzte: Er – der sein Amt im Übrigen nur vom ursprünglich hochgelobten Volkskanzler Sebastian Kurz übernommen, also nur geerbt hatte – stellte die demokratisch legitimierte Autorität des direkt gewählten Bundespräsidenten in Frage. Im Stile eines „Volkskanzlers" erweckte er den Eindruck, der Ruf nach Mäßigung durch den Bundespräsidenten wäre eine Attacke auf das „Volk der Normalen". Ohne es auszusprechen, verwandelte sich der damals amtierende Kanzler aller Österreicher und Österreicherinnen zu einem Volkskanzler für einige Auserwählte.

Das Volk, le peuple, der „Volkist" II

Als im Jahr 1846 erstmals das Buch *Le peuple* als *Das Volk*[1] in deutscher Übersetzung erschien, führte der Autor und Historiker Jules Michelet den Begriff Volk als kollektive, gesellschaftliche und sozial nuancierte Größe, als Masse, als identitätspolitische Kategorie in die europäische Bildungselite ein. Damit unterschied sich sein Konzept, das „Volk" als soziale Melange zu denken, markant vom deutschen Volksbegriff eines geistig-lyrisch idealisierten, bürgerlichen Volkes. Heute würde er vermutlich an die Stelle von Volk Gesellschaft schreiben.

Das deutsche Volk entspringt in seiner (nicht endgültig geklärten) etymologischen Herkunft dem germanischen „volc", womit – vor allem militärisch-aggressiv besetzt – ein Heerhaufen gemeint war. Seine heutige ethnisch-kulturelle Assoziation erlangte es während der Erweckungsphase der Nationalstaaten, samt romantisch-idealisierender Note, und seine hässlichste Seite gipfelte in der rassischen Volkstumsideologie der Nationalsozialisten. Die zurzeit gebräuchliche Abkehr vom politischen Begriff der Gesellschaft oder Gemeinschaft und einer ihr zugrunde liegenden Ansammlung heterogener Menschen zur Hinwendung eines homogenen Volkes rekurriert auf ein Konzept der „Geburt des Volkes aus dem Geiste eines Ideals"[2], wie wir inzwischen wissen.

Nicht frei von Sarkasmus drängt sich beim derzeitigen lauten Gewese ums Volk die Frage auf, warum der gesellschaftliche Diskurs bis jetzt deutsch-sprachlich keine „Volkisten" hervorgebracht hat. Wir kennen, in Anlehnung an das lateinische populus, den Populisten und jüngst wieder, in Österreich, einen Anwärter auf das Amt eines Volkskanzlers, aber einen Volkisten kennen wir nicht. Ein Schalk, wer jetzt lautmalerisch das Wort Volkist rezitiert. Aber gibt es denn einen Unterschied zwischen dem Populisten, dem Volkskanzler und dem sprachlich noch nicht bekannten Volkisten?

Beide, der Populist und der Volkist, tun dasselbe, sie agitieren. Sie sind Rufer, die an ein in sich geschlossenes Volk, ein Phantasma appellieren. Aber rufen sie dabei tatsächlich ein real existierendes Volk an? Meinen sie den Pofel, den Plebs, das vulgus, die Armen und die ganz Armen usf.? Wohl kaum, wir haben es ja schon angedeutet, dem Populisten genügt ein Ideal, das er seinem Volke schmackhaft macht. Er genügt sich selbst in der Rolle des Volksrufers. Ihm verlangt nach einem Volke, „seinem" Volke, das keine Probleme, keinen Dreck macht. Er sucht es auf, täuscht das Volk über die real bestehende soziale Kluft hinweg, indem er sich auf Volksfesten gemein mit ihnen macht. Er buhlt um Zustimmung. Richtet sich aber ausschließlich an vorweg Gesinnungsgleiche, er kämpft sich vor bis zu den digitalen Stammtischen. Im Unterschied dazu richten Demokraten ihre Stimme an die Wähler und Bürger des Landes, und das heißt: an alle, die über ein Wahlrecht verfügen.

Auf dem Weg zur Macht eines Volkskanzlers ist der Volkist, der Populist ein Täuscher, der vorgibt, einer von ihnen zu sein, der den Anschein erweckt, gerechte Stimme der sprachlosen, der geknechteten Gesellschaft zu sein. Doch eigentlich ist er nichts als ein „eitler Emporkömmling des Augenblicks".[3]

Er quiriliert und hält geschickt verborgen, was seine tatsächlichen Anliegen sind, nämlich Macht zu erlangen, um sie nach den eigenen Vorstellungen auszugestalten. Aus diesem Grund ist er nur am schnellen, effektiven Erfolg interessiert. So bleiben dem Populisten nur ein, zwei Probleme oder Themen, die zu dämonisieren, aufzublasen und hartnäckig zu proklamieren Sinn machen: eine Bedrohungslage zu skizzieren und den Beschützer zu geben.

In einer komplexen Welt mit multiplen Krisen sind die Meister der einfachen Lehre willkommener Trost, wie immer öfter die Wahlergebnisse belegen. Um es so zu sagen, wie sie es würden: Sie geben einfache Antworten auf komplexe Fragen. Dass diese reduzierten Antworten dabei notwendigerweise fehlerhaft sind, interessiert den Volkisten nicht. Deswegen agiert der Populist oder Volkist mit dem Impetus eines religiösen Propheten. Er beschwört immer wieder die Apokalypse und fordert den Glauben des „Volkes" heraus. Wer nichts weniger als Glauben einfordert, weiß, dass ihm allein Gefahr von der Vernunft droht. Also diffamiert man die Vernünftigen. Jene, die kritisch sind, die unter Anwendung ihres Verstandes die Welt wägen und prüfen. Man prangert die kritische Presse an, verweigert deren Vertretern den Zugang zu den Parteiveranstaltungen, negiert die Wissenschaften, feuert gegen Kritikerinnen. Der langen Rede kurzer Sinn: Man stigmatisiert sie zu Feinden des Volkes und der politischen Arbeit.

Rasend oder faunisch

Populisten leben vom Feuer, vom Eifer und vom Zorn der Menschen. Also ist der Populist wie einst der derbe Barockprediger ein Seelenfänger in eigener Sache, gestärkt und genährt von den Flammen der Apokalypse. Das Geschäft mit Angst und Zorn ist daher seine politische Strategie, die auf mephistophelisch meisterhafte Weise Stimmungen streut oder aufgreift.

Bekannte Populisten, die ihr Handwerk hervorragend beherrschten, waren der selbstverliebte Herr **Kurz**, Italiens erster Populist, der faunische Signor **Berlusconi**, oder auch der clowneske Beppe **Grillo** von der 5*-Bewegung in Italien. In den USA tobt unvergleichlich der frauentolle Herr **Trump**, während sich wiederum in Italien bis zur Inauguration als Ministerpräsidentin Italiens die mehrsprachige Postfaschistin, Signora **Meloni**, darin besonders hervortat. Sie brillierte auf dem Weg zur Premierministerin als erstklassig zornige, keifende, die Menschen aufpeitschende Rednerin. Doch der Schein trügt, wenn man denkt, ausschließlich oder primär Italien sei ein Idyll für Populisten. Man findet sie auch zuhauf im deutschsprachigen Raum, dort kommen sie immer öfter aus der bisherigen parteilichen Mitte.

Deutschlands Populisten sind, wie in Österreich, von der bürgerlichen Mitte abgedriftet. Besonders beeindruckend geriert sich inzwischen der auf völkisch-zünftig gedrehte, in der Tendenz immer stänkernde Fleischfetischist und Gendergegner Bayerns Markus **Söder**. Dessen Kamerad im Geiste, der großbürgerlich sozialisierte Vorsitzende der CDU / CSU Friedrich **Merz,** positioniert sich und die Partei ungeschönt wie rhetorisch leichtfüßig als „Alternative für Deutschland mit Substanz".[4] Verständlicherweise sorgte dies bei den demokratischen Kräften der eigenen Mitte bundesweit für Schaudern, während die Urpartei der „Alternative für Deutschland", die **AfD**, für den neuen Rechten nur Häme und Spott übrig hatte.

Wahrlich, der Kampf um die Vorherrschaft der Macht im Staate beschränkt sich nicht mehr auf politische Konzepte zur Lösung von Problemen, er ist zu einem bloßen Kampf um Wählerstimmen zur Erlangung von Macht geworden. Er zielt nicht mehr auf die Wähler ab, er besteht nicht mehr darin, zu überzeugen. Es geht nur mehr darum, die Menschen zu kapern, zu emotionalisieren, sie damit für sich zu gewinnen. Mit Enttäuschung oder Entsetzen muss man feststellen, dass sich die konservative Mitte mehr und mehr der neuen Rechten annähert, indem sie sich dieser rhetorisch anpasst, was Österreichs angehender Volkskanzler, Herbert Kickl, in einer seine Wahlkampfreden 2024 süffisant seinen Fans schilderte. Der Kampf um die Wählerstimmen ist längst zu einem Gezerre ums Volk geworden, wo die Gesellschaft außen vor bleibt.

Die tragische Seite dabei ist, dass sich konservativen Volksparteien dabei zu hetzerischen Populisten auswachsen und die bisherigen Populisten sich immer unverhohlener zu demokratiefeindlichen Demagogen werden. Dieser schleichende, die Demokratie schädigende, Prozess befördert eine Abkehr vom Glauben an die Demokratie und zementiert die absurde Illusion von einem Volk, das es zu schützen gilt, zu einer realitätsfernen politischen Kategorie. Populisten reden angeblich dem Volk nach dem Maul, oder was sie dafür halten. Dabei sind sie es, die den Leuten Worte in den Mund legen und wir, die derlei glauben wollen.

Da sie nicht die heterogene Gesellschaft im Blick haben, ist es leicht zu erklären, dass ihnen nicht in den Sinn kommt, die Welt im Sinne aller in ihr Lebender zu verbessern, die Sorgen von Klimaaktivisten beispielsweise ernst zu nehmen, eine Mitte zu finden, um die Wirtschaft zukunftstauglich zu machen, die Digitalisierung voranzubringen, der Frauenarmut entgegenzuwirken, Gewerkschaften ernst zu nehmen.

Sie suchen keine Konzepte zur Lösung der zahlreichen Probleme, sie attackieren stattdessen einfach immer jemanden, sie suchen sich Sündenböcke, sie verschwören sich gegen imaginäre Feinde. Sie sind auf der Suche nach Zorn, sie nähren die Wut einiger weniger, befeuern den Furor, indem sie wie zu vorwissenschaftlichen Zeiten Sündenböcke erfinden, auf die sie mit dem Finger zeigen.

So versuchten und versuchen auch **Kurz**, **Orbán** und **Trump** das Rad, sprich den Staat, neu zu erfinden, alles, um nach uneingeschränkter Macht zu greifen. Sie nutzen willige Freunde in der Finanz- und Medienwelt, um dies zu erreichen. Sie brillieren nicht durch intellektuelle Weltbürgerlichkeit und – oh welch verhängnisvolle Nebensächlichkeit – geopolitische Sachkenntnis, sie wollen keine Vermittler oder Vertreter einer Mitte sein, sondern avisieren die totale Kontrolle sämtlicher Strukturen des Staates an. Für sie ist das Volk nur Kulisse und demokratische Politik eine lästige Mühsal.

Diese Männer agieren nach Art einer Politik des popular movements, in dem Menschen, Wähler, Einwohner, als willfährige Staffage zur Bewunderung des Staatsführers willkommen geheißen werden. Die nicht Willigen stilisiert man zu Feinden, indem man sie mit juristischen Schritten in die Knie zu zwingen beabsichtigt. Die willfährigen Figuren, das Volk, die „Normalen", bekommen im eigenen Puppenhaus, im neuen Staat, einen Platz zugewiesen. Sie dürfen teilhaben an den (imperialen) Szenerien, in Turnhallen, bei frömmelnden Messen, in Hotellobbys, bei sonstigen Feiern. Der Blick aller hat sich dabei stets auf ein gemeinsames Zentrum zu fokussieren: den Populisten, den Demagogen, den Führer, wie immer man das dann benamsen möchte.

Für reibungslose Abläufe und gewünschte Inszenierungen sind, wie wir schon erfahren haben, eine erkleckliche Anzahl Menschen in Mobilisierungsteams und Kommunikationsberater verantwortlich. Sie schaffen es, die

Fans, das *Volk*, anzufeuern, sie emotional zu bewegen, an ihre ab und an sprachlich recht kümmerlichen Slogans zu binden. Die Protagonisten kollektivieren auf diese Weise ihre Selbstliebe, ihre „amour propre“[5], denn zweifelsfrei gefielen und gefallen sie sich in der Rolle des Wortführers, des Leaders, des Herrn über Recht und Ordnung.

Das Volk und das Wir

Die Wege zur Herrschaft führen stets über das Volk. Selbst Autokratien und totalitäre Staaten bemühen sich zumindest zum Schein, das Volk, sprich die Wahlberechtigten, anzurufen. Dieses gilt es für sich einzunehmen, seine Sympathien zu gewinnen. Selbst totalitäre Systeme gehen diesen Weg, also auch **Putin**. Somit bleibt der Rest eines Scheins von Demokratie erhalten.

Das Volk und die Macht stehen in einer besonderen Beziehung, weil ein Volk nicht per se eine Gesellschaft meint. Wir haben ja bereits festgestellt: Wer von Gesellschaft spricht, denkt gesellschaftspolitische Agenden wie Sozial-, Verkehrs-, Wirtschafts-, Umweltpolitik mit. Wer hingegen von Volk spricht, glaubt an eine homogen existierende ethnische, religiöse und kulturell geschlossene Gruppe, strebt nach Harmonie, nach Empfindungsgleichheit, zuvorderst aber nach Gesinnungsgleichheit.

Von „Volk“ sprechen nur Populisten und Demagogen. Sie wissen, dass sie um etwas buhlen, das es generell nicht gibt, denn sie gieren nach einem hochidealisierten Urbild von Volk aus vordemokratischen Zeiten. Erst die Französische und die bürgerlichen Revolutionen machten sichtbar, was das Volk bis dahin war: ein sozial diffuses Gebilde, ein rechtloser Haufen. In der geistigen Tradition des deutschen Idealismus eines Johann Gottlieb Fichte (1762–1814) und eines Johann Gottfried Herder (1744–1803), ihres Zeichens beide Großmeister der kulturphilosophischen Idee eines deutschen Volkes in einem deutschen Geiste stehend, glauben die Beschwörer des politischen „Volkes“ an einen Nationenbegriff, der jeder augenblicklichen gesellschaftlichen Realität widerspricht, der uns aber hilft zu verstehen, warum die europaweite neue Rechte in ihren Kampfschriften die EU abschaffen möchte.

Dieses romantisch schönfärberische Bild „eines Volkes“ wird mit viel Pathos zu einer Politik der Kultur einer Nation hochgelobt. Dabei bleibt die Banalität des Alltags, die Trivialität der Einzelnen in einem Volk, die schuften, essen, trinken, wohnen, schlafen und sterben müssen, völlig unberücksichtigt. Es ist daher demokratiepolitisch äußerst bedenklich, auf jene zu vertrauen, die eine solch verklärte Politik betreiben zu wollen versprechen. Wer Macht anstrebt, um über ein imaginiertes Volk zu herrschen, sollte unsererseits, von Volkes Seite also, befragt werden, ob er dabei mitgemeint ist. Wir sollten die Aspiranten auf die Volkskanzlerschaft befragen, uns im eigenen Umfeld umschauen und berücksichtigen, dass angesichts der Diversität der Gesellschaft und ihrer strukturellen Komplexität es gar nicht möglich ist, „ein“ Volk zu sein. Wer uns mit derart reduzierten (und das heißt unterkomplexen) Losungen wie „unser Volk zuerst“ zu verführen sucht, der hat ganz offensichtlich kein Interesse an komplexen Lösungen, keine Absicht, den Gleichheitsgrundsatz für Partikulargruppen und -themen (queere, politische, ethnische, religiöse Minderheiten) anzuwenden, keine Lust, sich mit Rechten für Minoritäten auseinanderzusetzen und wir, die dies glauben, auch nicht.

Also gilt es zu erfragen, was hinter all den Werbungsversuchen steckt.

Die bisherige demokratische Mitte der konservativen Parteien spricht zwar wortwörtlich nicht oder kaum von einem Volk, sie sucht aber repräsentative, gestische Nähe zu eben diesem: beim Anzünden von Kerzen, im Gespräch mit anderen Mächtigen, im Zwiegespräch mit Hund, beim Einstieg in einen Zug, im Hubschrauber beim Überflug eines von einer Naturkatastrophe zerstörten Gebietes, beim Bieranstich im Trachtenjanker oder Dirndl. Dieses „Immer-da-Sein" im Alltagsleben der Menschen, das ab und an Züge von Aufdringlichkeit trägt, zeugt von einem demokratiepolitischen Aktionismus, der realiter darüber hinwegtäuschen will, was offensichtlich ist: jene Lücke zu kaschieren oder jene reale Distanz zu überbrücken, die bei Offenlegung der Gehaltsschemata beispielsweise sichtbar wird. Das „Volk und das Wir" sind nicht eine Einheit, sie sind eine Gesellschaft, die soziale Unterschiede kennt, im Alltag verschiedenste Lebensstile lebt und realpolitischer Lösungen bedarf. Wir sind eine Gesellschaft, in der jeder seine eigenen Probleme hat, seinen Alltag zu leben jeden Tag aufs Neue versucht.

Im Überbietungswettbewerb der Verführungskünste beim Hundestreicheln, Sprüche-Aufsagen, Gipfelkreuze- und Rostbratwürstel-Posten, Mit-der-Blasmusikkapelle-Marschieren muss es erlaubt sein zu fragen, wann denn die Poster und Poser ihren politischen Verpflichtungen nachgehen, wann sie Konzepte und Ideen zur Lösung von Problemen erarbeiten. Sie müssen Götter sein, dass sie das alles hinbekommen, dass selbst alltägliche Banalitäten erwähnenswert sind, so als seien deren Erledigung Großtaten.

Das Volk, die Menschen, mit dem sich angehende Volkskanzler und Kanzler so gerne gemein machen, sind wir. Das sollten wir nicht zugunsten eines Versprechens, ein Ideal erfüllt zu bekommen, vergessen. Wir werden nie alle gleich sein. Das Einkommen von Volkskanzlern ist (ca. 23 840,– Euro brutto) – und das ganz unabhängig davon, welche ermittelten Durchschnittslöhne eines EU-Landes wir heranziehen – in den meisten Ländern sehr weit vom Durchschnittseinkommen (ca. 2 768,– Euro), dem sogenannten Medianeinkommen, entfernt. Hier eine Gleichheit vorzutäuschen, wo keine ist, eine normativ geltende Normalität heraufzubeschwören, die längst von der Realität verschiedenster Lebensstile widerlegt wurde, ist nichts anderes als ein verführerischer Täuschungsversuch.

Weil dies so ist, ist es notwendig, sich schon ab und an zu diesem, dem Volk, zu uns, hinzubewegen. Das wussten auch schon antike Herrscher. Ein Volkskanzler oder Volksvertreter ist also, wer gnadenhalber empfängt, wer anlässlich nationaler Feiertage das eigene Haus öffnet, wer so tut, als wäre das Wichtigste in einem Parlament eine für alle geöffnete Champagnerbar mit einem teuer gemieteten güldenen Flügel, wie vom 1. Präsidenten des Österreichischen Nationalrates zelebriert.

Ist das die Volksnähe, die sie meinen, sollten wir uns fragen. Ist der Folklorismus, der uns vor allem in Österreich aus Politik und Parlamenten seit der rechtspopulistischen Regierung Kurz / Strache begegnet, bereits die ganze Politik, die sie zu bieten haben? Ist das ihr Verständnis von Demokratie, müssen wir uns fragen.

Wenn das Tricksen und Täuschen durch den politischen Folklorismus auf uns derart viel Anziehungskraft ausüben, das ewig gleiche Lob eines idealisiert-imaginierten Volkes Erfolg zeitigt, dann hat sich wohl das Verständnis dessen, was Politik in einer parlamentarischen Demokratie bedeutet, verschoben. Als Wolfgang **Sobotka**, oben genannter Präsident des österreichischen Nationalrates, nach Jahren der Renovierung des Parlamentes in sozialen

Medien keine politische Botschaft zur Bedeutung demokratischer Strukturen verkündete, sondern mit einem Glas Weißwein in der Hand das Restaurant auf dem Dach des Hauses mit Blick über Wien anpries, lieferte er den Beweis der Verschiebung im Selbstverständnis dessen, was für ihn parlamentarische Demokratie zu sein scheint. Er lud nicht zu einem Besuch der Parlamentsdebatten ein, hielt keine Rede zum Schutz und der Verteidigung der parlamentarischen Demokratie, nein. Stattdessen präsentierte er uns das Parlament als Ort eines seichten wie leichten Spektakels, als Ort der gastronomischen Unterhaltung. Derartige Attitüden sind Zeichen einer Pervertierung politischer Macht, die, während sie unter einem Wust von Skandalen zu ersticken droht, nur mehr Symbolpolitik betreibt.

Dass Österreichs „Wir" doch nicht so leicht Derartiges hinzunehmen bereit ist, zeigt der öffentliche Druck durch die auf denselben Präsidenten zurückgehende Initiative, besagten, teuer gemieteten, vergoldeten Flügel wieder abzustellen. Das vermeintliche Volk, das plurale Wir, setzte sich schließlich durch, der Flügel wurde gegen ein schlichteres Modell getauscht. Immerhin.

Populistische Politik und politischer Folklorismus als Verführungskunst suggerieren – das ist erstes Wesensmerkmal – eine Leichtigkeit, die sich durch Unterkomplexität auszeichnet. Es ist ihr nicht daran gelegen, die durch das Gesetz garantierte prinzipielle Gleichheit einer UN-Menschenrechtscharta und den Respekt vor dem im Parlament beschlossenen positiven Recht zu lancieren. Die politische Bedeutung des Parlaments verkommt zu einer Nebensächlichkeit der Demokratie, zum Alibi einer Regierung, die unbehelligt von den Einwänden des Parlaments durchregieren will. Das repräsentative Wir, das gewählte Parlament, verkommt zu einer unpolitischen Masse, die nur mehr vereint als fröhliche Runde zur Staffage eines Parlaments verkommt. Dieses symbolische Wir existiert also auch nicht mehr wirklich.

Der politische Folklorismus ist die neue Kommunion fürs Volk, nicht der Glauben an die parlamentarische Demokratie. Er ist ideales Mittel populistischer und hetzerischer Kräfte, um über die Tatsache hinwegzutäuschen, dass die Anwesenden nur einen Bruchteil der Bevölkerung repräsentieren. Das Wir ist eine fantastisch-kollektive und dazu undemokratische Täuschung. Es verfolgt nur ein Ziel: eine folkloristisch bedeutsame Identität zum Zwecke der Machtsicherung zu schaffen. Je weiter rechts der politische Folklorismus angesiedelt ist, umso ethnischer, rassistischer, antifeministischer wird seine Grundierung und umso weniger „wir" ist in ihm enthalten.

Aus demokratiepolitischer Perspektive müssen „wir" uns fragen, wie es möglich ist, dass eine Bevölkerung vergisst, dass die Annäherung der Volkskanzler stets kurz währt und die Gleichheit nur vorgetäuscht ist. Wie können wir vergessen, dass eine Gesellschaft, selbst der kollektive, auf reine Gesinnung beruhende Mob, dass wir die Macht des Parlaments sind, wir alle nur sichtbar und im Besitz eines Stimmrechtes sind, weil es eine Gewaltenteilung, ein Völkerrecht und eine Menschenrechtskonvention gibt, die uns, jeden von uns, als personales Individuum respektiert? Dieser demokratiepolitisch unumstößlichen Gewissheit sollten wir uns täglich gewahr werden. Unabhängig davon, ob wir von Populisten oder Demagogen umworben werden.

Demokraten richten aus genau diesem Selbstverständnis ihr Wort an die Bürger, an alle im Staate Wahlberechtigten, gleichgültig welch kultureller, sozialer, geschlechtlicher Herkunft sie sind. Der politische Rahmen von

Demokraten ist stets der parlamentarischen Demokratie verpflichtet. Die Komplexität einer demokratischen Gesellschaft sowie das bisweilen mühsame Procedere in einer solchen – die es mit sich bringt, dass ein Kanzler oder eine Kanzlerin nicht einfach nach persönlichem Gutdünken „durchregieren" kann, weil die Gewaltenteilung respektiert werden muss – markieren den strukturellen Unterschied zwischen Demokraten, Populisten und Demagogen.

Auf den Punkt gebracht hat dies der deutsch-britische Soziologe Ralf Dahrendorf, indem er recht leidenschaftslos befand: „Der Populismus ist einfach, Demokratie ist komplex."[6]

Es ist also die Frugalität, die Einfachheit, die unpolitisch-politische Schlichtheit, die die Dramaturgie von Populisten und Demagogen auf dem Marsch in die Parlamente auszeichnet.

Es ist für einen populistischen Ministerpräsidenten in Bayern einfacher (in Konkurrenz zur Außenministerin), schnell ein Bild einer Reise zur Regierung in einem Krisenherd zu posten, als sich daheim ernsthaft dem hauseigenen Antisemitismus zu stellen oder gar seinen Wählern völkerrechtliche Agenden zu erklären. Diese Schlichtheit, in Anlehnung an Dahrendorf formuliert, unterkomplexe Schlichtheit in der Sache kostet fast nichts. Außer einen von der öffentlichen Hand bezahlten Hin-und-retour-Flug, eine passende Betroffenheitsmiene und einen, auch von der öffentlichen Hand finanzierten, Social-Media-Account.

„Wir", im Zorn vereint

Alle Verführungskünste der „Wir"-Fraktion brauchen, was eine Demokratie nicht liefert: ein imaginiertes, verklärtes „Wir". Besonders die Demagogen, die Volksaufwiegler, zeichnet aus, dass sie das „Wir" loben und das Individuum minder schätzen, dass sie somit das Narrativ einer Nation, in der alle gleich beschaffen sind, als naturrechtlich-ethnokulturelle Tradition gezielt befördern. „Wir" ist dabei als zweifelsfrei geschlossene Masse zu denken, als uniformes „Wir", das sich gegen die Individualisten, die anderen, stellt. Deswegen ist dieses „Wir" neben bisher Gesagtem auch ein zorniges, ein Dagegen-Wir, auffallend dominiert vor allem von einer aggressiv männlichen Vitalität.

So ist es der Zorn, der uns einen will und soll. Im Furor wollen wir vereint sein. In der Rage muss man nichts erklären, sie ist es, die für sich spricht. Alle Merkmale sozialer, politischer und kultureller Unterschiede vereinen sich in gemeinsamer Wut und lassen so alle soziale Ungleichheit vergessen.

Der gleichmachende Zorn ist eine der wirksamsten Waffen im Köcher der Demagogen. Alle regional spezifischen sowie kulturellen Merkmale: eine ausgeprägte Schwarzbrotkultur, die schwäbisch-erbsenzählerische Besserwisserei, die norddeutsche Fischbrötchenkultur oder die Schweinsschnitzel- und Schweinsbratenpflege, die zur Harmlosigkeit stilisierte Trinkkultur Österreichs lösen sich im kollektiv zornigen Ideal auf. So skandiert das Volk „wir, das Volk", obwohl es, den Lebensstilen folgend, zahlenmäßig eine Minderheit darstellt. Die Paradoxien wollen also auch hier nicht enden: Eine Minderheit will allen anderen Minderheiten und zugleich der Mehrheit ihre Lebensart aufdrängen. Das zornige „Wir" lässt schon mal einen Zwerg zum Riesen werden und alle Ungleichheit vergessen. Im Zorn vereint reckt sich das Volk.

Zu jenen, die den Zorn nähren und kultivieren, muss man neben anderen, wie wir noch sehen werden, Alice **Wei-**

del (AfD) zählen. Sie ist mit ihren geradezu prototypischen Auftritten[7] eine zornige Paradefigur der demagogischen Rechten. So erlaubte sich Weidel im Deutschen Bundestag während der Rede eines SPD-Mannes, brüllend in dessen Richtung und mit dem linken Fuß stampfend, in Richtung Ausgang gehend, sich der Debatte zu entziehen.[8] Ihr Fraktionskollege und Bruder im Geiste, Alexander **Gauland**, meinte gar einst recht rabiat, unmittelbar nach Verkündigung der Ergebnisse der Bundestagswahl 2017, öffentlich: „Wir werden sie jagen!"[9] Der darauf einsetzende tosende Jubel war das Echo auf dessen Zorn.

Dazu passt, dass sich Übergriffe auf Politiker dezidiert demokratischer Parteien während Wahlkämpfen häufen. Die sich mehrenden Vorkommnisse im Wahlkampfjahr 2024, bei denen Auftritte von Grün-Politikerinnen (Habeck, Lang, Göring Eckardt) und SPD-Kandidaten (Matthias Ecke) gestört werden, ja wo Teile der zornigen Meute zur Gefahr körperlicher Integrität werden, scheinen sie Frucht gesäten Zornes zu sein. Ein trauriger Höhepunkt dieser die Zornesglut immer wieder anstachelnden Politik war die Erstürmung des Kapitols 2021 in den USA und der Versuch der Coronamaßnahmengegner, im August 2020 in das deutsche Reichstagsgebäude einzudringen. So ist der Zorn eine ernsthafte Gefahr für die Demokratie, besonders wenn er in einer Straftat endet. Denken wir an den Mord an Walter Lübcke (2019), den brutalen Angriff vor den Kongresswahlen 2022 auf den Mann von Nancy Pelosi, das Attentat auf Donald Trump (2024), die Attacken auf schwule oder sozialdemokratische Politiker in Deutschland und Österreich und immer öfter der Angriff auf jüdische Menschen. Längst sind nicht alle Vorfälle aufgezählt. Der Zorn, die entfesselte, bis zum Hass gesteigerte Rage ist nicht nur Ausdruck von Hilflosigkeit, sie erzeugt wiederum Hilflosigkeit. Denn geballte

Rage lässt sich kaum mit Logiken, mit Vernunft, einhegen. Wer also, wie Volkisten und Demagogen dies tun, politisch programmatisch vorsätzlich Wut erzeugt, vermag ganze Gesellschaften zu destabilisieren. Ein rabiates „Wir" ist daher folgerichtig eine Gefahr für den gesellschaftlichen Frieden und bedeutet Unheil für die auf individuelle Vielfalt beruhende parlamentarische Demokratie.

Unbestritten ist, in groben Gesten und lärmenden Reden steckt eine auffallende Kraft, die gar männlich zu nennen wir gewohnt sind. Doch sind es nicht bloß Männer, die sich grob, dröhnend und ungehalten benehmen. Es vermag auch Deutschlands Frau **Weidel** von der ultrarechten AfD aggressiv oder zornig ihre Frau zu stehen. Bockig infantil stampft sie ihren linken Fuß im vollbesetzten deutschen Parlament auf den Boden, schäumt rot vor Wut und schreit rabiat in Richtung Rednerpult.[10] Mit einer gravierenden Konsequenz: Wenn der innere Furor bzw. der Zorn das Kommando übernehmen, versagt die Kraft der guten Gewohnheit. Die Empörung bricht sich unkontrolliert Bahn und im Falle der neuen Rechten ist sie geradezu politisches Programm. Daher sollten wir uns nicht wundern, eine augenfällig hohe Dichte empörten Verhaltens im rechten Lager anzutreffen. Da vermag auch ein edel feiner Tweed nicht zu camouflieren, wenn Alexander **Gauland** von der AfD in die siegestrunkene Menge nach dem Wahlerfolg 2017 stimmungsschwer Zorn gegen den politischen Wahlsieger bläst, er öffentlich gegen eine Repräsentantin des Parlamentes aufwiegelt: „[…] Wir werden Frau Merkel, oder wen auch immer, jagen! Wir werden uns unser Land und unser Volk zurückholen!"[11] Das klingt nicht nur nach einem Aufruhr, es ist eindeutig ein solcher.

Randale sind ein Mittel der Mobilisierung und aller Nahrung selbiger ist die Wut, die zornige Stimmung. Zum

Erfolg verhalf sie der aggressiv wütenden Giorgia **Meloni**, Italiens ausgelassenste Schreierin und Mussolini-Aficionada, ins Amt der Ministerpräsidentin. In Talk-Shows sowie im Parlament verschaffte sie sich durch „urlare", durch lautes Geschrei, Gehör, sodass manche Stimmen sich bemüßigt sahen, darauf hinzuweisen, dass das Parlament kein Fischmarkt sei.[12] Die sozialen Netzwerke sind voll von Zeugnissen dieser mit offenem Mund wild gestikulierenden rabiaten Frau. Es ist der Moment der „Explosion"[13] im Zorn, der seine Wirkung im öffentlichen Raum nicht zu verfehlen scheint. Beängstigend zwar, aber ganz so wie immer schon, wie seit Bestehen der Menschheit.

Melonis Zorn will an die Urkraft des im christlichen Abendland bekannten biblischen Zorns anknüpfen, der oft das letzte Urteil ist. Sie, die wutschnaubenden Volkisten und Demagogen, sind im Zorn vereint. Sie genießen ihn und wissen um seine Kraft. Als rabiate populistische Bewegungen behaupten sie sich als brutalistische Deutungselite gegen jede demokratisch gewählte Führungsschicht, sprich gegen die „Eliten". Die Entschlossenheit, Kompromisslosigkeit, die man dabei vorgibt zu vertreten, ist selbst der Beweis mangelnden Respekts vor der parlamentarischen Demokratie. Schließlich sind Regierungen parlamentarischer Demokratien verlässlich auf Zeit gewählt. Geifernde Revolten anzuzetteln, wie einstmals in totalitär agierenden Monarchien, Diktaturen oder Autokratien, wo die Stimmen von Individuen weder Bedeutung noch Gewicht hatten, wären also unnütz. Es sei denn, man nutzt den Zorn um eines eigenen Zieles willen, nämlich eine Regierung von Dauer zu schaffen, wo man nicht alle fünf Jahre wählt. Der Zorn glüht allüberall und wird zum Ausdruck der Machtergreifung. Im Falle Frankreichs erlaubte sich der Journalist Axel Veiel für das *NZZ-Magazin* nach dem Grund des Zorns der französischen Rechtspopulistin

Marine **Le Pen** deshalb zu fragen: „Warum wurde Marine Le Pen so zornig?“ und gab an, sie leide seit ihren Kindheitstagen an „Ausgrenzung, Schmähungen und privaten Dramen.“[14] Dass es bewusst politischer Stil sein könnte, kam ihm gar nicht in den Sinn.

Wer zürnt, lacht nicht. Wer lacht, hat schon verloren, drum kuscheln Diktatoren meistens im Geheimen, es sei denn, sie kosen öffentlichkeitswirksam einen Hund, wie wir später noch sehen werden. Jedenfalls sollen wir nicht unterschätzen, dass ein demonstrativ zur Schau getragener Zorn politischen Kampfmodus, Einsatzbereitschaft und Gestaltungswillen signalisiert. Nun sind üblicherweise Zorn und Aggression private Gefühle, die der privaten Selbst- und Sozialkontrolle unterliegen. Der politische Zorn hingegen ist mit Gefahren fürs gesellschaftspolitische Leben verbunden. Er findet seinen Kulminationspunkt schlimmstenfalls in einem Krieg und dessen folgenschwerer wutentbrannter Vernichtung. So spiegelt beispielsweise **Putins** Zorn auf die Ukraine die Folgen eines solchen (politisch agierenden) Zorns wider.

Selbst in den kurzen Momenten, in denen Putins „Hurra“-Gebrüll erschallt, spürt man mehr Zorn als Freude darin.

Das Objekt der Liebe ist häufig ein konkretes Individuum,
zum Beispiel eine Person oder ein Land.
Es kann aber auch abstrakter sein,
zum Beispiel eine Tradition
oder ein moralisches oder nichtmoralisches Ideal.[1]
Harry G. Frankfurt

Von der Selbstliebe & dem Selbstvertrauen

Der Ehrgeiz populistischer Anwärter, die Anspruch auf ein einflussreiches Amt erheben, sich als führende Stimme einer vox populi anzubieten, muss auf dem (unbewussten) Vertrauen ins eigene Charisma, die eigene Beseelt- und Besessenheit oder die betörende Lust auf Macht beruhen. Mit anderen Worten: Sie müssen recht selbstverliebt und von der Macht als „Objekt der Liebe" getrieben sein. Zurzeit scheint es recht viele derart beseelter Politiker und Politikerinnen zu geben. Anders ist die Zunahme von Autokratien kaum zu erklären. Die von der Bertelsmann Stiftung aktuell vorgestellte Studie verzeichnet einen deutlichen Rückgang von Demokratien und eine Zunahme autoritärer Staatensysteme.[2] In jenen Fällen und Staaten, wo wir es nicht mit an die Macht geputschten Führungen zu tun haben, ist uns dies Hinweis auf eine allgemeine Tendenz der Wählerschaft hin zu einer politischen Praxis eines Führertums.

Die Sehnsucht nach politischer Führung, die Bewunderung, die man den autokratischen Volkskanzlern entgegenbringt, erinnern ein wenig an die Adorationspraktiken von einst. Beim Adel, Hochadel, der Kirche sowie in den totalitären Systemen im 20. Jahrhundert kam es zur ritualisierten Verbindung zwischen Anführern und Anhängern. Sie lässt damals wie heute ausgeprägte Neigungen hin zu Dynamiken von Treueschwurgläubigen und Gesinnungsgemeinschaften erkennen. Vereint in einer neuen politischen Mystik adoriert man den selbstverliebten Führerfiguren, applaudiert den lauten Populisten und schreienden Demagogen, trägt diese zu neuen höheren Weihen.

Selbstliebe, Selbstvertrauen und eine gewisse Portion an Anmaßung, für alle, für ein ganzes Volk (nicht für eine Gesellschaft also) sprechen zu wollen, waren so gut wie immer schon nicht zu unterschätzender Teil bei Erklärungsversuchen von Verführungstechniken. Die Bewunderung für diese Chuzpe nicht weniger. Charaktere wie **Trump**, **Milei**, **Kickl**, **Krah**, **Orbán**, stünden ohne diese „Qualitäten" nicht dort, wo sie sind. Sie eint das Selbstvertrauen, den Staat auf sich als Person vereinen zu wollen und dies zu können.

Im Streben nach Macht und auf dem Weg in die Autokratien haben wir es also, wie allgemein küchenpsychologisch behauptet, mit einer politischen Kultur von manifestem, kollektiviertem Narzissmus zu tun.[3] Nun ist der gesunde Narzissmus die Triebkraft für Emanzipationen aller Art, Geburtshelfer der Künste usf., wie die vielen Richtungen innerhalb der Psychoanalysen, Psychologien und Philosophien (insbesondere Alice Miller) längst aufgezeigt haben.

An seine Grenzen stößt der gesunde Narzissmus innerhalb der politischen Kultur, sobald das Streben nach politischer Macht eines Einzelnen sich unter dessen Hand zu einem „Gruppennarzissmus"[4] auswächst. Da Narzissmus und Streben nach Macht untrennbar miteinander in Beziehung stehen, ist das Begehren von Volkskanzlern, nach der Macht zu greifen, stets auch Grund, uns, die (narzisstische) Gesellschaft, selbst zu befragen. Am Beginn des kollektivierten, des vergesellschafteten Narzissmus steht jedoch stets der Narzissmus, die ausgeprägte Selbstliebe von Einzelnen.

In Österreich trachtete einst Kanzler **Kurz** danach, sich gemeinsam mit einem vermeintlich reichen Unternehmer und Freund an ohnehin bereits politisch gleichgesinnten (Print-)Medien die geschäftsmäßige Mehrheit zu verschaffen und in der Folge die staatliche Presseförderung nicht zu knapp ausfallen zu lassen. Tatsächlich zeigte dies Wirkung. Besonders nach dem Ende der Regierungszeit und während verschiedener Gerichtsverfahren bestätigen sich die von Journalisten und Opposition immer wieder geäußerten Befürchtungen und Mutmaßungen im Rückblick als wahr. So mancher bewundernde Kommentar zur Regierungsarbeit fiel unter Einflussnahme sehr mild bis unkritisch aus. Bisweilen echote es gar auffallend liebedienerisch, vor allem in den sozialen Netzwerken. Österreichs Rechtskonservative aus der bisherigen Mitte der Volkspartei hofierten damals wie immer noch gesinnungsfreundliche Journalisten und umgekehrt. Was wir sonst nur von den Republikanern in den USA zu kennen glaubten, wurde damit in Österreich gepflegte Praxis – und anhand der, welch ein Glücksfall, noch öffentlich einsehbaren Presseförderung objektiv nachweisbar.

Doch es blieb nicht alleine dabei. Im politischen Streben, Strukturen und Stimmung zum eigenen Vorteil zu ändern, ließ dies alle bisherigen, auf gesellschaftlichen und moralischen Konventionen beruhenden Demarkationslinien verschwimmen. Aufsichtsräte und Senate der Universitäten wurden mit Willfährigen besetzt, partikulare Kleinstorgane in den Vorfeldorganisationen der Parteien über Inserate und Presseförderungen geneigt gemacht, bisweilen gar gemästet. Wer nicht willens war, dem wurde die Rute ins Fenster gestellt, um nicht zu sagen, gedroht, wie einst dem Chefredakteur der bürgerlichen Tageszeitung *Kurier*.[5] Tageszeitungen und andere Medien eigener Couleur schubste man Financiers zum Fraß hin, alles im Austausch gegen gegenseitige Liebe, gegen Adoration und kollegiale Gefolgschaft. Das Ausmaß autokratischen Selbstverständnisses in Österreich gedieh in atemberaubendem Tempo, erfasste die vielen Bewunderer und sprengte bisher dagewesene Anstandsregeln und Selbstverständlichkeiten. Es ging so weit, dass man eine Journalistenschule, *Media Hub Austria* genannt, direkt an zentralen politischen Strukturen, dem Bundeskanzleramt, anzusiedeln gedachte.[6] Da Medien unverzichtbare Erzähler sowie Kritiker der Strukturen und Mächtigen einer Nation sind, Imageförderer oder Imagekiller sein können, muss man in diesem Falle wohl von einem heimtückisch-taktischen Clou sprechen. Medien sind die Linse, durch die wir Staat und Repräsentanten des Staates erschauen und erkennen können, sie präsentieren uns Kandidaten in einem mehr oder weniger sachlichen Zusammenhang. Sie vermögen Sympathien zu erzeugen oder Abneigungen in den Raum zu stellen. Umso bedeutsamer ist die Tatsache, in einem Staat unabhängige Medien zu haben, deren Aufmerksamkeit, gar Liebe nicht nur einem Menschen gelten.

Hochgeschrieben, hochgelobt wie ein Popstar, wurde der bei seiner Inauguration jüngste Kanzler Österreichs. Unter seiner Hand und seinem Streben nach Macht war, inzwischen ist es nachgewiesen, die Republik auf dem besten Weg, zu einer Autokratie umgestaltet zu werden. Wie effektiv er diesen Prozess vorantrieb, zeigte sich ab und an in öffentlichen Statements, die sein wachsendes autokratisches Selbstbewusstsein offenbarten. Er erweckte den Eindruck, als wäre er von einer Mehrheit, noch dazu direkt gewählt. Dabei befand er sich in einer Koalition, wo der Anteil seiner Partei gerade mal 37,5 Prozent der Stimmen betrug. Er vertrat also nicht ein großes kollektives „Wir“, sondern bloß einen Teil davon.[7]

Es erinnert uns an Donald **Trump** und dessen gefühlte Wahrheiten im Umgang mit Zahlen und in Zusammenhang mit der Legitimation der eigenen Macht. Auch an dessen Politik übersteigerter großer Gesten.

Daraus lernen wir: Der Griff nach Macht, besonders nach autokratischer Macht, abseits der Regeln einer parlamentarischen Demokratie, ist eine Willens- und Selbstbehauptungsfrage, der wir erliegen können oder auch nicht. Dieser Selbstbehauptungswillen ist immer verbunden mit einem Selbstverständnis von Politik als Macht des individuellen Durchgriffsrechts einer einzelnen, strebsamen Person und ihrer engsten, strukturell gut positionierten Entourage. Bestehende Demokratien sind hier also nicht Programm, sondern nur Vehikel auf dem Weg zur gebieterischen Macht. Einer Macht, die sich auf eine einzige Person konzentriert. Einer Macht, die derlei nicht selbstlos und frei von persönlichem Eigennutz für uns erledigt. Wenn wir ihr die Macht einräumen, werden wir mit Liebe in Form eines schönen Lächelns, pathosgetränkter Bilder usf. bezahlt, nicht mit Leistung.

Seit Menschengedenken wissen wir, dass genereller Reichtum, materieller wie immaterieller, gleichbedeutend mit Macht ist. Wer über beides, Macht und Reichtum, verfügt, ist zweifellos im Vorteil und sehr mächtig. Da beide, Macht und Reichtum, eine beachtliche Strahlkraft besitzen, scheint es geradezu logisch, dass sich populistische und demagogische Politiker danach sehnen, beides zu erlangen. Speziell bei Sebastian **Kurz** schien dieses Streben schon nahezu erotisch (libidinös) besetzt gewesen zu sein.

Reich zu sein oder sich in der Nähe von Reichen aufzuhalten, kann ob seiner Strahlkraft, zumal in der Verbindung mit politischer Macht, sogar betörend wirken. „Vergiss nicht – du hackelst in einem ÖVP Kabinett!! Du bist die Hure für die Reichen!“[8] lautete die Chat-Nachricht eines Kabinettsmitarbeiters im österreichischen Finanzministerium an einen anderen Mitarbeiter des von der populistischen Volkspartei geführten Finanzministeriums. Diese Nachricht, inzwischen als geflügeltes Wort in die Alltagssprache eingegangen, ist vermutlich der offenherzigste quellenkundlich belegte Beweis für die liebedienerische Käuflichkeit einer Regierung, sprich die Korruptionsanfälligkeit innerhalb eines politischen Systems.

Den Reichen in einer Demokratie derart bedingungslos zu Diensten zu sein, ist ein ernst zu nehmendes Indiz für ihre strukturelle und moralische Erosion. Selbst radikale Anarchokapitalisten aus der Ecke der Libertarians würden sich nicht derart unverhohlen ausdrücken oder derlei pflegen.

Den vom Reichtum ausgehenden Eros, seine Verführungskraft, seine Strahlkraft, ebenso die Kraft seiner zu erzeugenden Abneigung, vermögen wir zwar nicht metrisch zu messen, aber er ist da, liegt in der Luft, schwingt bereits bei der Erwähnung des Wortes im Raum mit und er ist wie der Zorn, ein Gefühl. Reichtum trägt einen Nimbus. Der ist da, nahezu jeder trägt die Anfälligkeit für dessen Glanz ihn in sich. Wie sonst ist zu erklären, dass große Teile einer Partei samt Regierungsmitgliedern sich in den Dienst windiger Geschäftsmänner wie René **Benko,** des mit Pauken und Trompeten untergegangenen *Signa*-Imperiums, oder Markus **Braun** und Jan **Marsalek** von *Wirecard* stellen, sich in deren Glanz sonnen, ablichten lassen und sichtlich wohl und stolz dabei fühlen? Sie glauben vermutlich, sich in deren Lack zu spiegeln, ließe sie bereits so sein wie diese. Was könnte sonst der Grund sein, die Interessen und Anliegen der vielen im Staate zugunsten einiger weniger höher zu bewerten, als dem Gemeinwohl, dem Staat als Staat für alle, derart entgegenzukommen? Es muss am betörenden Repräsentationsgestus schillernden Reichtums liegen; am Bedürfnis nach Prunk, am Zauber des demonstrativ zur Schau gestellten Luxus wie mondän ausgestattete Büros, Villen, Sommer- und Winterchalets, Yachten, der Reise in Privatflugzeugen, am Glanz des dargestellten Luxus.

Wieder fühlen wir uns an Donald **Trump**, aber auch eben auch an René **Benko** erinnert. Der eine protzte mit dem güldenen Interieur seiner Hotels, mit Golfplätzen, einem eigenen Flugzeug und über Immobilien in Luxuslagen, der andere mit ähnlichem Luxus und Immobilien weltweit.

Der Reichtum, dessen Glanz und Gloria dienen – derart zur Schau gestellt – einem Zweck: der Demonstration von Macht, von Potenz.

Nicht minder hält es der türkische Ministerpräsident **Erdogan** mit seinem protzigen, 1000 Zimmer umfassenden Präsidenten-Palast.[9] Auch er umgibt sich mit von Schlagmetall oder von Franzgold dekorierten Türen, kostbar intarsierten Tischen und Stühlen in den repräsentativen Gemäuern des Staates, versucht jedoch, seinen privaten Reichtum zu verbergen. Über seinen persönlichen Reichtum lässt sich, wie bei **Putin**, nur spekulieren. Aber alle wissen, es gibt ihn, wenn auch nur als *hidden luxury*, als versteckte Variante.

Es leuchtet und glitzert im Staate wie einst bei Hofe und führt uns vor Augen, dass Macht, besonders die undemokratische, sich ohne die Faszination, die Reichtum auf uns Menschen ausübt, nicht vollständig erzählt werden kann. Zur Ordnung von Macht, besonders von politischer Macht, gehört also auch, die Verteilung und den Versuch der Regulierung des Reichtums im Auge zu behalten. Zu solchen zählten die historisch-höfischen Kleiderordnungen. Sie lehren uns, Macht durch Reichtum und Reichtum durch Macht in ihrer trivial sozialpolitischen Dimension zu erkennen. Sie ermöglichen Einblicke in eine Welt, der die meisten von uns, würden wir nicht in einer Demokratie leben, nicht angehören würden. Sie zeigen, wie deren Erlässe unser Alltagsleben beeinflussen würden, würden sie noch bestehen. Einer der letzten höfischen Erlässe in Österreich erfolgte durch Kaiser Leopold I. im Jänner 1687, darin wandte er sich gegen „vor Augen zaigenden Luxus" bei der nicht adeligen Gesellschaft. Er nahm Anstoß am Begehren der Menschen nach schöner Ausstattung, schön und adrett sein zu wollen. Er hielt in diesem Erlass fest, welche Klasse welche Materialien (Stoffe und Knöpfe) tragen dürfe.[10] Er rückte qua Regierungskraft zurecht, was ihm allein durch seine Macht möglich war. Er verwies die Nicht-Adeligen auf ihre Plätze und verbat ihnen luxuriösen Chic. Er pflegte, was gemäß intrinsisch allzu menschlicher Natur- und Kulturgesetze wie logisch schien: Wer glänzen will, muss darauf achten, dass nicht alle gleich hell glänzen. Dafür lieben wir sie.

Macht in Allianz mit Reichtum war in der Vergangenheit in nahezu allen Kulturen ideales politisches Werkzeug zur Aufteilung der Welt in oben und unten. Sie war aber gleichermaßen moralisches Teufelszeug, um die Balance zwischen oben und unten zu regulieren. Folglich lebt jede Art von Macht in halbwegs freien und offenen Systemen vom Echo auf Reichtum, vom Reiz, reich zu sein wie die Reichen, und dem Begehren nach deren Luxusgütern. Eine Politik, die ausschließlich Politik für die Reichen macht –

darunter verstehen die meisten bereits ein Vermögen von über einer Million Euro oder Dollar –, macht nicht Politik für eine Gesellschaft. Wer vorgibt, für „das Volk“ Politik zu machen, sollte daher dazu sagen, welche Einkommensgrenzen und Lebensstile unter seinen Volksbegriff fallen.

Verführungskräfte, Verführungstechniken

Der nach Macht strebende Populist tut, was schon immer beim Ringen um Anerkennung eine Rolle spielte. Er macht Politik mit seinem Abbild, seinem Konterfei. Er flutet die Welt, die er zu erobern sich anschickt, mit Bildern seiner selbst, und gibt sich freizügig darin, diese unter die Leute zu bringen. Schließlich bittet er um ihre Gunst und verspricht nebenbei oft, was er gar nicht einzuhalten gedenkt. Aber im Augenblick des Werbens macht er, was auf eine lange Tradition anthropologischer Praktiken zurückblicken lässt, uns aus so gut wie allen Epochen überliefert ist: ausschweifende Bilder- und Gabenkulte.[1]

Der Kampf um die Macht ist ein Kampf ums Volk, ein Kampf um die Vorherrschaft des Thrones, ein Gezerre um die Wähler. Immer spielt das Ringen um Anerkennung dabei eine Rolle, stets geht es darum, auch Allianzen einzugehen, alles dreht sich ums Heischen und Feilschen, die Gunst und Liebe der Menschen zu erlangen. Wem dabei die Argumente ausgehen, die politischen Konzepte fehlen, der übt sich in großen Gesten der Freundschaft, gar in Bestechung, oder operiert mit dem Charme eigenen Aussehens. Wie einst der Wiener Adel, als er sich einmal im Jahr durch Brot- und Fleischauswerfen dem rechtlosen Volk gegenüber generös zeigte,[2] werfen heute die Kandidaten mit ihren Konterfeis oder mit Kugelschreibern, Feuerzeugen, Schlüsselanhängern usf., sogenannten Give-aways oder Wahl-Goodies, um sich. Der Kampf um Macht ist also ein ewiges Werben, mit dem Ziel, für ein Geschenk geliebt zu werden.

Die im 21. Jahrhundert perfektionierten und durch die Digitalisierung der Welt erlangten Möglichkeiten, die mit ihnen einhergehende algorithmische Vervielfältigung von Fotos stellen einen Gipfel in der Entwicklung um die wirksamsten Mittel im Werben dar. Um den idealen Output zu erlangen, beschäftigt man bisweilen eine ganze Armada von Spezialisten und Kommunikationsberatern, die ihren Fokus vorbei an realpolitischen Inhalten sich einzig auf die optimale Darstellung ihres Kandidaten oder ihrer Kandidatin richten. Diese Spezialisten und Betreuer digitaler Inhalte und Bildproduktionen müssen über keinerlei politische, diplomatische, geostrategische, sicherheitspolitische Bildung verfügen und nehmen dennoch einen zentralen Platz im politischen Geschehen ein. Idealerweise sollte man, neben der korrekten Gesinnung, vor allem Kenntnisse bei der Handhabung des jeweiligen Mediums mitbringen. Dass dies nicht immer zum Vorteil demokratischer Prozesse ist und wohin das führt, soll anhand einer geradezu politisch fahrlässigen Absurdität erläutert werden.

Der unter Sebastian **Kurz** inaugurierte nationale Kanzlerkommunikator und Werbefachmann Gerald Fleischmann – inzwischen ist er mit kurzer Unterbrechung auch für den gerade noch amtierenden Kanzler zuständig – berichtet in seinem Buch *Message Control,* das er nach dem Kollaps der Regierung Kurz II verfasste, darüber, wie er [sic] und der Kanzler Politik machten. Er schildert dies, als sei es seine Rolle gewesen, Politik zu machen mit einem Beispiel. Anlässlich der Brexit-Entscheidung Großbritanniens soll Kurz demnach zu einer frühen Stunde bei ihm angerufen und dringend um medientaugliche Formulierungen gebeten haben. „Wo ist das Wording für Leave!?“[3], soll der Kanzler, der eigentlich politisch Verantwortliche eines ganzen Landes, hilflos den obersten

Kommunikationsberater gefragt haben. Sollte sich dies derart zugetragen haben, müssen wir mit Schrecken feststellen, dass in diesem Moment dem Kommunikationsberater die Aufgaben der Politik und die Verantwortung für das Land übertragen wurden. Mittlerweile ist bekannt, dass der Werbefachmann und Kommunikationsberater eine zentrale Rolle im politischen Machtgefüge rund um den Kanzler innehatte und auf diese Weise zum gewichtigen wie stillen (nicht gewählten!) passiven Mitregierenden wurde. Dieser Schritt bedeutet, von einer Zäsur in der Kunst allgemeiner Staatsverwaltung zu sprechen. Nicht mehr die regierungspolitisch ausgehandelte, programmatisch-politische Linie bestimmt das Narrativ eines ganzen Landes und dessen Informationspolitik, sondern die populistisch klingenden, von einem Kommunikationsberater ersonnenen Schlagzeilen. Freundlich formuliert: Er legte dem Kanzler medientaugliche Phrasen in den Mund, er war die geheime Stimme der Republik.

Da das Streben nach Macht eine der „treibenden Kräfte der Politik"[4] ist, müssen wir lernen, den Habitus des Strebens unserer Machthungrigen zu deuten, um ihn auf seine Substanz hin zu überprüfen, um frühzeitig zu erkennen, ob er reine Verführungskünste und Trick ist, ob er bloße rhetorische Formulierung bleibt oder die notwendige Kraft zur Umwandlung einer Gesellschaft zum Besseren hin hat, da die Grenze zwischen Populisten und Volksaufwieglern schmal ist und die vergangenen Jahre gezeigt haben, dass der Populist im Eifer der Dynamiken Gefahr läuft, zum Demagogen zu werden. Für ihn besteht die größte Schwierigkeit darin, sich nicht im Eifer des Wettrennens um die griffigste Formulierung zum Demagogen zu entwickeln. Um Anerkennung zu heischen, um Stimmen zu werben, ist das eine. Sich anzubiedern, den demagogischen Zorn zu befeuern, Animositäten und Xenophobien zu schüren, den demokratischen Staat und dessen gewählte Vertreter zu diskreditieren, aber etwas völlig anderes. Der Populist antichambriert, heischt und verspricht ein Ideal, macht aus einer Illusion ein Geschäft, kümmert sich gerade noch um realpolitische Agenden, redet viel, wenn der Tag lang ist, beabsichtigt aber nicht die Demontage einer durch ein parlamentarisches Votum zustande gekommenen Rechtsarchitektur. Anders der Demagoge. Er operiert ausschließlich zum Vorteil der Gesinnung und wendet sich programmatisch demonstrativ gegen aufrechte Strukturen, er bekämpft Feuer mit Feuer. Da die Demokratie geduldig und strapazierfähig ist, aber gerade deswegen den Weg in eine schleichende Demagogie möglich macht, sind die Demagogen jene, die ihre Politik auf den Glauben ihrer Gesinnung aufbauen und parallel dazu daran arbeiten, die kritischen, die demokratischen Strukturen in Zweifel zu ziehen, um sie am Ende ganz außer Kraft zu setzen. Der perfekte Demagoge macht dies, indem er sich selbst zur Stimme eines Volkes erhöht und dabei zugleich im Hintergrund und Untergrund die Demokratie aufzulösen sich anschickt.

Um zu illustrieren, was gemeint ist, hilft es, den ehemaligen US-Präsidenten Donald **Trump** und den ehemaligen österreichischen Kanzler Sebastian **Kurz** als Beispiele heranzuziehen. Beide brillierten durch kaum variierende, rhetorisch wenig kunstvolle Sätze. Ihre Verführungskraft bestand darin, voluminöse Veranstaltungen, wie sie im freikirchlichen Rechtskatholizismus üblich sind, zu nutzen. Sie badeten dabei sichtlich in deren Menge, genossen die öffentlichen Zusammenkünfte, und lukrierten so mit einem einzigen dieser im Stile religiöser Hochfeste zelebrierten Besuche unzählige politische Stimmen.

Eine Politik dieses Stils nimmt keine Rücksicht auf die verschiedenen Interessen einer heterogenen Demokratie, auf die Trennung von Kirche und Staat, weil sie sich ausschließlich an Gläubige richtet. Wer eine solche Politik betreibt, will nicht Anführer aller in einem Staate Lebenden sein, sondern schielt nur auf jene knappe Mehrheit, die zur eigenen Kanzlerei, zur eigenen Macht führt. Begleitet ist eine solche Politik meist vom Paradox, dass der eigene Lebensstil mit dem moralischen Dogma der Anhänger nicht korrespondiert. Sie umgarnen ihre Gläubigen auf geradezu bigotte Art, lassen sich auf mystische Weise bei öffentlichen Veranstaltungen berühren, bitten um Gottes Segen, drehen sich um das Leben eines allzu menschlichen Sünders.

Diese Art von Politik verzichtet des eigenen Vorteils und der Lust auf vollständige Macht wegen auf klassische Kriterien zur Förderung einer Politik der Mitte, die da wäre: keine Partikularinteressen zu vertreten, das Recht als Recht für alle ohne Unterschied von Stand und Religion anzuerkennen. Diese Politik hat zur Folge, dass sich immer einige Gruppen weder gesehen noch vertreten fühlen. Polarisierung ist die Folge. Der Verdacht liegt auf der Hand, dass sie genau darauf setzen.

Derlei gerade bei Deutschlands und Österreichs bisheriger konservativer Mitte zu erleben, diesen Wandel bei Deutschlands Konservativen nach dem Vorbild der Österreichischen Volkspartei, wie sie unter Kurz modelliert wurde, übernommen zu sehen, lässt Zweifel an einer charakterlich stabilen demokratischen Mitte aufkommen. Das eben erst eingeführte Babytürkis als Parteifarbe der CDU ist nur ein Symptom dafür, der Hang zu einem betont patriotischen Duktus in einfacher Sprache ein weiteres. Darüber hinaus irritierend ist, dass nicht einmal versucht wird, die Imitation zu verschleiern.

In Bayern wiederum haben der alte wie neue Ministerpräsident, Markus **Söder**, und dessen Koalitionspartner und Stellvertreter, Hubert **Aiwanger**, es geschafft, die Welt in zwei Lager zu spalten. In gute Bayern und nicht so gute Bayern, in normale und weniger normale Bayern. (Das erinnert nicht von ungefähr an eben diese Wortwahl der ÖVP in Österreich, der wir uns schon an früherer Stelle gewidmet haben.) Über alle Widersprüche hinweg praktiziert man einen Selbstbehauptungswillen, der den Effekt hat, die Gesellschaft zu spalten und nicht den bestmöglichen Zustand, die ideale Mitte herbeizuführen. Man richtet sich vehement gegen Gesetzesvorschläge für Veränderungen, nur weil sie aus dem Regierungslager kommen, und vergisst nur zu schnell, wie sehr man ähnlich oder gleich operierte, indem man betont, man sei generell gegen Verbote. Einen Augenblick später fordert man selbst Verbote, zum Beispiel zur Sprachregelung, und zeigt damit, wie wenig einem an Kompromissen gelegen ist. Nennen wir es eine Politik der Anmaßung, da sie von einer Politik des gediegenen Kompromisses vollends wegführt. Diese neue Politik des schlichten Denkens und der flotten bierseligen Sprüche innerhalb der deutschen Volksparteien bedeutet tatsächlich eine Trendumkehr im Politikstil, da sie in ihrer Stante-pede-Haltung Zugeständnisse verunmöglicht. Dies zementiert Radikalpositionen, zurrt Grenzen fest, wo realpolitische Verhältnisse, um zu einer Lösung zu kommen, verlangten, genau diese aufzugeben, und fördert die Ausbildung eines Sündenbockes zur Vertuschung eigener Versäumnisse oder vergangener Fehlentscheidungen. Die Fixierung der CDU-CSU, alle Fehler organisationspolitischer, moralischer, kultureller Natur per se den Grünen anzulasten, ohne sich der eigenen Verantwortung bewusst zu werden und für die eigenen Versäumnisse zu genieren (in der Geo-, Außen-, Wirtschafts-

und Sozialpolitik) scheint nichts als ein demagogisches Täuschungsmanöver zu sein. Man überträgt die eigenen Fehler vergangener Politik auf andere und macht sie so zu Sündenböcken eigenen Verhaltens, bleibt damit konsequenterweise einen Kompromiss schuldig. Derlei fühlt sich wie eine psychische Fehlleistung an (und ist es auch), die geradezu nach einer Psychoanalyse der Politik verlangt.

Gleiches ließe sich mit Bezug auf die Anliegen queerer Menschen folgern.

Die einstige Mitte ignoriert zugunsten einer Illusion der nationalen uniformen Einheit das Bedürfnis von queeren Menschen nach Anerkennung. Man schmäht ebenso die Ängste der jungen Generation, weigert sich, deren personale Integrität anzuerkennen, und huldigt einem religiösen Traditionalismus, der im Kern immer schon frauenfeindlich und konfrontativ war und es noch ist. Mit der Hybris der Ältesten, um nicht zu sagen mit der archaischen Selbstgewissheit patriarchaler Stammesältester, reklamiert man ein Recht auf Macht, ein Recht auf ein Regiment nach den Mustern der eigenen Lebensgestaltung, weigert sich, existierende Lebenswelten und deren unterschiedlichste Lebensmodelle als real, als gegeben, anzuerkennen.

Dieser im Duktus leicht brunftige, weil heterodominante Selbstbehauptungswille der neuen Politik von Populisten und Demagogen wird zur Gefahr für die parlamentarische Demokratie, da er die unterschiedlichen, aus der Zeit geborenen Bedürfnisse von Gruppen in einer Gesellschaft als Bedrohung ansieht, sich für deren Interessen gar nicht erst zuständig fühlt, was zu einer Vernachlässigung rechtspolitischer Agenden zum Schutze von Minderheiten führt. Eine radikale Trennung der Welt in solche und jene, in Normale und Unnormale, ist die Folge. Die vermutlich illustresten aktuellen Beispiele solcher Volkskanzler sind

Putin, Xi **Jinping** und **Kim Jong-un**. Sie sind Prinzipale, Meister der größten (negativen) Utopien, Regenten idealisierter Kollektive. Sie spielen gekonnt auf der Klaviatur des diktatorialen Populismus, indem sie politischen Folklorismus in Form national folkloristischer Großfeste pflegen und mit demagogischen Mitteln Feindbilder erzeugen, damit ihr jeweiliges Reich im Zaume halten. Sie sind die Personifizierung von idealisierten Wünschen, von Traumfiguren, wie wir sie nur vom Totalitarismus kennen. Die Nähe, die von der europäischen Rechten zu Genannten gesucht wird – sei es die **FPÖ**, die **AfD**, die **Fratelli d'Italia**, die **Fidesz** –, ist darum beängstigendes Zeichen ähnlich radikalen Denkens. Alle Verführungsversuche der europäischen rechten Politiker münden daher mit großer Wahrscheinlichkeit in einer ähnlich gelagerten radikalen Staatsführung.

Kaum jemand mag daran zweifeln, dass **Putin**, **Xi** und **Kim Jong-un** mehr bewundert als respektiert, mehr gefürchtet als geliebt werden. Es gibt auch keine Hinweise darauf, dass ihr Anliegen ist, anders wahrgenommen zu werden. Bei öffentlichen Auftritten – soweit wir dies überhaupt verfolgen können – kultivieren sie spürbar kühle Distanz und erzeugen damit eine respekt- oder furchteinflößende Aura von Macht. Vor dem Hintergrund, dass schon Ovid zu berichten wusste, dass Liebe „eine Art Kriegsdienst" sei,[5] der wohlüberlegter Schritte bedarf, lässt sich in diesem Zusammenhang sagen, dass selbst die Mächtigsten unter den Despoten auch geliebt werden wollen. In seiner Anleitung in Sachen Liebeskunst, also Werbekunst, empfiehlt er: „Schäme dich nicht, die jeweils ranghöchsten Dienerinnen und die Sklaven für dich zu gewinnen. Grüße jeden mit seinem Namen (das kostet nichts) und schüttle, als müsstest du im Wahlkampf gewinnen, Krethi und Plethi die Hand."[6] Dass er das amouröse Liebeswerben mit Wahlkämpfen vergleicht, lehrt uns, wie sehr auch politisches Handeln Buhlerei, Imagestreben und Advertising conditio humana, Teil menschlicher Grundausstattung, sind. Die politische Liebe ist also nichts weniger als unentwegtes Liebeswerben. Wir begegnen ihr bei durchorchestrierten Volksfesten für ausgewählte Gäste in den Vorfeldorganisationen sowie bei allgemein öffentlichen Auftritten. In der Tat sind politisches Handeln und Streben nach Macht auch ein Kampf um Liebe und Zuwendung, um Nähe. Auch wenn es sich dabei vor allem um symbolische Nähe handelt. Die politische Liebe ist de facto eine Kriegskunst, die des Kalküls bedarf und die mit „volksnah“ recht nüchtern umschrieben ist.

Politiker, die zum „Angreifen“ sind, die folglich Berührungen zulassen, damit „Intimität“ suggerieren, generieren Stimmen durch Stimmung, das ist inzwischen Allgemeinwissen. Daher häufen sich zu Wahlkampfzeiten Bilder, auf denen die Spitzenkandidaten Selfies mit Menschen machen, bei Handschlägen mit unbekannten Menschen aus dem Alltag gezeigt werden. Die Berührten und Beobachter meinen dann anerkennend: „Er ist einer von uns“, mit Bewunderung in der Stimme. Solche kurzen Augenblicke lassen die tatsächlichen sozialen Unterschiede verschwinden, machen vergessen, dass die „Volksnahen“ keineswegs gleich sind.

Die perfekten Machtpolitiker und Volksverführer bitten um Liebe, um Anerkennung, um Nähe, doch gleichzeitig müssen sie darauf achten, ja nicht zu sehr wie ein durchschnittlicher Mensch dargestellt zu werden. Schließlich bekleiden sie aktuell oder in nächster Zukunft die Rolle des Mächtigen. Im Wechselspiel der politischen Liebe steckt also eine gehörige Portion wechselvoller Stimmungen auf beiden Seiten, auf Seiten der Machtinhaber- oder Anwärter und der Nicht-Mächtigen. So bringt es die hohe Kunst der Staatsführung mit sich, nahbar zu sein und dennoch zwischen öffentlicher und privater Rolle eine Grenze einzuziehen. In diesem Dazwischen „wohnen" Reiz und die Funktion politischer Macht, Sinn repräsentativer politischer Rollen, Respekt gegenüber selbigen.

Geht diese Trennung verloren, drohen da wie dort Gefahren. Auf Seiten der Mächtigen kommt es zum Verlust des Gespürs, dass der Staat kein privates Eigentum ist, das man nach eigenem privatimen Gutdünken behandeln kann. Dies geht meistens einher mit Anfälligkeit für Korruption, Verlust des Respektes vor dem positiven Recht und dem Parlament, Pflege von Partikularinteressen. Auf Seiten der Staatsangehörigen und Wähler, der Nicht-Mächtigen, wiederum baut sich eine Art Staunen und Unverständnis, gar Kränkung, nicht genug gehört zu werden, auf. Dies kann zu Despektierlichkeit bis zu affektgeladenem Zorn gegenüber den Mächtigen führen. Im schlimmsten Fall endet es in der kompletten Ablehnung staatlicher Institutionen und deren Repräsentanten, in Revolten.

Dies muss ein politisch bewusster Mensch, wir also, verinnerlichen, denn Macht lebt von Respekt, der durch Distanz erzeugt wird; von den Spekulationen und Wünschen, den Gefühlen (Liebe, Sympathie) der vielen, die innerhalb dieses Abstands Platz finden müssen. Das schafft viel Raum für Fantasien, nährt und hält eine Spannung aufrecht, die generell konstitutiv für Macht ist.

Schafft es ein Politiker nicht, „authentisch" wie einer von uns oder wie „einer, der unsere Sprache spricht" (Wahlkampfplakat FPÖ / ÖVP 2019), bei seinen Wählern anzukommen, nimmt man ihm das unter Umständen auch übel. Zu sehr sein zu wollen wie wir wiederum kann Spott nach sich ziehen. Speziell, wenn der Politiker sich selbst erklärt, „ein Normaler", wie der Durchschnitt, zu sein. Anton **Mattle**, damals noch ÖVP-Kandidat für den Landeshauptmannposten in Tirol, ist dies passiert. Die Reaktionen darauf überschlugen sich geradezu in Schlagzeilen. „Tirols ÖVP-Spitzenkandidat Mattle isst Eis, „wie ein Normaler", lautet eine Headline während des Landtagswahlkampfes 2022. Und weiter hieß es „Anton Mattle sorgte [...] für einen unfreiwilligen Lacher, als er sich volksnah darstellte".[7] Die gesamte Republik zerkugelte sich darüber in Tageszeitungen und Social-Media-Kanälen vor Lachen. Inzwischen hat er sich als klassisch konservativer Mann der Mitte, als umgänglicher Politiker, als „einer von uns" bewiesen, die Schlagzeilen sind vergessen, die Lage beruhigt, die von ihm geschmiedete Koalition stabil.

Der Griff nach Macht ist einmal mehr ein Spiel von Liebe und Anerkennung. Nicht umsonst fragen Parteien regelmäßig die Beliebtheit ihrer Kandidaten von Meinungsforschungsinstituten ab. Geringe Beliebtheitswerte in den Rankings können da schon mal zu Imagekorrekturen und Slogan-Wechseln führen.

Geliebt, beliebt und gefürchtet sind oft bemühte Adjektive bei der Beschreibung Mächtiger. Gefürchtet sind gewiss **Putin** wie Xi **Jinping**, von manchen sicher auch geliebt. Beide sind Meister der Dramaturgie geheimnisumwitterter Distanz, beide beherrschen es perfekt, nicht zu viel Nähe entstehen zu lassen. Ob sie tatsächlich beliebt sind, entzieht sich unserer Kenntnis. Es ist auch nicht überliefert, dass sich je einer von ihnen laut dazu bekannt hätte, wie ein „Normaler" zu sein. Ihre Kriegskunst ist es, nicht durch einen inflationären Gebrauch von Handschlägen oder sonstiger Körperberührungen Nähe herzustellen, sie nähren den Eros der Macht durch Abstand. Sie geben erst gar nicht vor, so sein zu wollen oder gar so zu sein wie der Durchschnittsmensch, denn sie wissen, dass sie das nicht sind. Und ihre Anhänger bedürfen anscheinend nicht solcher Täuschungen. Sie zeichnet aus, worin politische Befehls- und Herrschaftsgewalt besteht, Macht auf maximale Distanz aufzubauen. Sie verlieren darüber kein Wort, erklären sich nicht, da sie sich niemandem gegenüber erklärungsschuldig fühlen. Sie bedürfen keiner Beliebtheitswerte, da im Totalitarismus die Liebe mechanistischen Gesetzen von Macht unterworfen ist. Dies bedeutet: Die perfekte Liebe zum Herrschenden wird damit zum Ausdruck gebracht, sich beherrschen zu lassen, sich widerspruchslos ins System einzufügen, sich zur Erfüllung einer gemeinsamen Idee, einer gemeinsamen Utopie zu unterwerfen. Dass sich die gemeinsame Utopie, das kollektive Ideal am Ende des Tages als wenig gewinnbringend erweisen kann, hat die Geschichte, einmal mehr, bewiesen. An ihre Stelle treten Bestechlichkeit und Käuflichkeit. So wird die Balance der politischen Liebe zwischen oben und unten, den Normalen und den Nicht-Normalen, zu einem nüchternen Geben und Nehmen, die auch ohne Sympathien füreinander zu hegen funktioniert.

Was tritt also an die Stelle der Liebe, wer ersetzt die gemeinsame Utopie einer besseren Welt oder einem Großreich? Was kommt anstatt der Liebe, was nährt den Zauber der Macht? Es ist die Fähigkeit zur Repräsentation.

Von der Kunst der Repräsentation: laute und stille Gesten

Was wir aus der politischen Geschichte kennen, was uns von mächtigen Fürsten, Königen und Kaisern überliefert ist, ist gegenwärtigen Mächten gleichfalls nicht fremd. Auch sie pflegen ihre Eigentümlichkeiten, ihre speziellen Stile, auch sie wissen um den Effekt politischen Repräsentierens, um die Wirkung von Glanz und gnadenvollen Gesten. Dies passiert manchmal diskret, manchmal weniger diskret. Demokratien sind diesbezüglich eher zurückhaltend, während Autokratien und totalitäre Herrscher derlei ganz pointiert einsetzen.

Zu Zeiten, als **Putin** im Gefolge des Angriffskrieges auf die Ukraine ukrainische Kinder verschleppen ließ, zeigte er sich seiner Öffentlichkeit in imperialem Ambiente mit einer Familie aus Dagestan als kinderfreundlicher Herrscher. Er nutzte die Szenerie allem Anschein nach zur innenpolitischen Imagepolitur, dazu, um sich als Kinder liebenden Herrscher zu demonstrieren. Die Tatsache, dass die Begegnung vom offiziellen Fotografen des Kremls festgehalten wurde, unterstreicht dies.

Gesten der Repräsentation können leise und laut vonstattengehen. Zu den leisen Gesten zählen jene von **Jinping** bei einem Volkskongress 2023. Dort war er der Einzige unter der uniformiert-eintönigen Masse der 3 000 Teilnehmer, der vor sich zwei Tassen stehen hatte. Der Journalistin Celia Hatton von der BBC fiel dies wiederholt auf. Beim ersten Mal – 2021 – schenkte sie dem Umstand kaum Beachtung, sie führte es auf notwendige, durch die COVID-19-Pandemie hervorgerufene Sicherheitsmaßnahmen zurück. Durch die Wiederholung glaubte sie eine Konsequenz, die sie irritierte, darin zu erkennen. Was sie zur Frage führte, ob es eine Geste von Macht, ein Hinweis auf hierarchische Sonderstellung sei: „One man, two cups: Is President Xi's double tea a power move?"[1], stellte sie in den Raum und folgerte, dass dies tatsächlich ein subtiler Hinweis darauf sei. Die offensichtliche Tatsache, dass ein Mann in einem Meer Tausender gleich aussehender Menschen, die monoton in der Farbe der Anzüge, den gleichförmigen Brillen bis zu schablonenhaften Frisuren, als Einziger eine Besonderheit aufzuweisen hat, könne doch nur ein Hinweis auf eine machtpolitische Sonderstellung sein. Sie begründete diese Folgerung unter Einbeziehung historisch imperialer Gepflogenheiten chinesischer Kaiser, deren hierarchische Sonderstellung dadurch zur Geltung gebracht wurde, dass sie durften, was andere nicht durften – traditionellerweise bezog sie sich auf ein Beispiel aus dynastisch-monarchischen Zeiten, demnach es nur dem Kaiser als Einzigen erlaubt war, die Farbe Gelb zu tragen. Die Macht der stillen Gesten zeitigt bisweilen große Wirkung, insbesondere wenn sie innerhalb eines klar abgesteckten und gut überschaubaren Umfeldes erfolgt. Speziell in auf sichtbare Nivellierung bedachten totalitären Gesellschaften wie in China oder in Nordkorea verdienten derartige repräsentativ aussagekräftigen Symboliken Aufmerksamkeit.

Krawall, plakative Sprüche, Antifeminismus

Populistischen Verführern auf dem Weg zur Macht kann es oft nicht schnell genug gehen. Darum sind sie, um auf sich aufmerksam zu machen, am Beginn ihrer Karriere laut und willens, alle Etablierten zu übertönen, so wie „The chainsaw and the blender"[1], der Blender mit der Kettensäge, Javier **Milei**. Der Populisten Sache ist es demnach nicht, realpolitische Probleme in ihrer fordernden Komplexität lösen zu wollen – dafür müssten sie erst einmal die Menschen und ihre vielzähligen Probleme wahrnehmen, was sie, wie wir gesehen haben, grosso modo ganz bewusst vermeiden. Populisten bieten daher stets big pieces, große Brocken zur schnellen Erledigung an. Handwerklich charmieren sie, denken laut nach und vermeiden jede tiefergehende Analyse. Auffallend oft bemühen sie Pronomen wie „wir" oder nationale Kollektivierungsbezeichnungen wie „die Österreicher" oder „gli italiani" oder „nous français".

Egal, ob sich um Rechts- oder Linkspopulisten handelt, sie leben vom Krawall und der lauten, aufdringlichen Rede. Der linke wie der rechte Populist betreiben einen salopp flotten Umgang mit Sprache. Kurz und knapp, eben plakativ hören sie sich an. Nur wer wirklich hinhört, erkennt darin die wahre Absicht, hört zwischen den Zeilen den potenziellen Demagogen heraus.

Populisten erwecken bisweilen den Eindruck, dass allein der Radau politisches Ziel wie Programm sei, geradewegs so, als bestünde Regieren aus lautem Wortgeklingel. Beide Lager, links wie rechts, machen auf ihre Weise

Rabatz, indem sie pauschalisierend „alle Reichen besteuern“ oder „alle Ausländer raus“ oder „Frieden jetzt“ skandieren. Völlig geschichtsvergessen oder kaum nuanciert und wenig vorausschauend agieren Populisten und Demagogen, verstehen nicht, dass ihre „Hand [an den] Speichen des Rades der Geschichte“[2] dreht. Die Probleme einer Gesellschaft in ihrer sozialen, komplexen Realität lassen sich nicht mit einem flotten Spruch darstellen oder gar auflösen.

Allen Populisten an den Rändern der politischen Mitte ist eigen – egal ob es sich um den italienischen **Movimento 5 Stelle**, die griechische **Syriza**, die slowakische **Smer-SD**, die französische **La France insoumise**, Bayerns **Freie Wähler**, das eben gegründete **Bündnis Sahra Wagenknecht** handelt –, dass sie charismatische Antreiber an ihrer Spitze haben. Diese generieren qua Persönlichkeit Aufmerksamkeit, sie sind in ihrer Rolle als Führungsfiguren repräsentativ für die gesamte Partei, personifizieren deren politische Programmatik. Allesamt zeichnet sie eine Mischung aus Charisma, Leidenschaft und unverhohlener Lust an der Selbstdarstellung aus.

Hubert **Aiwanger**, Sebastian **Kurz**, der äußerst charismatische Newcomer der Südtiroler Landespolitik, Jürgen Wirth **Anderlan**, oder die für ihre formidable Rhetorik bekannte Linkspopulistin Sahra **Wagenknecht** könnten von der sozialen und kulturellen Ausstattung unterschiedlicher nicht sein und trotzdem verbindet sie ihr gestisches Gebietertum, ihr Wille zur Selbstbehauptung. Hinter allen genannten Charismatikern verbergen sich Feuer und Leidenschaft, was uns hinreichender Grund zur Skepsis sein sollte.

Besonders bei den Männern sollten wir Frauen nicht blindlings und generell bei jedem einprägsamen Spruch applaudieren. Im Karussell und Klamauk der flotten Sprüche kommt es nämlich in periodischen Abständen, beispielsweise am Internationalen Frauentag oder bei Nachrichten von Femiziden, zu beherzten Proklamationen, die in ihrem animalisch-archaischen Beschützerton an Theorien evolutionär-kognitiver Mechanismen erinnern. Dabei sind sie weniger einem natürlichen (naturgesetzlichen) Verhalten entsprungen, als dass sie einfach nur von der Nicht-Bereitschaft zeugen, die Probleme der Frauen als großes Ganzes innerhalb eines großen Ganzen anerkennen zu wollen. Gar zu oft kommt es während des Jahres vor, dass man sich gegen das Gendern ausspricht, bei Femiziden verzögert reagiert, aber während die Mikrofone noch offen sind oder in halbprivaten Chats und Mails Frauen als „widerwärtiges Luder," „Merkelnutte", als „nervige Weiber" bezeichnet und sie als leicht steuerbar ansieht.[3] Geht es jedoch um realpolitische Agenden wie den flächendeckenden Ausbau von Kinderbetreuungsangeboten, sabotiert man dann die Umsetzung mit haushälterischen Begründungen. Wenn es um Bestrebungen von Frauen für gleiche Bezahlung geht, verstummt man geradezu.[4]

Symptomatisch sind die jährlich wiederkehrenden brauchtumsmäßig-folkloristischen Pop-up-Statements für alles, wofür Populisten stehen: ein Höchstmaß an logischer Inkonsistenz, ein bedenkliches Ausmaß an konservativ-traditionellem Denken und viel Larifari-Schwadronade. Sie kümmern sich nicht um ihr Geschwätz von gestern, sie genießen stets bloß den Augenblick, die maximale Aufmerksamkeit, die vorgeben soll, am Puls der Zeit zu sein, und stecken tief in patriarchalischen Traditionen fest.

So mangelt es dem Großteil der Frauenbekenntnisse von Populisten und Demagogen, speziell jener der neuen Rechten, wegen ihrer missbilligenden, xenophoben Grundierung und weil sie per se heteronormative Maßstäbe anwenden,[5] zudem ein Familienbild entlang klassisch patriarchaler Strukturen favorisieren, an prinzipieller Glaubwürdigkeit.[6] Aus diesen Gründen und speziell innerhalb der globalen neuen Rechten wie bei Rechtspopulisten aus den klassisch konservativen Parteien, hat sich gar ein Antifeminismus etabliert.[7] Wie könnte es auch anders sein! Konsequenterweise zeitigt eine ethnotribalistische Vorstellung, also ein an ein völkisches Stammesdenken anknüpfendes Denken, eine ethnotribalistische Frauenpolitik. Diese richtet sich nicht am Prinzip des Individualrechtes, am Recht der Frauen, ein selbstgewähltes Leben führen zu können, aus, sondern an den Regeln eines ethnischen Kollektivs – was mit dem kämpferischen „Schutz der traditionellen Familie" zum Ausdruck gebracht wird.

Dabei scheinen die Faschopopulistinnen und Demagoginnen der Zeit, dazu zählen wir die mächtigste Frau Italiens, Giorgia **Meloni**, zu vergessen, dass sie ihre Karriere vergangenen feministischen Bestrebungen verdanken, die Chance, überhaupt Ministerpräsidentin werden zu können, den Errungenschaften ehemaliger Feministinnen geschuldet ist. Absurderweise verbittet sich Meloni, auch nur in die Nähe einer feministischen Identitätspolitik gerückt zu werden. Um sich von einer solchen abzugrenzen, legt sie ausdrücklich Wert darauf, sich und repräsentativ mit ihr die italienische Staatsführung männlich zu denken. Als erste weibliche Ministerpräsidentin Italiens bestand sie paradoxerweise auf ihre männergefällige Haltung. Sie wolle als *der Präsident*, il *presidente del Consiglio*, und nicht mit *la presidente* oder *la presidentessa* bezeichnet werden. So bügelt sie geradewegs jeden feministischen und femininen Hauch einer Politik von Frauen selbst im Ansatz weg und bringt sich und alle Italienerinnen um die Chance, auf bestehende Mängel in der Frauenpolitik hinzuweisen.[8] Spekulationen zu Gründen für eine derartige Politik gäbe es, doch können es immer nur eben solche bleiben. Immerhin führte dies in Italien und auch außerhalb zu einer Reihe von Diskussionen – allerdings drehten sich diese hauptsächlich um die Möglichkeiten, die die italienische Sprache ermöglicht, und nicht um Frauenpolitik als gesellschaftliche Aufgabe. Haben wir es also bei rechten, dezidiert antifeministischen Politikerinnen wie Meloni mit einer feministischen Errungenschaft von Führungsfähigkeiten zu tun, oder mit einer neuen Form von Frauenpower, die der Ansicht ist, Geschlecht spiele in diesem Bereich der Politik keine Rolle mehr und man könne deswegen auf Frauenthemen verzichten? Meloni, die selbst Alleinerzieherin ist und ihre Tochter öfter mal zu diversen Staatsterminen mitnimmt, spricht dann lieber von den heroischen Müttern, die zusammenhielten wie Soldaten an der Front, die ihren Dienst am Vaterland täten, als von der Notwendigkeit, frauenfreundliche Politik zu machen.

Rechte oder in der Tendenz neorechte, in der Sache antifeministische Politik zu betreiben, ist auch ein Merkmal österreichischer Politikerinnen. Kanzleramtsministerin für EU-Agenden und Verfassung Karoline **Edtstadler** – sie steht beispielsweise in der autokratischen Tradition einer Volkspartei unter Sebastian **Kurz** –, ebenso ihre Kollegin Susanne **Raab**, zuständig für Familie, Frauen, Integration und Medien, sowie Verteidigungsministerin Klaudia **Tanner** aus selbigem Lager legen keinen Wert darauf, eine feministische Politik zu prononcieren. Sie folgen in ihrer Neigung der autoritär autokratischen politischen Parteienfamilie: nutzen für sich alle Verdienste (linker) feministischer Politik und bleiben dennoch im Weltbild einem christlich-katholischen Konservativismus verhaftet. Was zur Konsequenz hat, dass sie realpolitisch wenig frauenorientiert agieren. Sie betreiben einen geradezu zynischen Etikettenschwindel und verhalten sich ebenso paradox wie alle Populisten. Sind das die von Männern despektierlich benamsten „Quotenfrauen", die in Diensten männlichen Autokratentums stehen?

Ausgerechnet eine Beraterin im engsten Umfeld von Sebastian **Kurz** chattete intern „mir gehen die Weiber so am Nerv" und meinte weiter, sie ärgere sich über die „Scheiß Quote".[9] Leider befindet sie sich damit in bester Gesellschaft mit – man mag es kaum glauben – der Frauenministerin. Auch diese spricht sich gegen eine Quote aus, auch sie befürwortet eine „Frauenpolitik mit Hausverstand"[10] – wobei sie offenlässt, an welchem der vielen Hausverstande sie Maß nimmt, und pflegt ein betont patriarchalisches Familienbild. Wie widersprüchlich, ja geradezu antifeministisch die Politik der neorechten Frauen ist, zeigt sich an der Politik, die sie machen. Der gesammelte Hausverstand von 50 Preisträgerinnen des Käthe-Leichter-Preises scheint nicht mit dem Hausverstand der Ministerin zu korrespondieren. Deren offener Brief an die Ministerin wegen Mangels genereller Initiativen und fehlender Frauenberichte ließ diese unberührt.[11] Die Opposition wiederum übte Kritik an der konservativen Frauenministerin, weil sie gar eine radikale Abtreibungsgegnerin in eine Expertenkommission für Leitkultur geholt hatte – und das, obwohl sie nicht mal für Kultur zuständig ist. Der eigenwillige, antifeministische Populismus solcher Politikerinnen offenbart eine gewisse geistige Banalität in Bezug auf historisch-politische Errungenschaften. Dieser wohlgepflegte Populismus torpediert alle bisher erreichten Errungenschaften. Er ist nichts als ein Dienst an Männern, gar eine Gefälligkeit.

Daraus lässt sich folgern, dass das prinzipielle Begehren nach politischer Machtergreifung bei Frauen dem männlichen Machtstreben ähnelt, dass sich die machtpolitischen Ziele von Frauen auch aus der parteipolitischen

Programmatik ergeben. Diese können ähnlich demokratisch, antidemokratisch, konformistisch oder radikal sein.

So ist es wenig verwunderlich, dass Österreichs Ministerin und studierte Juristin Karoline **Edtstadler** ein Zitierverbot aus Strafakten durchsetzen wollte, ist sie doch Teil jener Partei, die von Skandalen und veröffentlichten Chats gebeutelt wird. Edtstadlers Ansicht, „Medien brauchen Grenzen“,[12] ist daher mehr unheilabwehrender Bannspruch als demokratiepolitisches Anliegen im Sinne einer transparenten Politik mit Verfassungstreue. Die Ministerin, die ihre eigene Partei zurzeit in eine Reihe von Skandalen verwickelt sieht, deren Ausmaß bereits jetzt enorme Schäden zum Nachteil der nationalen Volkswirtschaft nach sich zieht, versucht rhetorisch Härte zu zeigen. Mit einer Kultur der „durchgreifenden Hand“ gegenüber Medien versuchte sie zu punkten. So bleibt von ihr nichts als eine stramm „gesinnungsethische“[13] Politik, die in ihrem Habitus der des ehemaligen Kanzlers **Kurz** derselben Partei verblüffend ähneln.

Doch macht die ohnehin nicht für Humor und ausgewiesenen Feminismus bekannte Frau Ministerin, was Feminismus-Opportunistinnen so machen, wenn es die Lage erfordert: Sie zieht nach Bedarf dann doch die Karte des Frauenbonus.[14] Einem ehemaligen Journalisten und satirischen Conférencier warf sie wegen eines Bildvergleichs von ihr mit dem Musiker Marilyn Manson Hass im Netz gegen Frauen vor. Hingegen versäumten sie und ihre gesinnungsethischen Mitstreiterinnen in der Partei, der Justizministerin des koalierenden Partners beizuspringen, als diese wegen ihres bosnischen Migrationshintergrundes vom ultrarechten Lager der FPÖ degoutant attackiert wurde. Der Bedarfsfeminismus scheint ein ausgeprägtes Phänomen bei alten wie neuen Rechten zu sein. Mit Slogans wie „Grenzen sichern, Frauen schützen“ täuschen die Identitären Frauen der IB-Frauen[15] und AfD-Männer, wie eine Rechercheplattform auf X nachweist, recht plakativ den Einsatz für Frauenbelange vor. Die eigentliche Intention dabei ist es aber, ihre archaische Vorstellung von Familie als ethnisch-deutschem Bollwerk, bei dem die Frauen eine zentrale Stellung einnehmen, gegen Außeneinflüsse im Sinne der Umvolkungstheorie zu schützen und die „Identität als Familie"[16] von zwei heteronormativen Geschlechtern zu forcieren. Neue konservative Rechte und alte rechte Politik sind also, was Frauenpolitik anbelangt, sehr selektiv bei der Durchsetzung von Interessen für Frauen. Frauenpolitik wird in gewisser Weise unzeitgemäß und in der Tendenz religionspolitisch unterschwellig betrieben, der Schutz der Frauen nur vorgetäuscht.

Mit Bezug auf die willkürliche wie halbgare Frauenpolitik bemühen wir eine Vertreterin der Südtiroler Grünen, Brigitte **Foppa**, die dem rechtsdralligen lokalen Populisten in einer Landtagsdebatte bravourös ausrichtete, das Besitzrecht, das in der Formulierung „unsere Frauen" stecke, sei durch und durch patriarchalisch, weswegen sie sich künftige „Anmaßungen" solcher Art verbitte.[17]

Der Willen zur Macht als überkommenes, aber effektsicheres Mittel politischer Verführungskunst steckt, so scheint es, in einem stereotyp-männlichen, stierigen und/oder zornigen Gestus. Warum speziell Frauen aus dem rechten Spektrum sich dieses Habitus annehmen und deren Muster bedienen (**Meloni, Le Pen, Weidel**), vermögen nur sie uns zu beantworten. Dass es anders geht, beweisen besonders Finnlands einstige Vorzeigefrau Sanna **Marin**, Deutschlands amtierende Außenministerin Annalena **Baerbock**, Ursula **von der Leyen** und all die standhaften Ost-, Nordost- und Südosteuropäischen Entscheidungsträgerinnen wie Kersti **Kaljulaid**, Kaja **Kallas**, Maia **Sandu**, Zuzana **Čaputová** oder auch Alma **Zadič**. Sie sind anschauliche Beispiele für Strebsamkeit, Beharrlichkeit und Durchsetzungsvermögen. Sie zürnen und toben nicht und schicken sich nicht an, die parlamentarische Demokratie und ihr Prinzip der Gewaltenteilung zerstören zu wollen.

Anders jene Kolleginnen der Zunft aus dem rechten Lager, die mit Zorn Politik machen. Zorn und Wut mit Anflügen von Hass in den Sälen der Parlamente oder auf Parteitagen verbreiten. Was man von Alice **Weidel** bereits von ihren Reden im Bundestag gewohnt ist, findet sich auf deren Parteitagen wie orchestriert wieder. Schreiend und affektenthemmt skandieren sie altbekannte Stehsätze. Es scheint geradezu ihr unverwechselbarer Stil zu sein. Die zornigen Tiraden richten sich gegen einzelne Feindbilder ebenso wie gegen alle politisch-repräsentativen Institutionen, je nach politischer Wetterlage. So attackiert man die EU, aber auch die Integrität des amtierenden Präsidenten des Verfassungsschutzes.

Bisher klassische Merkmale einer demokratischen Politik, über ein ausgewogenes Maß an „Leidenschaft – Verantwortungsgefühl – Augenmaß“[18] und Dialogfähigkeit zu verfügen, gelten damit nicht mehr, auch bei den Frauen. Beziehungsweise nur bei Sozialdemokratinnen und Grünen, vereinzelt regional bei konservativen Frauen innerhalb der Volksparteien.

Geharnischt formuliert: Die neuen Populistinnen und Demagoginnen marschieren staatsrechtlich, ideengeschichtlich und rhetorisch – wie ihre männlichen Kollegen – im zackigen Stechschritt zurück ins totalitäre 20. Jahrhundert. Und sie machen keinen Hehl draus. Bitter nur, dass derlei ausgerechnet mittels demokratiepolitischer Legitimation möglich wird. Denn das stärkste Mittel der Demokratie, ein Höchstmaß an Freiheit zu garantieren, ist zugleich auch ihr großer Schwachpunkt.

So ist es diese generelle Freiheit der Demokratie, die einem gesinnungspolitischen Selbstermächtigungstribunal den Boden bereitet und die jeden Respekt gegenüber dem positiven Recht und den repräsentativen Ämtern eines Staates vermissen lässt. Ungarns Fidesz unter Viktor **Orbán** macht es auf erschreckend brillante Weise vor. Mit der Kraft ultrakonservativer, ethnisch-völkischer und antiliberaler Geisteshaltung sichert sich der Autokrat seine Macht, indem er die Freiheit der Demokratie nutzt. Letztlich, um diese Freiheit zu demontieren und in seinem revanchistisch nationalistischen Sinne umzubauen. Diese Praxis verbindet alle rechtstendenziösen oder offen autokratischen Regierungen, sei dies in Israel, Italien oder den USA unter Donald **Trump**, und sie ist genauso Selbstverständlichkeit bei den Frauen in diesem Lager.

Die Mitte, nichts als ein schmaler Grat

Die Kunst der neuen konservativen Populisten wird es sein, die Balance auf dem schmalen Grat demokratischer Politik der Mitte zu finden, um schlussendlich nicht in einen schleichenden Autoritarismus abzurutschen. Dass dafür besonders die konservativen Parteien anfällig sind, bestätigen inzwischen Wahlergebnisse im Halbjahresrhythmus quer durch Europa, in den Regionen wie auf nationaler Ebene. Selbst die bürgerlich mittige Volkspartei der wirtschaftlich prosperierende Autonomen Region Bozen zog es vor, nach der Landtagswahl 2023 in eine Koalition mit ihren historischen Erzfeinden, erklärten italienischen Faschisten, zu gehen. Gegen jeden gesellschaftlichen Appell, gegen jeden öffentlichen Widerstand rückte sie vom Pfad der Mitte ab. Diese politische Übertreibung, um nicht Torheit zu sagen, die als demokratiepolitisches Signal für Europa ungustiös ist, lässt einmal mehr einen Gleichklang im Grundton anderer konservativer Parteien erkennen. Es sind basale konservative Werte in den traditionell christlich-konservativen Parteien, die sie zu „Türöffnern"[1] der Rechten in die Parlamente hinein werden lassen. Mit ihrer „Bagatellisierung"[2] der Rechten, so der Südtiroler Politologe Günther Pallaver, leisten sie einem europäischen Rechtsruck Vorschub.

Es drängt sich die Frage auf, ob der Sieg politischer Macht aktuell gerade nur um den Preis, rechts, männlich, gnadenlos radikal und populistisch zu sein, zu haben ist?

Die Qualitäten des Eros, des Reizes, der Faszination der Politiken von Macht zeigen sich im Streben nach Aufmerksamkeit, im Ringen um Führerschaft, im Willen, überlegen zu sein. Es ist eine anthropologische Gewissheit und historische Tatsache, dass alle Bestrebungen darum einer Arena bedürfen. Rhetorische Großmeister politischer Reden gelten seit jeher als politische Talente, weil sie ohne Öffentlichkeit unentdeckt blieben. Die politische Philosophie weiß davon seit frühesten Tagen der Antike zu berichten. Immer noch ist die Kunst der Rhetorik, der geschliffenen Rede, – mehr als je zuvor – auch mit der Kunst idealer Darstellung in Bild und Wort verbunden. Auf dem Weg zum Gipfel der Macht sind sie von substanzieller Bedeutung.

Aus diesem Grund sitzen mittlerweile Kommunikationsstrategen mit an den Beratungs- und Verhandlungstischen, Stylisten und Hoffotografen gehören zum fixen Bestandteil politischer Stäbe und operativer Planung. Die Portefeuilles der Ressorts verfügen daher über eigene (gar nicht so kleine) Budgets, die nur ein Ziel verfolgen: schneller und näher an die Macht zu kommen, als es die Konkurrenz tut. Schöner zu glänzen und eher gehört zu werden als diese.

So fluten besonders Populisten der Konservativen und der Rechten mit massiven Aufmerksamkeitskampagnen sämtliche digitale Kanäle. Musterhaft (abstoßend) vorgegangen ist dabei Österreichs „Neue ÖVP“ unter der Hand von Sebastian **Kurz**. Dieser hat mit seinem bereits erwähnten Haus- und Hofmedienberater Gerald Fleischmann üppig Bild- statt Sachpolitik betrieben und damit die bisherige Politik der unaufgeregten Mitte verlassen. Dies erfolgte mit einem derart rasanten Tempo, dass zwischen den Pressekonferenzen, Bild- und Schlagzeilenserien keine Zeit mehr für Faktenchecks blieb. „Seriöse Medien müssen“, so der Medienberater später in einem Buch über seine Zeit in der Regierung Kurz, „die Fakten gegenchecken.“ Dies gelte es jedoch, so der Berater freimündig, durch die politische Entourage zu „verunmöglichen".[3]

Es beschleicht einen ein entrisches, ein beklemmendes Gefühl, solchergestalt und im Nachhinein über den Politikstil eines Regierungschefs informiert zu werden. Zu erfahren, dass die Professionisten der Aufmerksamkeitsindustrie, die Kommunikationsberater, im Auftrag ihrer Arbeitgeber, der Politiker, losgelöst von jeder politischen „Verantwortungsethik"[4], die politisches Tagwerk verlangt, agieren. Den Kommunikationsberatern und -technikern Entscheidungskraft zu überlassen, zeigt, dass sich das Politikverständnis selbst in der Politik grundlegend geändert hat – zumindest in Österreich. Der äußere Eindruck, die Kommunikationstechniker wären unpolitisch, so dünkt es zumindest von außen, täuscht darüber hinweg, dass sie mindestens so politisch agieren wie die Politik selbst.

Besonders deutlich wird die Handschrift der Kommunikationsberater oftmals erst auf den zweiten Blick. Dann, wenn sich nachvollziehbar Veränderungen, Abweichungen von bewährter, gewohnter Parteilinie zeigen, wenn die Kandidaten einen Schliff bekommen, den man bisher nicht an ihm oder ihr gewohnt war. Zurzeit ist dies bei Österreichs Kanzler Karl **Nehammer** zu beobachten. Da dessen Kommunikationsberater auch jener von Sebastian Kurz war, überrascht die Metamorphose im Habitus Nehammers nicht.

Es ist unter der Hand des Kommunikationsberaters deutlich spürbar, dass, wie schon während der Regierungszeit von Sebastian Kurz, nicht zentrale realpolitische Agenden zum Thema gemacht werden, als vielmehr eine Reihe thematischer Nebenschauplätze bespielt werden, eine bisher konservativ-bräsige Politik zu einer nervösen Aufmerksamkeitspolitik verkommt. Um beispielsweise über die Tatsache hinwegzutäuschen, dass das Land mit einer der höchsten Inflationsraten im EU-Raum „brilliert“ und die Umfragewerte der Volkspartei in den Keller rutschten, streute man sogenannten SNU, „strategisch notwendigen Unsinn“[5], wie ein Journalist die politische und kommunikationstechnische Arbeit von Sebastian Kurz desillusionierend benannte. Mit SNU steuerte man kurzerhand die Stimmung im Land. Kurz' Kommunikationsberater, der ja auch „amtierender“ Berater ist, fühlte sich dadurch keineswegs brüskiert oder als politisch unethisch entlarvt, gar beschämt, nein, passend zu seinem etwas verqueren Berufsethos griff er den Begriff willkommen, ja geradezu dankbar auf. Erfreut, eine griffige Formulierung für seine demokratiegefährdende Routine gefunden zu haben. Solch ein SNU dient dazu, Aufmerksamkeit zu generieren, Stimmung aufzugreifen, Verwirrung zu stiften oder von Wichtigerem abzulenken – also Politik zu machen. Er diente dazu, Meinungen zu manipulieren, Probleme in den Raum zu stellen, die vorher nicht da waren. Man kommt nicht umhin, an gemeindienstliche Machenschaften zu denken, derart obskur klingt es.

Zur Schaffung von Problemen gehörte beispielsweise auch, die unbegründete und völlig an den augenblicklich bestehenden Problemen vorbeigehende Angst vor dem Verlust von Bargeld zu schüren, wie im August 2023 vom Kanzler auf Anraten des Beraters erfolgte. Niemandes Absicht war es bis dahin, Bargeld abzuschaffen. Weshalb angesichts der vielen Schlagzeilen viele erschrocken aufhorchten, darüber spekuliert wurde, ob da im Hintergrund eine gewisse „die politische Elite“, ein diffuser Dämon, der insgeheim die Welt regiert, derlei vorhätte. Dieser von konservativer Seite gestreute Unsinn stellte sich nach seriöser Betrachtung als Schlagzeile heraus, als Parole, die ursprünglich von der ultra-rechten FPÖ gegen die Steuerpolitik der EU gestreut wurde, um diese zu diskreditieren. Dass ausgerechnet eine Volkspartei derlei aufgreift, wagte vorher niemand anzunehmen. Da die EU ohnehin nie das Recht auf Bargeld beschneiden wollte, sondern nur aus Gründen der Geldwäschebekämpfung eine Obergrenze (gilt erst ab 2027) einzog, war und ist dies eine vorsätzliche Irreführung von rein populistischem Zweck. Die Idee des Kanzlers, aus dem Nichts noch dazu, Bargeld zum Thema zu machen, eine Parole, die noch dazu auf die rechtsnationale FPÖ zurückgeht, ist nichts anderes als eine demokratiepolitische Fahrlässigkeit. Wie anders als populistisch (oder gar demagogisch) zu nennen ist es, wenn der Kommunikationsberater eines Kanzlers in vollem Ernst, aber politisch pflichtvergessen, ein Thema bloß um der Stimmung willen kursieren lässt, und dieses darüber hinaus aus dem populistischen rechten Parteienmilieu klaut!

Der „Unsinn" sorgte sogar im Ausland für Schlagzeilen. Die internationale Nachrichtenagentur Reuters meinte dazu: „Austrian leader backs far-right idea of enshrining cash in constitution",[6] denn tatsächlich verkündete der Kanzler, das Recht auf Bargeld sollte in der Verfassung verankert werden, was rechtspolitisch wiederum fahrlässig ist. Eine Verfassung ist ein ernsthaftes Gerüst, das die wesentlichen Bausteine der Demokratie formuliert, weshalb Änderungen eine 2 / 3-Mehrheit des Parlaments, also große Einigkeit, voraussetzen.

Es bleibt also bei dieser Aktion zu vermuten, dass die Partei im Inland versuchte, Stimmen aus dem EU-kritischen FPÖ-Lager abzugreifen und vom bestehenden Dilemma mangelnder Filialen und Bankomaten auf dem Land, für die der engste Partner der Partei, die Raiffeisenbank, verantwortlich ist, abzulenken.[7] Die Absurdität der Idee führte schließlich zur Initiative „Bargeld-Taskforce" durch den Finanzminister, scheint aber inzwischen verraucht und nachrangig.[8] „Insgesamt fanden zwei Sitzungen der Bargeld-Taskforce statt", wie es in einem Antwortschreiben vom Mai 2024 an die Autorin hieß.[9] Das Thema wurde derart ausgiebig und emotional ventiliert, dass sich die *ZEIT* nach dem Grund für das „Scheingefecht" auf den Weg machte und dahinter bald eine Kommunikationsberaterstrategie vermutete.[10]

Wer jetzt noch annimmt, mit Angst ließe sich nicht Politik machen, der irrt. Es ist dies geradezu ein Lehrbeispiel, wie sich Populismus unter dem Einfluss von Kommunikationsstrategen weg von einer soliden, praxisnahen Mitte, hin in den Bereich von demokratieschädigender Demagogie verschiebt.

Verfassungstreue hin oder her, in Zeiten des Populismus ist selbst diese nicht mehr als ein Spielball, denn Österreichs Regierung ist offenbar willens, sich dem von den Beratern ersonnenen, rhetorischen Klamauk anzupassen. Dass sie damit sonst getrennte Bereiche politischer Praxis, als regierende Partei die Verfassung nicht in Frage zu stellen, die Rollenverteilung Opposition und Regierung zu akzeptieren und nicht beides zu vermengen, aufgeben, ist einmal mehr Zeichen für fortschreitenden, demokratiegefährdenden Populismus. Diese staatspolitisch, aber auch repräsentativ bedeutsame Vermengung ramponiert die Stabilität des Staates wie das Image der Regierung. Orientierungslosigkeit, Glaubwürdigkeit und der Verlust des Vertrauens in den demokratisch-politischen Staat sind die Folge. Dies befördert wiederum die Anfälligkeit für allerlei weitere populistische Scharlatanerie.

Im Werben um die Vorherrschaft der Macht scheint gerade den konservativen Kräften im deutschsprachigen Raum gegenwärtig jeder populistische Aberwitz recht und jeder Kompass verloren gegangen zu sein. Indem jede Laune zu einer Schlagzeile gemacht, jeder unzeitgemäße Rekatholisierungsfolklorismus mit einer internationalen Bedrohung durch „den“ politischen Islam gerechtfertigt wird, demokratisch zustande gekommene Verfassungen und universelle Rechte (Völkerrecht, Menschenrechtskonvention) einem launigen Polit-Folklorismus geopfert werden, riskiert man den Verlust stabilen Vertrauens in die Politik. Der demokratische Staat wird zu einer beliebigen Laune degradiert, er verkommt zur lästigen Dekoration.

Verführungskunst I – Namensänderung

Der Zauber und die Verführungskunst von und durch Macht beruhen auf Täuschung und Trommelwirbel, wie wir einmal mehr gelehrt bekommen haben.

Je mehr sich die politische Macht den Gesetzen der Kommunikationsstrategien unterwirft, umso eher trifft dies zu. Am Beispiel Österreichs können wir nachvollziehen, wie die Magie des schönen Scheins alle politische Verantwortungsethik verkümmern lässt.

Als in Österreich der viril-juvenile Sebastian **Kurz**, *der* Schwiegersohn der Nation also, seine Koalition mit der rechten FPÖ (2017–2019) einging, zeichnete sich recht schnell seine Strategie ab, die neue Volkspartei um jeden Preis zu einem schnellen Erfolg zu führen.

Lange bevor öffentlich bekannt wurde, dass der bis dahin jüngste Kanzler aller Zeiten durch einen klassisch intriganten, parteiinternen Putsch in seine Position gelangt war und sich mit ihm auch in der Partei ein radikaler Richtungs- und Stilwechsel vollzog, war unter Kennern ein gewisser hektischer Aktivismus zu vernehmen. Das Tempo, mit dem dies geschah, war für das stets etwas verschnarchte (Ost-)Österreich untypisch. Österreich, ein altbekanntes Theaterland, kannte Königsmorde sonst nur von Kleinstparteien oder der Bühne. Kaum jemand wusste, dass der an den Tag gelegte Elan wie Eifer zum Zeitpunkt von Kurz' Machtantritt einer shakespeareschen Entmachtung gleichkam und geschuldet war, oder dass der Schwung keine strukturell inhaltliche Erneuerung, also programmatische Neuausrichtung, bedeutete, als vielmehr nach den Regeln und Zwecken eines autokratischen Handstreiches erfolgte. Was bereits damals als Zeichen autokratischen Stils galt und hinter vorgehaltener Hand als Gerücht innerhalb gut unterrichteter Kreise kursierte, dass nämlich auch Landeshauptleute (Ministerpräsidenten) den Kanzler und Parteichef telefonisch nicht mehr direkt zu erreichen vermochten, derart abgeschirmt war er, sollte sich tatsächlich als wahr herausstellen. Kurz hielt es wie Putin, Orbán und ähnliche Alleinherrscher, er schirmte sich ab.

Hier trat also ein junger Mensch um die Vorherrschaft der politischen Macht an und kaperte zu diesem Zweck eine arrivierte Partei. Er putschte, von der Öffentlichkeit verborgen, eine Volkspartei in Grund und Boden und machte aus ihr eine „Ein-Mann-Partei“, wie die Korrespondentin der Süddeutschen Zeitung in Wien befundete.[1] Spätestens zu diesem Zeitpunkt verlor Österreichs politische Geschichte erstmals seit Gründung der Zweiten Republik seine konservative, seine bürgerliche Mitte.

Die Machtfülle, die sich dieser junge Mann parteiintern sicherte, ließ aufmerksame Beobachter gleich von Anbeginn cäsarische Züge erkennen. Der Anbruch neuer Zeiten wurde auch gestisch repräsentativ eingeläutet: mit der Umbenennung von „Österreichische Volkspartei“ in „Liste Sebastian Kurz – Die neue Volkspartei“.[2] und der Umfärbung der Parteifarbe von Schwarz auf Türkis. Schneller, als so manchem lieb war, verkam die sonst etwas bräsige, aber verlässlich wertkonservative Tante Volkspartei zum rein organisatorischen Hintergrundchor für einen selbstverliebten Solisten. So kam es, wie es kommen musste: Analytische Köpfe sahen darin eine „Unterwerfung der Partei“.[3] Für die Partei begann eine Phase nie dagewesenen Populismus und, was noch schwerer wog, mit ihr sollte ein Kommunikationsberater in der geadelten Rolle als stellvertretender Kabinettschef inhaltlich Politik machen dürfen. Fortan regierten seichte Gedanken und eine boulevardesk leichte Feder.

Folgerichtig leisteten die Boulevardmedien, neben den digitalen sozialen Medien, Schützenhilfe bei der Umsetzung dieser vordergründig plakativen Politik. Während der Regierung Kurz I entwickelten diese sich zum Hauptsprachrohr der Regierungspolitik. Der Boulevard und die gesinnungsfreundlichen Medien sollten nach dem Zerbersten der Regierung die verlässlichsten Partner im Wahlkampf sein. Gepflegte Taktik des Kanzlers und Parteiobmannes der „Liste Sebastian Kurz – Die neue Volkspartei", in magisch-dämonologischer Manier immergleiche Sätze zu wiederholen, übernahmen die gesinnungsgleichen Blätter ohne Faktencheck. Dabei half und war ein Intimus des Kanzlers mitverantwortlich, der inzwischen tief gefallene und von zweifelhaftem Ruhm überschattete René Benko. Er sorgte über deutsche Beteiligungsgesellschaften dafür, dass Österreichs Boulevardmedien mit großer Reichweite im Gleichklang und zu Gunsten seines Kanzlers und Protegés rauschten. Der inzwischen tief gefallene Geschäftsmann kaufte sich via Funke-Mediengruppe Anteile der im Alltag der Österreicher fest verankerten Tageszeitungen *Kurier* und *Krone*, beides semi- oder rundum boulevardeske Tageszeitungen. Das war der erste Schritt zu Ermächtigung. Im nächsten Schritt torpedierten Inhaber und Kanzler wiederum unliebsame Journalisten anderer, investigativer Medien, versuchten sie mit juristischen Anklagen finanziell zu ruinieren und moralisch zu zermürben.[4] Der demokratiepolitisch feindliche Nebeneffekt bestand darin – dies spielte sich für die Öffentlichkeit im Verborgenen ab –, dass es von Seiten des Kanzlerbüros zur Ausladung an Hintergrundgesprächen von Journalisten „unliebsamer" Medien kam, also eine Selektion von Medien erfolgte. Gesinnungspolitische Verführungspraktiken solcher Art sind Indikatoren für den demokratiepolitischen Zustand einer Republik. Sie tragen einen Hauch autokratisch-anmaßender Züge in sich und funktionieren entsprechend nach archaischen Beziehungsgeflechten. Gehorsame Liebesdienerei im Verbund mit einem unkritischen, bewundernden Personenkult erfüllen einen Zweck – im Englischen gibt es dafür den schönen Ausdruck „enabler", Ermöglicher zu sein, sich die Konzentration von Macht auf eine Person und den abfallenden Glanz wie Meriten auf ihm nahestehendes Umfeld zu sichern.

Jeder von uns kennt die Wirkung von Wiederholungen. Diese reicht von rituellen Gebetsformeln bis hin zu elterlichen Ermahnungen. Medien, die im Chor mit der Politik deren ewig gleiche Phrasen lancieren, tragen dazu bei, dass sich diese in uns einnisten. Die Phrasen nehmen von uns Besitz, bis sie selbstverständlicher Teil von uns werden.

Die Bildwissenschaften wiederum kennen die Vorteile günstiger Bilder und haben längst die Strahlkraft von Personen durch Verbreitung ihrer Konterfeis nachgewiesen.

Übernehmen also Kommunikationsberater, die Meister solcher Techniken, im Umfeld der Politik die Agenden der Politik, verändert sich unweigerlich die inhaltliche Ausrichtung der Politik.

Österreichs Presse- und Medienförderung wiederum ermöglicht, was andere Länder nicht kennen: eine mit öffentlichen Geldern finanzierte Inseratenflut, die in den Händen der gerade regierenden Ressorts liegt. Käuflichkeit wird hier also per Gesetz zur nobilitierten Verführungskunst. Dem zahnlosen Rechnungshof bleibt nur die Möglichkeit, die Zahlen zu benennen und Mängel zu formulieren.

Die mit Unterstützung willfähriger Medien unentwegt lancierten öffentlichen Auftritte, die über die Äcker des Landes verstreuten Plakate, die atemlose Verbreitung von Slogans der regierenden Parteien, die Häufung von Veranstaltungen des Kanzlers mit Parteimitgliedern und gleichgesinnten Vorfeldorganisationen beim Wandern, beim Beten, bei Wallfahrten mit Bauern ähneln den gnadenvollen Herablassungen ehemaliger feudaler Praktiken von Herrschaft und den Huldigungszügen eben dieser.

Sie scheinen ein verborgenes Verlangen in uns zu bedienen. Ein Begehren zu berühren, selbst so zu sein, froh zu sein, was vom Glanz abzubekommen. Es ist ein Bedürfnis, das in uns allen steckt und das immer schon die Ursache des Phänomens Fan zu sein war und ist. Wer also imstande ist, eine Erregung, einen Effekt in uns auszulösen – eine Erregung, deren Ursache, die wir, so wir bereit wären, darüber nachzudenken, selbst nicht erklären können –, dem scheinen die Gefolgschaft und damit die Herrschaft sicher.

Die schillernde, rational kaum nachvollziehbare Faszination, die Dynamik solcher zwischenmenschlichen Beziehungen, die letztlich in einen Personenkult münden, sollte schon aufgrund ihrer „versehentlichen", ihrer unbewussten Wirkung psychoanalytisch besehen werden. Gerade weil die Neigung zur Bewunderung, zur Adoration, per se in jedem von uns angelegt ist. Da die politischen Auswirkungen davon kaum „objektiv" messbar sind, kaum einforderbar oder mit Maßstäben der Vernunft nachvollziehbar sind, sind sie kaum zu erklären und folglich kaum aufzulösen. Deswegen hilft der Appell „aus der Geschichte lernen" kaum. Die Erfahrung anderer ist eben nicht die eigene Erfahrung und bleibt daher immer mittelbar. Wie sich Grauen und Horror anfühlen, ist nicht wirklich, nicht logisch evident erlernbar. Wir können nur die Konsequenzen gelehrt bekommen, sie bleiben aber dann bloß eine Erzählung und ersetzen den eigentlichen Prozess der Erfahrung nicht. Zwischenmenschliche Prozesse innerhalb politischer Geschehnisse unterliegen also nie logischen Gesetzen. Es ist das Regime unmittelbar erfahrener Empfindungen – die Stimmung im Bierzelt, das gemeinsame Erlebnis bei Volksfesten – wie der mittelbaren Versprechen, die uns Menschen lenken, die uns willfährig werden lassen. Politik, insbesondere populistische, ist also mehrheitlich ein Geschäft mit Gefühlen und unbewusst angelegten Wünschen. Weswegen insbesondere Sympathie und Antipathie eine wichtige Rolle spielen. Sie nähren sich von Schönheitsempfinden, Freundlichkeit, Zorn, Neid, allerlei Idealbildern und Projektionen, von allem, was wir in uns tragen. Es ist am Ende des Tages immer dieser „subversive Elan"[5] oder die kritiklose Liebe zu einem Anführer, die uns, philosophisch formuliert, am Leben halten.

Der neofeudale und in Zügen prätotalitaristische Personenkult des Sebastian **Kurz** hat vor Augen geführt, wie zeitlos wirksam so ein *Regime der Gefühle* ist, weswegen Österreichs nunmehriger Kanzler, der weder den jugendlichen Charme eines Sebastian Kurz besitzt noch dessen Redetechniken kannte, sich unter der Hand des Kommunikationsberaters von Kurz umbilden, umformen ließ. Nehammer tut es seinem Vorvorgänger gleich, indem er sich, was er nicht an Naturtalenten (Charisma, Charme, rhetorisches Talent) mitbringt, von der Hand eines Kommunikationsberaters beibringen lässt, soweit dies erlernbar ist. Er liefert sich einem Kommunikationsstrategen, einem Gefühlsstrategen also, aus, um zu werden, was er von Natur aus nicht ist. Eine durchwegs gängige Praxis heutiger Politikkultur. Karl **Nehammer** hält sich zu diesem Zweck, wie uns eine Antwort auf eine parlamentarische Anfrage zeigt, ganze 104 (einhundertvier) Personen zu monatlichen Ausgaben von nahezu einer halben Million Euro (450 650,40 Euro). Allesamt Kommunikationsstrategen und Öffentlichkeitsarbeiter, die mit nichts anderem beschäftigt sind, als eine Bindung zwischen Kanzler und Wählern herzustellen, die die Menschen bei Laune halten, sie für den Kanzler einzunehmen versuchen, sie umgarnen. Ihr Job ist also einzig und alleine, eine gefühlvolle, eine spürbare Täuschung herzustellen. Die politische Absurdität mündet in der Tatsache, dass sämtliche Kosten der Stimmungsmacher aus der Staatskasse stammen, die von den Getäuschten befüllt wird, den Wählern.

Nun mögen diese Spielarten von Populismus zwar zweifelsfrei kritisierenswert sein, solange deren Vertreter sich an demokratische Prinzipien wie Gewaltenteilung, die Anerkennung der Souveränität des Parlaments, Medienfreiheit und die Trennung von Staat und Kirche halten, verläuft sie aber immerhin noch innerhalb demokratischer Strukturen und ist dadurch rechtssicher.

Führt sie jedoch zum Versuch der Politik, Kontrolle über die Medien zu erlangen, Grundsätze der Verfassung in Frage zu stellen, gar ins Wanken zu bringen oder zur strukturellen Etablierung bzw. Kultivierung von SLAPP[6]-Klagen, also aus strategischen Gründen lancierte straf- und zivilrechtliche Klagen, um die Journalisten zum Schweigen zu bringen, muss man diese Praxis dezidiert als antidemokratisch benennen. Damit werden Grundfesten der Demokratie zum eigenen partei- und machtpolitischen Vorteil zur Waffe und zum Ausdruck für eine erodierende Rechtsauffassung. Strebt der Populist im Verbund mit seiner Kommunikationskompanie danach, die parlamentarische Kontrolle, den seriösen Journalismus, zu neutralisieren, die staatlich fixierte Trennung der Gewalten oder von Staat und Kirche zu unterminieren oder gar auszuschalten, bedeutete dies: Er schielt nach totalitären oder autokratischen Strukturen, nach einer Macht, die ihn nach eigenem Rechtsverständnis schalten und walten lässt. Deren einziges Ziel ist es – und das wissen wir nun zuhauf aus historischen Prozessen –, unter Anwendung gesinnungspolitischer Agenden „durchregieren" zu können. Das Regime der Gefühle streut Unruhe, spielt mit dem Zorn „des Volkes", rechnet mit den Stimmungen „thymotischer Kollektive",[7] wie Sloterdijk, ein kluger Philosoph, befand. Dies ergibt eine unruhige gesellschaftliche Gemengelage, die mit Zunahme der Wut auf die Politik diese stellvertretend auf den Staat überträgt und somit destabilisierend wirkt. Er verlagert seinen Zorn und sein Machtstreben auf uns, indem er „Euer Wille geschehe" plakatieren lässt, und wir spiegeln es, indem wir es dankbar annehmen und applaudieren.[8]

Somit bewegt sich der talentierte Populist stets auf einem schmalen Grat zwischen Demokratie und Autokratie. Weniger zornig als der nunmehrige Wahlsieger, Herbert Kickl von der FPÖ, aber in der Tendenz ähnlich autokratisch und paternalistisch im Machtstreben, baute sich Österreichs einstmals jüngster Kanzler, Sebastian Kurz, mit Unterstützung seines mittlerweile gescheiterten Freundes und Geschäftspartners René Benko (SIGNA-Unternehmensgruppe[9]) ein eigenes System gesellschaftlicher Kontrolle, das parallel zum Staat funktionierte und regierte. Diese Double-Bind-Praxis, sich einerseits Medien zu kaufen und zum eigenen Handlanger zu machen, und andererseits zu versuchen, kritische Medien mit Anklagen mundtot zu machen, erinnert uns an Europas vermutlich ersten Populisten. Wer denkt an dieser Stelle nicht an Italiens Ministerpräsidenten und Medienmogul Silvio **Berlusconi**. Populistische Politik mit einem Hang zur Autokratie lebt von der Absicht, eine Politik der leichten Sätze und des Boulevards zu betreiben. Berlusconi erkannte dies als Erster, er schuf sich ein Imperium der seichten und tendenziell misogynen Unterhaltung und setzte dann zum Sprung nach der politischen Macht an. Der Italiener war zum Zeitpunkt seiner politischen Anwartschaft bereits gesellschaftspolitisch mächtig, verfügte bereits über ein Netz gesinnungstreuer, boulevardesker Medien. Der bis zu seinem Tod und darüber hinaus in zweifelhaftem Ruf stehende Geschäftsmann Berlusconi trug mit seiner FININVEST[10]wesentlich zum *berlusconismo*[11] bei, einen burlesken Regierungsstil zu einem etablierten Politikstil werden zu lassen, der am Ende auch unter aktuellen italienischen Politikern floriert.

Aus dem Vergleich lernen wir, dass Populismus ein Geschäft mit Gefühlen ist, dass die Lust auf Populismus bei zu großer Selbstverliebtheit und ausgeprägtem Machtbewusstsein ideales Teufelszeug ist, um die Welt zu manipulieren. Obwohl Kurz und seine Partei über keine prozentuale Mehrheit verfügten, schafften sie es, unter Rückgriff wirtschaftsmächtiger familiärer Freunde und Medien eine Stimmung zu erzeugen, die den Anschein erweckte, er und die Partei führten das Land im Alleingang. Dass sie dabei mit bestellten, manipulierten Umfragen operierten, zeigt uns, dass sie sich ohne Skrupel auf dem Weg in eine Autokratie machten.[12]

Die schon libidinös zu nennende Lust an der bloßen Macht ergreift sie alle: die Populisten gleichermaßen wie die Demagogen. Selbstherrlich und ohne Kritik von außen durchregieren zu können, ist ihr Ziel. **Putin, Berlusconi, Orbán, Netanjahu, Kurz, Trump** – sie verstanden oder verstehen sich, sie schätzen sich. Die annähernd zwanzigjährige Freundschaft zwischen Putin und Berlusconi oder die Einmütigkeit zwischen Orbán und Putin, Kurz und Orbán oder Kurz und Netanjahu, Kickl und Orbán werden somit zum Ausdruck nicht nur eines ähnlichen Weltverständnisses, sondern auch repräsentativer Ausdruck des aktuellen oder angestrebten Politikstils.

Nun ließe sich einwenden, Schulterschlüsse, gar Freundschaften unter Gesinnungsgleichen sind nichts, was besonderer Hervorhebung bedürfte. Ein gemeinsames Weltverständnis kann in Problemlagen durch Bündelung gemeinsamer Kräfte schneller zur Erfüllung der Ziele führen, ist also legitime politische Praxis – vor allem in einer Demokratie, wo alles ausgehandelt werden will. Wenn aber das Weltverständnis den Politikstil bestimmt, wie exemplarisch an Putin zu sehen ist, verändert dies die Statik des Regierungssystems. Politische Harmonie unter Staatslenkern und Staatslenkerinnen können daher zur Chiffre eines offenen oder verborgen gehaltenen Politikstils werden.

Die Kunst politischer Verführung ist ein gefährliches Spiel mit allerlei Gefühlen. Je ausnehmender und perfider die Planspiele der Kommunikationsberater sind, je mehr Raum ihnen im politischen Tagesgeschäft eingeräumt wird, umso mehr vermischen sich die Grenzen der Gewerke. Die Staatsführung verkommt zum Boulevard, Freundschaften werden zu politischen Strukturen, Weltanschauungen zur verbindlichen Voraussetzung.

Verführungskunst II – politischer Folklorismus

Zur Praxis populistischer Politiken von Macht gehört neuerdings eine betonte Attitüde von politischem Folklorismus, also von politischer Inszenierung im Kontext von Brauchtum und Tradition. Dieser entbehrt nicht eines gewissen binnenexotischen Charmes. Auch dieser berührt, wie jetzt öfters betont, den Gefühlshaushalt der Menschen. Der politische Folklorismus ist ein historisch-anthropologisches Phänomen, dessen Ursprünge, wie eben alle Gefühle, in uns allen angelegt sind. Seine höchste Perfektion erreichte er in der Volkstumspolitik der Nationalsozialisten. Diese erkannten den politischen Wert, der in Brauchtumspraktiken und dem Narrativ der Tradition steckt. Mit dem SS-Ahnenerbe[1] und deren volkstumspolitischen Feldforschungen etablierten sie eine Kulturpolitik, die bis heute das kulturelle Selbstverständnis folkloristischer Praktiken prägt – vor allem in Österreich, Bayern, Südtirol, und dabei speziell bei Volksparteien.

Da die einstige „Volkstumspflege“ zur sogenannten Volkskulturpflege wurde und im Nachkriegsösterreich, anders als in Deutschland, von der Politik auch nach 1945 nie aufgegeben wurde, ist Österreich so etwas wie das Zentrum des politischen Folklorismus. Hierzulande hat sich dieser Folklorismus, seine „Pflege“, in Form eines eigenen Begriffes, jenem der „Volkskultur“, bis in das bestehende Bundeskulturfördergesetz herübergerettet.[2] Dessen Förderungen werden nicht wie andere Kulturagenden über

Bundesvergaben organisiert, sondern in die Bundesländer ausgelagert. Die vorwiegend konservativ regierten Länder haben damit ein Instrumentarium zur Hand, das tief in die gesellschaftspolitischen Strukturen, die Dorfgemeinden, hineinreicht. Sie besetzen die für Förderungen zuständigen Gremien (Beiräte) nach eigenem Gutdünken, also nach politischer Couleur. Allerlei Narrative von Bräuchen und binnenexotisch charmanten Klischees wie Blasmusikkapellen, Trachten- und Volkstanzgruppen oder Goldhaubenfrauen werden – und seien sie noch so antimodern, heteronormativ, womöglich gar rückschrittlich – befördert. Da sie über den angenehmen Nebeneffekt verfügen, ideale Sujets für die Werbung herzugeben, gibt es kaum Zweifel an deren Bedeutsamkeit. Nicht selten ist „die Volkskultur" ressortmäßig direkt bei den Landeshauptleuten angesiedelt. Was manchmal bei öffentlichen Vergaben den Eindruck von generösem Gnadentum des Landesherrn erweckt.

Der politische Folklorismus ist also eine kulturelle Gattung ebenso wie eine Form von Kulturpolitik. In den Beiräten zur Vergabe der Förderung von Volkskultur sitzen Volkskundler oder europäische Ethnologen sowie Brauchtumsinteressierte aus Vereinen und Verbänden. Recht vertrauensselig firmiert da die eine oder andere Abteilung unter Namen wie „Heimat- und Brauchtumspflege".[3] Das Land Niederösterreich, das größte Bundesland Österreichs, verfügt gar über eine „Volkskultur Niederösterreich GmbH"[4], ebenso das Land Steiermark. Daran lässt sich ermessen, wie viel politisches Kapital dahintersteckt. Beinahe überflüssig zu betonen, dass die Ressorts stets von der Volkspartei und volksparteinahen Beiräten besetzt werden; mit längst überfälligem Sinneswandel also nicht so schnell zu rechnen ist.

In Deutschland vertritt die AfD ein ähnliches bis deckungsgleiches Verständnis der „Brauchtumspflege", wie aus den Schriften des mit ihr gesinnungsverwandten Anataios-Verlages zu schließen ist.[5] Sie spricht dabei viel von Identität, bleibt sonst aber betont vage. Vermutlich weil sie allgemein mit der Kultur fremdelt, möglicherweise in einem überkommenen Modell der Teilung von Kultur in „Hochkultur" und „Volkskultur" gefangen ist. Die CDU / CSU wiederum packt alle Vorstellungen von „Volkskultur", von Brauchtum und ländlicher Alltagskultur unter den Dachbegriff „Heimatpflege" in ihren Leitkulturkanon. In Bayern sind die dafür zuständigen Forscher, Heimatforscher, Historiker (haupt- und ehrenamtlich) als Heimatpfleger im Dachverband „Bayerischer Landesverein für Heimatpflege" angesiedelt und unterstehen dem Staatsministerium für Unterricht und Kultur. „Gepflegt" werden „Bräuche, Trachten, Volksschauspiel, Volksmusik, Volkslied, Volkstanz".[6] Die gesellschaftspolitische Bedeutung solcher institutioneller Kulturpflege sollte demokratiepolitisch nicht unterschätzt werden, sind sie doch eine vergnügliche wie pittoreske Art, Stimmen zu lukrieren.

Weil sich mit dieser Art von Kultur auf spielerische und lauschige Weise Politik machen lässt, heißt derlei Praktiken willkommen, wer auf dem tiefen Land nach politischer Macht strebt. Da trachtelt während Wahlkampfzeiten inzwischen jedes politische Lager. Brauchtumskümmerer und Redenschreiber beschwören dabei gerne die Formel von der „gemeinsamen kulturellen Identität" und wirken tief in das Alltagsleben der Landgemeinden hinein. In der Tat lässt sich sagen, dass diese Folklore gewissermaßen das Leben in den gesellschaftlichen Kleinstrukturen im Inneren zusammenhält, damit auch für eine soziale Bindung zwischen Wählern, Landeshauptleuten, Ministerpräsidenten und Landesräten sorgt.

Bei dieser Art von Verführungspraxis decken sich das Werte- und Heimatgedöns, das Kulturdiktat also, der deutschen CSU, der österreichischen ÖVP und der deutschen AfD gleichermaßen. Allesamt denken sie dabei an einen ethnozentrischen, ethnokulturellen, fast archaischen Kulturbegriff, allein die AfD traut sich derlei auszusprechen. Bisher blieb der politische Folklorismus eine regionale und lokale Randerscheinung, die außerhalb der jeweiligen Regionen kaum auf Widerhall stieß. Die Erstarkung der neuen Rechten allerdings trug dazu bei, ihn als Waffe in einem neu geschaffenen Kulturkampf wiederzuentdecken und gezielt einzusetzen. Volksfeste wie Kirtage waren und sind vor allem in katholischen Gegenden bis zur Erfindung und Durchsetzung von Arbeitnehmerrechten eine der wenigen Freizeitmöglichkeiten für die Menschen, „das Volk" also. Da bliebe man unter sich, bis die Politik derlei Feste als politische Bühne zu nutzen begann. In den 1980er-Jahren entdeckte die Lokalpolitik in Österreich Kirtage als innenpolitische Chance für sich. Diese typisch bayrisch-österreichische Merkwürdigkeit hat ob ihrer Bindung zum Katholischen – man feierte das Patrozinium der jeweiligen Kirche – eine ebensolche zu den konservativen Volksparteien dortselbst aufzuweisen. Es kam in Wien und vereinzelt auf dem Land zu Ausreißern im sozialdemokratischen Milieu. Wer sich die Mühe macht, in österreichischen Bibliotheken und Archiven zu recherchieren, stößt auf eine Reihe von Ephemera in Form von Plakaten, die die schleichende Eroberung der Kirtage durch die Politik nachzeichnen helfen. Selbst am gegenwärtigen Opernball des kleinen Mannes, dem Neustifter Kirtag in Wien, bestand von Seiten der Politik noch in den 1980er-Jahren kein Interesse, dabei zu sein. Heute fällt aus der Reihe, wer aus den Reihen der politischen Prominenz nicht dort erscheint.

Wie also kommt es, dass die Politfolkloristen im 21. Jahrhundert so viel Interesse daran haben, auf ein katholisches Fest zu gehen? Was lässt die Politik wie einst am Ausgang des 19. Jahrhunderts dabei in Dirndl und Lederhose einen identitätspolitischen, kollektiven Schöpfergeist zelebrieren, wenn Gesellschaft doch aus mehr als nur aus Trachtlern, Schuhplattlern, Brauchtumspflegern besteht und der überwiegende Teil der Bevölkerung gar nicht katholisch religiös ist? Was veranlasst eine Politik, derartige Partikularinteressen ins Zentrum der Aufmerksamkeit zu rücken? Warum dabei ein wesentliches Prinzip der liberalen Demokratie, nämlich verschiedenartige Lebensstile als Ausdruck höchstmöglicher individueller Freiheit zu respektieren, zugunsten eines völkisch grundierten Kulturdiktates zu übergehen? Es scheint eine der immer mehr werdenden logischen Absurditäten im Leben der Menschen und des Populismus zu sein. Oder doch nicht? Berücksichtigen wir den von solch beschaulich-bukolischen Festen ausgehenden Charme und bedenken wir die Reichweite, die solche Ansammlungen bieten, kann man verstehen, warum sich an solchen Tagen die Politik einen Trachtenjanker überzieht. Da solche Feste wie ein ewiger Kalender das Jahr einteilen, also verlässlich wiederkehren, bieten sich die Lederhose, das Dirndl, die Tracht, der Schweinsbraten, das Schweinsschnitzel, der christliche Nikolaus, die Heiligenfeste, die Wallfahrten, die Weinfeste, geradezu als politische Bühne an. Als sogenannte „Volksfeste“ sind sie ideale Vorlage einer Vorstellung von Kultur als Kultur, die aus einem gemeinsamen Geist, dem Volksgeist also, resultiert. Wer also das Volk beschwört, geht am besten auf ein Volksfest. Solche Volksfeste lassen vergessen, dass nämlich Kultur vom Individuum herrührt, Kultur Ergebnis und Ausdruck von Liebe, Leiden, von Schmerz, von Zorn und Eitelkeiten von Individuen ist, und nicht einem gemeinsam über einem Lagerfeuer brütenden Volksgeist entspringt. Dass alle (Volks-)Kultur Resultat religiöser, politischer und ökonomischer Einflüsse ist, diese auch von Gewalt durchdrungen sein kann. Brauchtumsfeste sind nicht jene liebliche Harmlosigkeit, die uns der politische Folklorismus und sein Kulturdiktat vorgaukeln möchten, sie vermögen immer auch frauenfeindlich, übergriffig und ausgrenzend zu sein.

Da der gegenwärtige politische Folklorismus Identitätspolitik im Stil des 19. Jahrhunderts betreibt, müsste man ihn generell mit Bezug auf Kultur wie eine „Äquivalenzrelation", seinen Wahrheitsgehalt betreffend, behandeln, um ihn seiner ganzen Antilogik und Ungerechtigkeit zu überführen. Anders formuliert, man könnte überlegen, wie viel von „echt", „authentisch", von „Tradition" darin verborgen ist, wie viel gesellschaftliche und realpolitische Wahrheit in diesem Bahö steckt und wozu er dient, wenn er dazu genutzt wird, ihn gegen andere in Stellung zu bringen.

Solche gerne auch von der Wissenschaft als „Identitätsmarker"[7] ausgewiesene kulturelle Phänomene also, mit denen sich in der Tat ganze Gruppen von Menschen, ganze Dörfer, auf dem Land identifizieren, mag es zwar tatsächlich geben, aber sind sie eine repräsentative Größe innerhalb für eine ganze Nation? Da uns valide Zahlen dazu fehlen, vermögen wir das nicht mit Sicherheit zu belegen. Wahrscheinlicher ist, dass sie Ergebnis des sogenannten „Rücklaufes" sind, Produkt des von den Erzählern des politischen Folklorismus, den Politikern und Teilen der ihr nahestehenden Wissenschaft in Umlauf gebrachten Narrativs. Sie sind Ergebnis der großen politischen Rede vom Wert und der Besonderheit der deutschen Heimat und Kultur, dem hohen Gut des Brauchtums. Zu oft werden sie bei rechtskonservativen Politikern, die immer öfter die

Menschenrechtskonvention in Frage stellen, zum Maßstab und zur Rechtfertigung. Der Trend dabei, dies mehr zur *Aus*grenzung anderer, die nicht so sind, zu tun, denn im Sinne einer identitätspolitischen *Ab*grenzung, bleibt dabei unverhandelt. Der politische Folklorismus, der ein derartiges Heimat- und Brauch(-tums-)bild bemüht, sollte sich bewusst sein, dass er nicht alle Staatsbürger, alle im Staate lebenden Individuen miteinschließt, dass er einen Volksbegriff bemüht, der einem reinen Ideal entspringt. Folgerichtig und verständlicherweise löst dies befremdliche Gefühle bei „nicht Indigenen" aus, deren Lebensstile nicht nach einem folkloristischen Schema ablaufen, da sich viele in diesem Heimatverständnis unberücksichtigt, ja, ausgegrenzt fühlen.[8]

Da die Erfindung und Perfektion des politischen Folklorismus wissenschaftshistorisch als politisch-programmatische Waffe in die Zeit des Nationalsozialismus fallen, Narrative vielfach bis zu willigen Wissenschaftlern des SS-Ahnenerbe e. V. Heinrich Himmler und deren Feldforschungen zurückzuverfolgen sind, viele davon munter wissenschaftshistorisch faktisch falsch weitergegeben werden, ist es demokratiepolitisch äußerst kritisch zu bewerten, wenn die bisherige wertkonservative Mitte sich solchen Tendenzen hingibt, sie gar mit öffentlichen Geldern fördert. Besonders energisch zeigt sich dies bis zur verstockten Ideologisierung beim bayerischen Ministerpräsidenten und Heimatbeschwörer Markus **Söder**, dessen nicht müde werdende Rede für ein Genderverbot beispielsweise mehr für seine xenophoben und misogynen Partikularinteressen spricht als für einen Ministerpräsidenten, der alle in seinem Lande schuftenden Menschen zu vertreten hat. Er spricht in Zusammenhang mit seinem Genderverbot von Kultur, von bayrischer Kultur, und vergisst, dass diese Kultur über eine frauenfeindliche Seite verfügt, und er bedient in Wirklichkeit bewusst xenophobe Klischees. Unter dem #söderisst dockt er an ein Begehren nach einem „typischen" bayrischen „Ethnofood", das überwiegend aus Schweinefleisch besteht, an. Patriotische Fleischteller, Schweinshaxe, Leberkaas und Weißwurscht finden Aufnahme in die Liste quasi amtlicher Siglen eines Regionalbewusstseins vom Format nationaler Selbstbehauptung. So erobert der politische Folklorismus im Trachtenjanker die Küchen Deutschlands. Bei so viel Futter-Patriotismus fehlt nur noch, dass der Ministerpräsident zum nationalen Fleischsonntag aufruft.

Vor diesem Hintergrund ist nachvollziehbar, wenn die selbsternannten Brauchtumsmissionare beim Thema keine oder kaum eine Me-too-Debatte führen.[9] Sie bewerten Brauchtum wegen seiner Rückbindung auf den Volksgeist als propere Kultur. Dabei haben auch für Brauchtümer- und Brauchpfleger das parlamentarisch zustande gekommenen Straf- und Zivilrecht sowie universelle Menschenrechte zu gelten.

Um zu zeigen, was gemeint ist, greifen wir auf ein Beispiel aus dem südlichsten Bundesland Österreichs, Kärnten, zurück. Dort schließt die Landesregierung zum Schutz der Brauchtumsveranstalter eine Versicherung ab.[10] Die sogenannte Perchtenversicherung soll Kalamitäten infolge von Brauchtumsaufführungen abdecken. Perchten sind jene wilden, haarigen, stinkenden Krampusse und fellbewehrten Teufel, hinter deren Verkleidung Männer stecken, die alkoholisiert und affektenthemmt unter Berufung aufs Brauchtum, das „schon immer so" war, grapschen und grob bis sexuell übergriffig sind. Die mit Steuergeldern zum Schutze des Brauchtums abgeschlossene Versicherung stellt damit den Folklorismus in eine außerzeitliche Ordnung des Zivil- und Strafrechts. Bräuche, so ist die Botschaft, brauchen sich nicht den gesellschaftlichen Veränderungen anzupassen und sich dem universell gültigen Recht auszusetzen. Im Gegenteil, so der fatale Irrtum, sie müssen vor dem Leben, der Gesellschaft, geschützt werden.

Einmal mehr wird so das bukolische Brauchleben unter der Hand zu einem politischen Folklorismus, der willkommene Methode zum Erhalt oder der Eroberung von Macht ist, unabhängig von der Tatsache, dass damit unreflektiert oder sogar willentlich misogyne, homo- und xenophobe Tradierungen weiter praktiziert werden. Wie sehr der politische Folklorismus als politische Verführungskunst zu einer unzeitgemäßen Posse wird, zeigt uns einmal mehr der bayrische Ministerpräsident. Bei der Ankunft der einzelnen Mitglieder des G7-Gipfels am Flughafen in München empfing er offiziell die Staatsführer. Söder ließ nach allen Regeln des Klischees eine für Bayerns Kultur repräsentative Schuhplattler-Gruppe zum Willkommensgruß auftanzen. Entsprechend der gesellschaftlichen Realität hätte er nicht auf eine heteronormative Plattlergruppe zurückgreifen müssen. Um die Verbindung zwischen Tradition und Moderne herzustellen, wäre es möglich gewesen, die *Schwuhplattler München*, die schwulen Schuhplattler, zur Aufführung zu bitten. Die Schwuhplattler sind mindestens so brauchtumsecht wie alle anderen heterosexuellen Volkstänzer und Trachtenträger Bayerns. Sie repräsentieren – grundsätzlich betrachtet – kein bisschen weniger das, was politisch folkloristisch mit kriegstreiberischen, zwieträchtigen Sprüchen wie „Die Tracht gehört zu Bayern. Das ist Heimat und Identität. Die Tracht macht unser Land liebenswert" prononciert wird.[11] Solche Sätze erfüllen alle Kriterien, die im 19. Jahrhundert zur stammesrechtlichen Selbstbehauptung Bayerns herangezogen wurden. Zivilrechtlich und gesellschaftspolitisch sind sie überholt, da sie nicht auf alle Bayern und ihre Lebensstile zutreffen. Die Schwuhplattler wären nach derart überholten Auswahlkriterien „echte Bayern“, sind ihre Mitglieder doch auch in Bayern geboren, leben dort, arbeiten dort, sprechen einen Dialekt und sind sogar der Hochsprache mächtig, ihre personale Identität unterscheidet sich in nichts von den Heteroplattlern. Trotzdem kommen sie im Repräsentationsgestus des offiziellen Bayern nicht vor.

Die Weltanschauung hinter dem Einsatz des politischen Folklorismus ist also erstens (traditionell) heteronormativ, zweitens über weite Strecken und je nach Sachkultur ahistorisch, drittens ausgrenzend, aber (oder vermutlich gerade deswegen) viertens gewinnbringend. Da sich der politische Folklorismus somit als programmatischer Teil einer Strategie von Macht eignet und sich in einer wissenschaftshistorisch unkritischen Kontinuität noch immer zu behaupten imstande ist, sollte es wenig erstaunen, wenn davon gerade jetzt recht viel Gebrauch gemacht wird. Ein Meisterstück ganz in diesem Stile, gar propagandistisch, gelang der Österreichischen Volkspartei von Sebastian **Kurz** im Wahlkampf 2019. Die Partei rief damals dazu auf, vom Zentrum Wiens ausgehend in Parteifarben gestalteten Lederhosen, Dirndln und anderer türkis-trachtigen Accessoires zu einem ehemals christlichen Fest, dem Neustifter Kirtag, zu flanieren. Zwei von der Partei ernannte „Trachtenexpertinnen“ – als Expertin gilt, wer das alte (kostümhistorisch falsche) Lied vom „echten“ Kleidungsstück weitererzählt und sich als enthusiasmierte Liebhaberin benimmt – waren mit einer Nähmaschine und den passenden türkisen Accessoires zur Stelle, um das gute Stück parteikonform aufzumotzen.

Dieses Angebot an Parteifreunde, Wähler und Sympathisanten, dramaturgisch dekorativ geschlossen und beseelt von einem Erweckungsgeist wie eine Armee durch die Hauptstadt zu marschieren, lässt selbst eine kleine Gruppe als Bollwerk erscheinen und erinnert Sachkundige an Treffen des nationalsozialistischen Bundes deutscher Mädel (BDM). Dass sie pittoresk-aparte Motive für den dankbaren Boulevard und die Vorabendnachrichten abgeben, unterstreicht den Nutzen des Folklorismus für die Politik.

Es gilt einmal mehr darauf hinzuweisen, dass die naive Lieblichkeit der Bräuche und Brauchtümer ihre politische Unversehrtheit nur vortäuscht. Wegen ihrer Lieblichkeit bieten sich als raffinierte kommunikationsstrategische Taktik an, deswegen führen sie uns zu ähnlichen Aufführungen (Trachtenaufmärschen, Volkstanzgruppen) in totalitären Systemen (Nationalsozialismus und Kommunismus) der Vergangenheit.

Noch nicht besprochen wurde ein bisher nicht öffentlich verhandelter Aspekt bei dieser Art von Kulturpolitik: Das „fearmongering", das Angstmachen vor dem Untergang der Bräuche durch die Gefahr des Islams, die herbeifabulierte Bedrohung des christlichen Abendlands und der mit diesem verbundenen Kultur. Die Rede vom „Wir lassen uns das nicht nehmen" verdeutlicht, welche Sprengkraft im politischen Folklorismus und in toto in der Leitkulturidee, die sich auf ihn beruft, steckt.

Kontrolle und Blendung – Verführungen III

Zu den Charakteren von Macht passt der Hunger auf umfassende Kontrolle der Medien, wie bereits an anderer Stelle erwähnt.

Jene Strebsamen, die ohne Einschränkung herrschen wollen, bedienen sich dabei eines Jahrtausende alten anthropologischen Musters: der Streuung von Nachrichten, der Wiederholung von Phrasen und der Kontrolle über diese. Sie praktizieren die unermüdliche Wiederholung meist gleich klingender Sätze, positionieren ihre Agenden und sorgen dafür, dass ihre Botschaften zu Selbstläufern werden. Sie passen die Sprache jenen Sprachgewohnheiten an, von denen sie annehmen, dass der Plebs, das Volk, die Leute sie sprechen würden. Sie füttern diese Menschen mit Informationen, von denen sie annehmen, sie könnten sie damit von sich überzeugen beziehungsweise beeinflussen. Es geht, um den Verführungskünsten auf die Spur zu kommen, um Gesagtes wie um Nicht-Gesagtes. Kontrolle und Blendung auf dem Weg oder beim Erhalt von Macht sind wie der politische Folklorismus, Werkzeuge. Was und wie viel man sagt, sorgt für jene Aura, die Macht ausmacht. Ein wenig „Geheimnissen" macht Sinn, denn es steigert die Neugier, das Interesse. Zu viel davon kann jedoch als Unterschlagung von Informationen ausgelegt werden. Da Mächtige Geheimnisträger sind, über Informationen verfügen, die hinter verschlossenen Türen verhandelt werden (und die nicht nach außen dringen sollten), umgibt sie immer ein leicht enigmatischer Schleier. Dieser verleiht ihnen Macht, weswegen der Zugang zu Informationen und Geheimnissen ein hoch gehandeltes Gut ist. Geheimnisse aus den Zentren der Macht zu streuen, Unliebsames nicht ans Tageslicht kommen zu lassen oder um von ernsthaften Sacherhalten abzulenken, Banalitäten zu lancieren, sind Bestandteil von Machtspielen und Ausdruck von Verführungskunst. Die Bedeutung von Journalisten und deren Medien wird daher auch daran gemessen, wie nah sie den Zentren (und damit dem Geschehen) sind.

Die Qualität einer Demokratie lässt sich daher an der Balance zwischen Machtzentrum und unabhängigem Journalismus ausmachen.

Während bekennende Demokraten bemüht sind, eine Äquidistanz, einen gleich großen Abstand, zu den verschiedensten politischen Journalisten zu halten, kritischen Journalismus nicht allzu persönlich zu nehmen, unterscheiden sie sich demokratiepolitisch genau darin spürbar von Autokraten, Demagogen und Despoten. Zu sehr empfinden diese demokratisch zustande gekommene Voten, kritische Recherchen oder Fragen als persönlichen Angriff oder Niederlage. Damit bestätigen sie, was bereits an anderer Stelle angeklungen ist: Je mehr die Konzentration von Macht mit einer Person verknüpft wird, je mehr die Mächtigen ihre eigene Person als repräsentativ für Staatsgewalt verinnerlichen, umso autokratischer agieren sie. Die Qualität einer Demokratie lässt sich folglich auch am Amtsverständnis von Staatsoberhäuptern messen. Decken sich personale Identität und repräsentative Rolle (stellvertretend für den Staat zu arbeiten) zu sehr, verschmelzen Staat und Mensch. Alle Staatsagenden werden auf diese Weise zu persönlichen Agenden, der Staat zu einer Privatangelegenheit, zur Familie, und die Strukturen eines Staates mit einer treuen, intimen Entourage besetzt. An Informationen gerät nur, wer Teil der Familie ist. Österreich schrammte mit der Regierung Kurz I und II demzufolge haarscharf an einem demokratiepolitischen Umbau vorbei. Idealtypen solcher Verschmelzungen sind in der westlichen Welt Donald **Trump,** Giorgia **Meloni**, Robert **Fico.** Sie glauben, sie seien der Staat und der Staat sei ihres, sie bauen ihn, ohne Rücksicht auf die Regeln des positiven Rechts, um. Sie vertragen dabei keine Kritik und sehen sich genötigt, diese daher auszuschalten. Da dann sämtliche Kontrollen wegfallen, sind jeglichen Blendungen Tür und Tor geöffnet. Die Personalisierung von Politik, Macht und repräsentativer Rolle haben eine Politik ad hominem zu Folge: zeitigen eine Politik, die ausschließlich persönlich agiert und agitiert. Der öffentliche Diskurs bleibt davon nicht verschont und ist im schlechtesten Fall das Echo auf ein solcherartiges Politikverständnis.[1]

In Demokratien ist die individuelle Freiheit ein großer Begriff, um nicht zu sagen der höchste Begriff. Die personale Freiheit der Individuen findet ihre Erfüllung in der Wahl des eigenen Lebensstils und der nahezu grenzenlosen Meinungsfreiheit. Leben wir in einem System, das über keine gut recherchierten Kontrollen (Faktenchecks) mehr verfügt, gehen wir der quellenkundlichen Informationen verlustig und das Einzige, was dann noch übrigbleibt, ist die grenzenlose Meinungsfreiheit. Meinung wird somit zum einzigen Faktum. Die Meinungsfreiheit ist ein hohes Gut, doch wird sie zum einzig gültigen Regime, verschiebt sich das Verhältnis von Meinen und Wissen. Eine auf einen Volkskanzler oder sonstigen Führer konzentrierte Politik, die Informationen nach Gutdünken verteilt, führt im Rest der Welt zu einem Regime der Meinungen und von Spekulationen aller Arten. Eine solche Politik kann folgerichtig nur eine (vorsätzliche) Politik der Gesinnung verfolgen.

Wenig erstaunlich ist es also, dass bei allen radikal Rechten über Europas Grenzen hinweg vermehrt Angriffe auf heterogen besetzte, auf kritische, auf investigative Medien zu beobachten sind. So sticheln und attackieren Rechte und neorechte Volksparteien atemlos sämtliche liberalen, nicht willfährigen Medien. Immer und immer wieder. Wie versehentlich passiert derlei und doch sollten wir uns dessen bewusst sein, dass genau dies politische Taktik ist. Eine Taktik, die vorsätzlich eingesetzt wird, um ganze Gesellschaften zu destabilisieren. Nebenbei, fast unbemerkt von der Öffentlichkeit, schaffen sich die Machthungrigen ihre eigenen Redaktionen und Organe, inserieren und vergeben Förderungen (in Österreich) nach eigenem Pläsier. Kundige fühlen sich an den Meister solcher Strategien, an Joseph Goebbels und an dessen Kommunikationsstrategien rund um „die Nacht der langen Messer" von Juni 1934, erinnert.

Blendungen dienen dazu abzulenken, wovor sich im Grunde Populisten und Demagogen fürchten, und was sie nicht auszuhalten gewillt sind: Kritik, Recherchen, Meinungsfreiheit. Auch wenn alle Nicht-Demokraten am Beginn ihrer Karriere, die von der Demokratie höchstmöglich garantierte Freiheit für sich nutzen, ängstigt sie diese Freiheit als „Freiheit der anderen" am Ende. Drum gilt es sie, sobald es die eigene Macht erlaubt, in Fesseln zu legen. Danach, auf dem Gipfel der Macht angelangt, agieren sie wie Götter, herrschen wie diese, teilen nur mit Gleichgesinnten und spalten zu ihrem persönlichen Vergnügen.

Nicht allein Frau **Meloni** in Italien macht uns das vor. Aber Italien ziehen wir an dieser Stelle dennoch als ein Beispiel heran, um zu zeigen, dass es eine Atmosphäre braucht, die dazu führt, Journalisten die Freude und den Glauben an ihre Arbeit zu zerstören. Dort verlassen seit der rechts-rechten Regierung Melonis immer öfter seriöse und langgediente Journalisten den öffentlich-rechtlichen Rundfunk, eben weil der politische Druck auf ihre Person ständig zunimmt. Die Journalistin Francesca de Benedetti ist nur eine unter vielen, die (noch) freimütig davon berichten.[2] Dies führte dazu, dass man mit Bezug auf den öffentlich-rechtlichen Rundfunk RAI nur mehr von Tele-Meloni spricht.[3] Da werden von Hand der Ministerpräsidentin Schlüsselstellen in den Medienanstalten und den Kulturinstitutionen mit Gesinnungstreuen ersetzt, ganz so wie jüngst in der Slowakei.[4] Es ist also einerlei, ob in Italien, Polen, Ungarn, der Slowakei oder Österreich: Versuche, die Kontrolle über den Staat und die vierte Gewalt, die Medien, zu erlangen, sind geradezu symptomatisch für autoritäre Parteien. Die Slowakei und Italien machen gerade vor, was passiert, wenn man diese Idee auch auf die national-repräsentativen Museen und Theater ausweitet, dann übernimmt man die Deutungshoheit über Kultur und vermag, meistens im Schatten derer, die das nicht interessiert, das national-kollektive Kulturnarrativ in eine Kulturdiktatur umzubauen.

Politik und Medien, Politik und national-repräsentative Kultur leben immer schon in einer Allianz, das liegt in der Natur ihrer Sache. Diese zeichnet sich im Idealfall durch eine gesunde beiderseitige Abgrenzung, eine Äquidistanz, aus. Als sogenannte vierte Gewalt bilden die Medien sowie die institutionalisierte Kultur, die Museen und Theater, ein

Korrektiv zur Staatsmacht, zur national repräsentativen Deutungsinstanz und sie geben jenen eine Stimme, die, weil sie Nischen bespielen, sonst nicht sichtbar wären. Kultur und Medien stellen in Frage, wofür nicht alle im kraftzehrenden Alltag Zeit finden, die Welt in ihrem vielfältigen Gefüge zu ergründen und darzustellen. Sie verpflichten sich selbst, in guten Absichten aufklärerische Aufgaben zu erfüllen, heute würde man von Faktenchecks sprechen. Fügen sich Medien und Kultur widerspruchlos in die Strukturen des Staates ein oder werden sie (schleichend oder durch einen Streich) durch Gleichschaltung zum kritiklosen Sprachrohr der politischen Macht, verkommen sie zu Erfüllungsgehilfen eben dieser Macht. Sie werden dann auch mächtig. Aber nur so lange, als die politische Macht dies duldet, das sollte nicht vergessen werden. Medien und Kulturinstitutionen zu übernehmen, kommt in der politischen Wirkung einem gleichgeschalteten Parlament gleich: Es versiegen sämtliche prüfende Stimmen.

Bilder, Fotografen, Geschau

Auf dem Weg zur Macht braucht es Bündnisse und Strategien. Das ist per se noch nichts Verwerfliches. Da heutzutage besonders die Strategien von Kommunikationsberatern übernommen werden, sind diese wichtige Bündnispartner. Sie sind für den Stil und die Ausdrucksweise verantwortlich, sie bestimmen den optischen Auftritt der Aspiranten. Ihr Handwerkzeug ist es, mit Bildern und leicht eingängigen Sätzen oder Floskeln ein Idealbild für möglichst viele zu schaffen. In ihren Augen ist die Welt also ein einziger Marktplatz und die angehenden Mächtigen, die Kanzler, ein Stückgut, dem es gegen Geld zum Erfolg zu verhelfen gilt.

Die Kommunikationsberater kennen das notwendige Hexenwerk zum Aufbau des Nimbus von Macht. Sie wissen, was es zur Blendung braucht, was nicht (logisch) nachvollziehbar sein muss und trotzdem (gefühlte) immense Wirkung zeitigt.[5] Sie beherrschen die Techniken der Verführung, die Mittel der Manipulation zur Beeinflussung von Lesern, Zusehern, Wählern. Sie tun, was die Menschheit immer schon getan hat, sie nutzen ein antilogisches Momentum im Inneren der Menschen, sie operieren, weil sie um den Wert der Bildproduktion wissen, mit dem Konterfei ihrer Kandidaten und bedienen dabei alte anthropologische Verhaltensmuster früherer Bildkulte. Die magische Kraft der antilogischen Bilder und deren Ertragswert bei der Mobilisierung der Massen, des Volkes, der Nation, der Wähler ist inzwischen allgemein populäres Wissen. Die ideale Bildproduktion als Mittel zur Gewinnung von Sympathien und Gefolgschaften – auch ohne Hilfe von Kommunikationsberatern – hat inzwischen Eingang in die sozialen Tiefen der Gesellschaft gefunden. Der „Beruf" Influencer ist ein Ergebnis davon.

Die Kraft der Bilder optimal für sich zu nutzen, weiß der vermutlich beratungsresistenteste Politiker der Welt, der ehemalige amerikanische Präsident Donald **Trump**. Der talentierte Herr Trump zog sogar aus einem mugshot[6], einem Polizeifoto, Profit. Trump gelang damit kommunikationstechnisch ein Geniestreich, als er bereits eine Stunde nach seiner Aufnahme durch die Polizei sein „Verbrecherfoto"[7] als Motiv auf T-Shirts zum Kauf anbot und dies ein Hit wurde. Die Wut und Entrüstung, die die polizeilichen Ermittlungen gegen ihn bei seinen Anhängern auslösten und für die dieses Foto stellvertretend stand, verkehrte er in einen Vorteil. Er nutzte es zur Stimmungsmache zur weiteren Armierung einer mentalen Revolte gegen alle Gegner, insbesondere den Rechtsstaat. Als er zusammen mit seinem Foto ein zorniges Statement auf Elon Musks *X* absetzte, war ein weltweites Grollen zu vernehmen. „The Mug Shot Is a Warning“, der mugshot ist eine Warnung, in Anspielung auf das gesellschaftspolitische Potenzial, das ihn ihm steckt, und den zürnenden Eifer, den dieses politisch repräsentiert, befand die Autorin Megan Garber in der Zeitung *The Atlantic*[8] über das Geschäft mit dem Foto des Republikaners.

Wer herrschen will, der teile also sein Konterfei – und damit die Gesellschaft gleich mit, könnte man daraus folgern.

Eine politische Macht, ein Repräsentant politischer Macht, wie Trump es ist, die sich nicht dem positiven Recht verpflichtet fühlt, wonach gleiches Recht für alle gilt, muss auf Stimmungen setzen, um den Pulk zu animieren, die Menschen für sich einnehmen, gemeinsame Emotionen erzeugen – in diesem Fall den Zorn. Diese erzeugt man mit Bildern und leicht fasslichen Sprüchen. Meist gehört ein tadelloses Styling dazu und handwerklich perfekte Bilder. Die Ersten, die nach 1945 großen Wert auf Styling und ästhetisch hochwertige Bilder setzten, waren Sebastian **Kurz** und sein Team. Anders als in den USA, wo „The Mug Shot“ schon beinahe Kultstatus erlangt hat, hat sich in der deutschen und österreichischen Kultur ein leicht pathetisch überhöhter Riefenstahlscher Blick ausgebildet. Mit Kurz erfolgte also nach Jahrzehnten eine vorsätzliche, eine programmatische Praxis einer Bilderpolitik. Die Bilder des von ihm engagierten Fotografen, Dragan Tatic, erinnern geschulte Augen an makellose, perfekt inszenierte Bilder nach Art von Leni Riefenstahl und den Leibfotografen Hitlers, Heinrich Hoffmann. Tatic steht damit in der Tradition berühmter Propagandafotografen mit perfekt ausgeleuchteten Porträts und ikonisch-repräsentativen Arrangements, bei dem der Fluchtpunkt stets hoffnungsgeladen in eine mythische Ferne weist. Tatic bestreitet zwar den Vorwurf, er würde Bilder inszenieren,[9] doch eine derart durchgängig hohe Qualität gut ausgeleuchteter Bilder und thematisch perfekter Sujets wie die von Tatic spricht zweifellos für sein Talent und bestätigt schon ob ihrer handwerklichen Kompetenz, was er so vehement bestreitet. Sie zeigt, dass auch der Fotograf unterschwellig, quasi „versehentlich", in der Tradition vergangener politischer Ästhetiken steht. Wer also Bilder für die Politik macht, macht unter Umständen und je nachdem, von welchen Sujet-Traditionen er beeinflusst wird, auch oder schon wieder Propagandabilder. Da die Tatic-Bilder von Kurz nur einen Zweck dienen – die Macht von Kurz auratisch aufzuladen, also die Affekte im Emotionshaushalt Menschen zu bedienen –, lässt sich sagen, dass es sich hier um Propagandabilder handelt und nicht um Dokumentarfotografie.

Generell kennt die Menschheit immer schon die Kraft von Konterfeis, das Potenzial von Bildprogrammen zur mentalen Erbauung ganzer Kollektive, die auratische Kraft selbiger. Das Wissen um diesen Effekt zum Ausbau der Macht ist eine seit Menschengedenken erprobte Kulturtechnik. Wer auf dem Weg zur Macht Bildbotschaften perfektioniert, kann es ohne viel politisch konzeptuell-inhaltlichen Tiefgang zum Meister politischer Darstellung bringen (und unter Umständen einen diplomatischen Konflikt in Kauf nehmen).

Wie clever der Weg zur „Herrengewalt"[10] unter Einsatz von Bildpolitik vonstattengeht, lassen wir uns erneut vom Prinzipal der Kommunikationsstrategie aus dem Team **Kurz**, Gerald Fleischmann, schildern.

Ort: Kiew, Ukraine. März 2014. Die Krim wurde gerade feindlich von Russland annektiert. Sebastian Kurz, damals junger Außenminister, besuchte in seiner Funktion als Vorsitzender des Europarates (Österreich hatte gerade den Vorsitz inne) zu Beratungen die Ukraine. Mit dabei der Sekretär des Europarates, der Norweger Thorbjørn **Jagland**. Im Anschluss des Treffens sollte es ein Pressestatement der beiden EU-Vertreter geben.

Fürs passende Bild improvisierte der Kommunikationskoch aus dem Team **Kurz,** um den Preis diplomatischer Verstimmungen, trickreich, indem er seinen juvenilen Außenminister in eine Situation mit hierarchisch gewichtigeren Hauptdarstellern wie den Premier und den Präsidenten der Ukraine keilte. Fleischmann war klar, ohne ein symbolträchtiges Bild heimzukommen, wäre „PR-mäßig viel zu wenig gewesen",[11] wie er es etwas kunstlos und politisch naiv ausdrückte. „Es war mir aber alles egal, ich fand es einfach gut, dass sie alle vier da auf dem Podium standen und mein Chef in der Mitte." Es ging also den Österreichern immer nur um das ideale Bild, um Politik zum Zweck einer Imagepolitur und nicht um die Politik selbst. Die Geschichte hinter dem Bild ist daher politisch eine Groteske, die zeigt, dass Kurz und sein Team den geopolitischen Ernst der Lage nicht erkannten – immerhin hatte Russland ungeniert einen völkerrechtswidrigen Übergriff vollzogen, Land und Leute unterjocht. Für Österreichs populistischen Kanzler scheint derlei ein Spiel gewesen, anscheinend ging es ihm und seinem Team bloß um den Showeffekt auf dem internationalen Parkett.

Zur gesamten Tragik gehört, dass die mangelnde politische Kompetenz in Sachen Protokoll bei der Entourage von Kurz, die Gefahr populistischer Macht offenbaren. Genauso, wie sie damit eindeutig für einen Politikwandel in Österreich zum Ausdruck bringen. Der Medienmann schien allein beseelt vom Willen, in Harmonie und Bewunderung mit seinem Freund und „Chef"[12] Politik zu einer Imagefrage vergammeln zu lassen. Dabei tat er, was einem Pressebegleiter eigentlich nicht zusteht: Er griff ins diplomatische Protokoll ein, er betrieb Politik. Mit welcher Dreistigkeit, erzählt er selbst: „Ich packte all meinen Mut zusammen und marschierte den beiden ukrainischen Staatsmännern hinterher. Dem Premier klopfte ich auf die Schulter. Er dreht sich um, ich sagte: ‚May we invite you to participate in the press conference of the European Counsel?' Ich verwechselte in der Eile den Counsel of Europe, also den Europarat, als dessen Vorsitzender Kurz dort war, mit dem European Counsel, dem Rat der europäischen Regierungschefs mit Merkel, **Juncker** und Co. Ich hatte also tatsächlich gesagt: ‚Darf ich Sie einladen, an der Pressekonferenz des EU-Rats teilzunehmen?' Beide starrten mich an, **Jazenjuk** warf mir zu: ‚Welchen EU-Rat?' Ich: ‚Der, mit dem Sie sich gerade getroffen haben ... ' Jazenjuk: ‚Haben wir doch nicht.' Ich sagte: ‚Was meinen Sie?' Der Premier: ‚What?' "[13] Fleischmann schildert weiter schambefreit, ja offenbar sogar voller Stolz unverfroren weiter, was er dem sich in einer veritablen politischen (und menschlichen) Krise befindlichen Ukrainer zumutete. Zynischer und verantwortungsloser können die Aufgaben dieser Art Kommunikationsberatung in der Politik kaum mehr verstanden werden, wenn er hinzufügt. „Ich war in Euphorie. Ich wusste, das würde in alle Welt übertragen. Für einen Pressesprecher eine wirklich tolle Sache."[14]

Mittels politischer Ignoranz und mangelnden Sprachkenntnissen sowie einer ordentlichen Prise Täuschung gelang es also einem Kommunikationsberater, Politik zu machen. Derart derangiert war Österreichs Außenpolitik bis zu diesem Zeitpunkt wohl noch nie. Sie war mit diesem Schritt zu Farce verkommen.

Der rundum als „großes Talent“ bezeichnete, ehrgeizige Populist Sebastian **Kurz** war also ein Verführungskünstler von Gnaden seines Kommunikationsberaters. Beide legten, das ahnten zu diesem Zeitpunkt nur die Aufmerksamen unter uns, mit solchen Bildern, Messages und Manövern den Grundstein, der Kurz letztlich zur Kanzlerschaft führen sollte. Einer Kanzlerschaft, die ihre politische Bestimmung in kommunikationstechnischen Tricks und Täuschungen finden sollte. Einer Kanzlerschaft, die ihre ganze politische Kraft auf ihre Verführungskünste konzentrierte, denn wie inzwischen bekannt wurde, hat sein Team auch Umfragen zum Vorteil der „Liste Sebastian Kurz – Die neue Volkspartei“ manipuliert. In einer Demokratie ein absolutes No-Go. Dies ist die Verletzung eines Tabus, das bei Übertretung alle demokratischen Kräfte, unabhängig von der parteipolitischen Couleur, zum Aufstand bewegen sollte.

Dieses neue Verständnis politischen Machtstrebens lässt, dessen sollten wir uns bewusst sein, Politik nicht nur zur gestischen Übertreibung werden, sondern auch zu einem flüchtigen Ereignis ohne substanzielle Inhalte verkommen. Es reduziert Politik zur Verführungskunst und hat zur Folge, dass Politik zum Schaulaufen und Selbstbedienungsladen populistischer Innenpolitik von Gnaden der Kommunikationsberater verlottert.

Solche Jagden nach den richtigen Bildern, der Durst nach gleißender Aufmerksamkeit zum Vorteil eines einzigen Menschen, tragen, so wir uns am gegenwärtigen Zustand orientieren, zur allgemeinen gesellschaftlichen

Destabilisierung, aber vor allem zum Vertrauensverlust in die politische Elite bei. Am Ende droht der Tod der Demokratie.

Immer da! Daheim bei Fremden

Bilder fürs Volk zum eigenen Vorteil zu nutzen und alles für und mit Freunden, sprich der Familie, zu deichseln vermag auch ein Konzept zu sein. Der innerhalb von Europas Volksparteien als Shooting-Star und Talent gehandelte Sebastian **Kurz** hat, wie wir bereits feststellen mussten, zuvorderst bei den deutschsprachigen Volksparteien seine Spuren hinterlassen.

Bayerns Ministerpräsident (CSU) beispielsweise hat sich die Bildpolitik zu eigen gemacht. Anlässlich der Wahl im Oktober 2023 setzte er einen Trend, der darüber hinaus bei ihm zu einem eigenen Stil politischer Praxis führte. Söder überschüttete die Welt in einem nie dagewesenen Maß mit Motiven seiner selbst. Der „Immer-da-Söder"[15], wie ihn ein Journalist hieß, sei „[s]ichtbar, aber schwer zu finden".[16] Friedrich Merz (CDU) machte sich den Populismus zu eigen, sowohl sprachlich als auch den folkloristischen Habitus. Bei einem böigen Spaziergang am bayerischen Kirchsee trug Merz einen Trachtenjanker, was angesichts dessen, dass Söder, der Einheimische, einen blauen Kurzmantel trug, umso grotesker wirkte, aber Hauptsache, man hatte ein Bild, um die Volksseele in Harmonie zu wiegen.

Wer sich zum Herrscher vom Schlage eines Volkskanzlers ermächtigen möchte, der ist, so lehrt uns die Geschichte, darauf bedacht, sich in einem selbstimaginierten Glanz abgebildet zu sehen. Volksherrschaft bedeutet, wahrhaftige und symbolische, stets ein wenig überhöhte

Präsenz beanspruchen zu müssen. Dies erreicht man einmal mehr auf einfachste Weise unter Zuhilfenahme von Bildern. Was immer schon gegolten hat, ist heute einfacher denn je: Ein Bild lässt sich heute in Windeseile zu vielen Bildern machen. Jedes Bild eines Volkskanzlers sichert sich mit seiner Verbreitung einen Platz im Leben der Menschen. Im Wirtshaus, am Küchentisch, in Amtsgebäuden, in Schulen und seit der Digitalisierung auch in den Schlafzimmern. Die Herrschenden, die Kanzler, die Volkskanzler sind also überall daheim. Bei Fremden im Büro, in der U-Bahn, im Parteilokal, an den Haltestellen, auf der Autobahn usf. Oft nur einen kleinen Augenblick lang, aber sie sind da, ungefragt.

Diese Präsenz führt selbst bei körperlicher Abwesenheit zu einer emotionalen Verbindung. Sie sorgt für eine Art von Nähe oder aber auch für Abneigung. Darin genau liegt der Schlüssel im Prozess der Manipulation und liebgewonnener Verführungstechniken auf dem Weg zur Volkskanzlerschaft. Da zu sein, ohne da zu sein.

Bilder scheinen in ihrer Funktion altbekannten menschlichen (phylogenetischen) Mustern zu folgen. Demnach scannen wir die Welt stets nach Vertrautem, nach Bekanntem. Motive und Muster, die in ihrer gewohnten Banalität keiner weiteren Erklärung oder kritischen Betrachtung bedürfen, beruhigen und bestärken uns. Wir sind dankbar, ein vertrautes, ein bekanntes Gesicht zu sehen. Fügt es sich dann noch darüber hinaus in eine bekannte, uns lieb gewordene Komposition ein, verstärkt dies die emotionale Bindung. Mit Motiven von gotischen oder barocken Kirchtürmen, Wallfahrten, Blasmusikkapellen, Trachtenstaffagen, Gipfelkreuzen usf. als illustrativem Putz im Hintergrund, erzielen deshalb selbst wenig fotogene Politiker große Effekte. Sie stimmen uns milde, sie erfreuen unser Gemüt, sie suggerieren, was bei solchen Sujets gerne aufkommt: Gefühle von Heimeligkeit, Zutraulichkeit, Zärtlichkeit.

Die ganze Kraft und die Ewigkeit eines Sujets von Macht erreicht man jedoch durch ein Porträt. Weit über den Tod der darauf Abgebildeten hinaus zeitigen sie ihre Wirkung auf uns. Sie sind an repräsentativen Orten wie staatlichen Galerien, nationalen Museen, Parlamenten, Ministerien, Regierungssitzen anzutreffen, sie verschaffen uns ein Gefühl von Anwesenheit.

Weil die dahinter verborgenen (und nicht messbaren) Mechanismen so wunderbar funktionieren, fluten Populisten sowie Demagogen-Volkskanzler alle zur Verfügung stehenden Kanäle mit ihren Konterfeis und Botschaften. Museen, nationale Bibliotheken führen Bildarchive, um Informationen dahinter zu entdecken. Wer Mächtige aus dem Gedächtnis der Menschheit tilgen will, tut dies, indem er deren Bilder und Abbilder zerstört. Umgekehrt greift, wer dem Vergessen entgegenwirken und der Verehrung Vorschub leisten will, auf Porträts und Bildproduktionen zurück. Immer da zu sein, bedeutet, immer anwesend zu sein, egal ob wahrhaftig oder auf einem Bild als Volkskanzler in der Küchenecke.

Dass das Recht auf ein Porträt für alle mit dem Vormarsch der Demokratie zusammenhängt, wissen die wenigsten von uns. Es handelt sich dabei um ein Recht, das erst mit Abschaffung des Feudalismus und deren Folgen Einzug in das Leben der Menschen hielt. Was einst politisch nur Königen und Kaisern möglich war – sich porträtieren zu lassen –, vermag inzwischen jeder. Ja, es gibt mittlerweile nicht nur die Möglichkeit, sich porträtieren zu lassen, es gibt auch ein Recht auf das eigene Bild, das besagt: Wer nicht eine Person des öffentlichen Lebens ist, dessen Konterfei darf nicht ohne dessen Zustimmung verbreitet werden. Der Mensch im Bild bekommt mit dieser rechtlichen Absicherung einen Beweis mehr zur Bekräftigung seiner eigenen Identität.

Söder, Trump, Nehammer – sie beherrschen das Talent und die Methode, sich als Volkskanzler in Erinnerung zu rufen, sich uns aufzudrängen, da sie unentwegt das eigene Konterfei vervielfältigen, Bilder von sich in allen banalen Alltagssituationen zu machen, diese wie ein Unterpfand der Liebe zu verteilen. Sie schaffen es damit, zwischen sich und den tatsächlich „gewöhnlichen" Menschen (Menschen mit weniger Privilegien) ein unsichtbares Band der Treue entstehen zu lassen. Sie greifen damit, anthropologisch besehen, auf altbewährte Mittel der Verführung zurück, tun nichts wirklich Neues, nur mit neuen Mitteln. Es ist zu bezweifeln, dass sie derlei im Bewusstsein um diese historisch-anthropologische Tatsache tun. Aber sie reihen sich damit in eine lange Tradition feudaler und klerikaler Praktiken, um sich beim Volk beliebt zu machen, ein. Wie sehr die jüngste Epoche auf solche überwunden geglaubte Praktiken von Politik zurückgreift, kann mit einem 500 Jahre alten höfischen Brauch veranschaulicht werden. Aus Anlass der Krönung King Charles III. gab es fürs Volk eine Briefmarke mit dem Konterfei des Königs. Der König wurde also „unter die Leute gebracht", durch sein Porträt war er mitten unter ihnen, es schuf eine Nähe, wo sonst keine ist. Den meisten gefiel's. Nach seiner Inauguration zum König zeigte er sich darum auch öffentlich, indem er – immer in gebührendem Abstand – in der recht unbequemen Kutsche durch die reichlich versammelte Menge fuhr, sich verschiedentlich unter das Volk begab. Die Leute wurden somit seiner leibhaftig ansichtig, der soziale Abstand erlosch für Sekunden. Unsere Volkskanzleraspiranten machen auch nichts anderes, außer dass sie auf goldene Kutschen und sonstigen feudalen Dekor verzichten. Auch sie schütteln Hände, auch sie geben sich „volksnah“, auch sie heischen um die Gunst der Leute, auch sie beabsichtigen damit, eine wohlwollende Stimmung zu ihren Gunsten bei den Menschen zu erzeugen.

Das Konzept Volkskanzler entspricht in Anleihen einem feudalen Muster des Herrschens, ebenso totalitäre Systeme. Wir brauchen eine Führerfigur, einen König, der zwar nicht so genannt wird, sich aber wie ein solcher benimmt und der für die Ewigkeit gemacht scheint. Der in Ruhe für sich den Staat umgestalten will, sich daran bereichert und unter ständiger Betonung, „für uns zu sein“, vergessen lässt, was das realpolitisch bedeutet.

Der Mensch ist dem Menschen ein Gott.[1]

Carl Schmitt

Führung, Führer, Volkskanzler

Macht, politische Macht, auch die einer Volkskanzlerschaft, lebt zwar nach wie vor von Bewunderung ihrer Repräsentationskraft, von einem Nimbus, den wir allesamt, die wir in einem Staate leben, gemeinsam erzeugen. Denn es ist auch dies eine anthropologische Tatsache: „Der Mensch ist dem Menschen ein Gott", wie Carl Schmitt, Staatsrechtler, Philosoph und Nationalsozialist, der sich eingehend mit dem Komplex Macht beschäftigte, ausdrückte. Macht ist, dessen sollten wir uns stets bewusst sein, nicht ohne den Menschen zu haben. Macht, politische wie soziale, ist Teil eines dichten Netzes von Verhaltens- und Denkmustern.

Dass sich ausgerechnet gegenwärtig nach einer nachweislich in Europa längst andauernden Friedenszeit im politischen Denken eine Tendenz zu illiberalen Machtverhältnissen zugunsten neuen Führertums à la Volkskanzlertum einstellt, muss erst noch erforscht werden und lässt sich sicher nicht auf eine Ursache zurückführen. Das wachsende Streben der Österreicher nach einer starken Führungsfigur, wie eine österreichweite Erhebung festhielt,[2] beschränkt sich, wie europäische Trends zeigen, nicht auf Österreich. Es korrespondiert mit allgemeinen Trends in und außerhalb Europas und faktisch mit einer Zunahme von Autokratien weltweit.[3]

Wie bereits ausführlich erläutert, spielen dabei vor allem die konservativen Parteien, die lange Jahre als

Garanten einer bürgerlichen Mitte galten, eine gewichtige Rolle. Diese forcieren, speziell im deutschsprachigen Raum, eine Politik weg von der Mitte nach rechts hin abfallend.

Erst kürzlich ist die Südtiroler Volkspartei, bisheriges Musterbeispiel einer bürgerlich soliden sowie pragmatischen Politik der Mitte in Europa, in ein Rechtsbündnis mit seinen politischen Widersachern, um nicht zu sagen, mit seinen Erzfeinden, und Gegnern aller autonomen Bestrebungen eingetreten. In diesem Bündnis befinden sich die unumwunden selbsterklärten Faschisten **Fratelli d'Italia** der ersten Regierungschef(in) des Landes Italien, die anlässlich einer Feier im Jahr 2015 den „austriacanti",[4] also all jenen Südtirolern, die Österreich als ihr historisches Mutterland ansehen und daher um eine Doppelstaatsbürgerschaft kämpfen, ausrichten ließ, sie könnten gerne nach Österreich auswandern.

Die Region Autonome Provinz Südtirol, die auf übergeordneter nationaler Ebene bereits von **Melonis** Postfaschisten regiert wird, verlangt es offenbar nach einer Politik der harten Hand, auch wenn sie keine Verfechterin von Menschen- und Minderheitenrechten ist. Die Lust, das Begehen nach harter Führung überdeckt bei den Südtiroler Konservativen die Tatsache, selbst auf eine demokratiepolitisch sittsame Politik der Menschenrechte und des Minderheitenschutzes angewiesen zu sein. Es ist daher absonderlich zu erfahren, was eine jüngste Umfrage eines ortsansässigen Wirtschaftsmagazins ans Licht brachte. Derzufolge befürwortet Südtirols Bevölkerung den Regierungsstil der Postfaschistin Giorgia **Meloni** – als wäre dies nicht schon absurd genug, zeigte sich, dass der Zustimmungswert in dieser Region sogar signifikant höher als im italienischsprachigen Rest Italiens ist.[5] Da drängt sich einem historisch geschulten Auge die Frage auf, ob die

Tendenz zur autoritären Führungsstruktur bei Volksparteien ein spezifisches Phänomen des deutschsprachigen Raumes ist. Denn wie zu beobachten ist, pflegen Deutschlands konservative Brüder- und Schwesterparteien CDU und CSU sowie Österreichs Volkspartei einen ähnlich lässigen Umgang bei der Abgrenzung nach Radikalrechts. Da sie sich alle drei weltanschaulich familiär verbunden fühlen sowie regelmäßig austauschen und sehr oft auch persönliche Freundschaften pflegen, verwischen die Konturen. Am ehesten jedoch wäre bei den Südtiroler Konservativen eine deutlichere Abgrenzung zu neuen rechten, zu faschistischen Ideen und Parteien zu erwarten gewesen. War es doch der Faschismus, der ganz Südtirol zu assimilieren sich anschickte und der überhaupt erst zur Gründung der Volkspartei führte, letztlich ihren gesamten identitätspolitischen Volkstumskampf legitimierte.

Die Sehnsucht nach einer starken Hand oder Führerfigur ist daher, wie uns das Beispiel Südtirol verdeutlicht, nicht mit rationalen Argumenten erklärbar.

Viele von uns oder Teile in uns sehnen sich nach Führern, nach Figuren, die uns ordnende Kraft sind, die uns „Gott sind". Das Streben derer, die führen wollen, und derer, die geführt werden wollen, scheint sich immer öfter zu decken. Dieses Streben nach der harten Hand bringt es mit sich, dass die Verführungskünste der Führungswilligen ihre Wirkung zeitigen. Misogyne Phrasen, einfache Plattitüden, weichgezeichnete Kandidaten auf Plakaten, Beschwörungen eines Volkswillens, sie häufen sich. Sie lullen uns ein oder wiegeln uns in einem kollektiv-orgiastischen Zorn auf. Unsere politische Faulheit im Denken, mag sie nun Ergebnis von Überforderung in der zunehmend komplexen Welt oder generell ein inneres Bedürfnis sein, lässt Menschen zu Göttern werden. Wir, oder Teile von uns, legitimieren sie zu Volkskanzlern, zu Führern und nicht zu Kanzlern, nur aufgrund von ein paar flotten Sprüchen und Schulterklopfereien. Wir statten sie mit Macht und Befehlsgewalt aus, wir überantworten ihnen ganze Staaten.

Staaten wie Nordkorea, Russland, China sind Führerstaaten bzw. Volkskanzlerstaate. Sie beruhen auf dem Fundament eines imaginierten Volkes, das nur ihresgleichen zulässt. Die Befehlsgewalt liegt dabei allein und ausschließlich bei den Führern. Alle Macht des Staates ist in einer Person konzentriert. Die Macht der Parlamente, in Demokratien ein exzellentes Korrektiv gegen Alleinherrschaft und Größenwahn, ist dabei auf eine reine Gesinnungsgemeinschaft reduziert, nichts findet Platz, was nicht im geistigen und mentalen Gleichklang mit dem Führer, dem Volkskanzler ist. Parteien hierzulande, die solche Strukturen offen befürworten, wie die neuen Rechtspopulisten, garantieren auch einen entsprechenden Regierungsstil, das sollten wir wissen. Was für Europas alte und neue Rechten gilt, gilt in den USA für Donald **Trump** und in Argentinien für Javier **Milei**, in Brasilien zeigte sich Jair **Bolsonaro** von dieser Seite, in den Niederlanden ist es Geert **Wilders** und Österreich ist, so schien es kurz, nach **Kurz** gerade noch an einer derartigen Politik des Führerkultes vorbeigeschrammt. Das Land, das nach dem von Skandalen erschütterten Zusammenbruch der Regierung Kurz I und II und deren desaströsen, strukturellen und finanziellen Folgen klüger sein sollte als zuvor, ist auf keinem guten Weg.

Kandidaten eines Volks- und eines Führerprinzips, wie Herbert **Kickl** von der FPÖ, aber auch der Spitzenkandidat der rechtstendenziösen ÖVP veranstalten viel Gewese mit viel Pathos um Land und Leute. Da ist die Rede vom Volk, von etwas, von dem wir wissen, dass es um eine imaginierte, hoch idealisierte Masse geht, die mit der Realität einer Gesellschaft nicht in Einklang zu bringen ist.

Wir erinnern uns, oder sollten uns erinnern, dass genannte „Volksführer" die Bildprogrammatik des 20. Jahrhunderts bestimmten und die politische Propaganda zur Eroberung des Volkes mit einer Präzision beherrschten, die nicht mal Russland und China imstande sind nachzuahmen. Aufmerksame Beobachtende werden darüber hinaus bei den aktuellen Wahlkämpfen eine Ähnlichkeit in der rhetorischen Schlichtheit einzelner Phrasen feststellen. So, als vertrüge ein Volk (nicht eine Gesellschaft, wohlgemerkt) keine komplexen Sachverhalte. Der gegenwärtige Mensch illustriert uns das einmal mehr, dass er nach Macht und Mächtigen begehrt. Einmal mehr finden wir bestätigt, dass das Spiel im Ringen um Macht und Vorherrschaft immer schon von der Bildermacherei und der Sprücheklopferei lebte, wir einen (phylogenetischen) magisch-auratischen Gestus begehren, der die Grenzen unseres Verstandes und Begreifens übersteigt, wir nach Göttern gieren, darum Volkskanzlern hofieren.[6]

Die Volkskanzler, so wissen wir, verlangt nach einem Volk und nicht nach einer Gesellschaft. Der berühmteste aller Volkskanzler, Adolf Hitler, hat auf erschreckende Weise bewiesen, wie dämonisch so ein hochidealisiertes Volk als organische Masse sich zu verhalten weiß. Obwohl es vor Hitler in Österreich schon mal Volkskanzler gab, ist uns keiner davon erinnerlich. Besonders die Kärntner hegten einen Hang, Bundeskanzler Seipel zum „Volkskanzler" zu erklären.[7] Aber auch Johann Schober wurde 1929 in Wien als „Schober, der Volkskanzler" gefeiert und der Antisemit Lueger als „Volksbürgermeister" gelobt.[8] Ignaz Seipel adelte man 1932 als „großen österreichischen Volkskanzler".[9] Doch keiner dieser Staatsmänner, außer Adolf Hitler, prägte so sehr das Verständnis davon. Keiner dieser Vorgenannten verlangte von seinem Volk bedingungslosen Gehorsam. Keiner erhob Kultur, Moral, Rasse und Gesinnung zum einzig richtigen Normativ.

Von der Liebe, einmal mehr!

Die Magie der Macht und das Begehren nach Führung bedürfen eines Nimbus. Eines Nimbus einer Person, der sich aus unterschiedlichen Formen politischer, sinnlicher, lust- und angstbetonter Liebe speist.[1] So nähren die Selbstliebe (die des angehenden Führers), die Fremdliebe (die Liebe, die wir bereit sind zu geben) und die Balance zwischen den beiden alle Formen von Macht, auch die nicht autoritäre. Viel und gerne ist bei der Analyse von Populismus und Demagogie von einem ausgeprägten Hang zum Narzissmus die Rede. Nicht bei den Deutschen unter Angela **Merkel**, und vorher auch nicht. Aber bei Sebastian **Kurz** und Donald **Trump** konstatierte die Öffentlichkeit[2] recht schnell und oft eine unverhohlene übersteigerte Selbstverliebtheit. Vereinzelt wurde gar von einem pathologischen Narzissmus gesprochen. Psychiater wurden bemüht, Ferndiagnosen zum Verhalten von Trump und Kurz zu erstellen, derart irritierte sein Verhalten. In der Tat verursachten das expressive Heischen um Aufmerksamkeit von Trump und Kurz derart viel Stress in der innen- und außenpolitischen Landschaft, dass der Ruf nach psychiatrischer Expertise wie eine magische Formel zur Beruhigung der Lage wirkte. Europa war nahezu ein Vierteljahrhundert den Habitus einer etwas bräsigen, aber dafür unaufgeregten Frau Merkel gewohnt und mit einem Mal surrte und balzte es rundum. Alle Gesetze normierter Vernunft, alle gewohnten Logiken schienen außer Kraft gesetzt. Nach **Berlusconi** war es Kurz, der ständig Aufmerksamkeit einforderte.

Man suchte den krankhaften Narzissmus bei **Berlusconi**, bei **Kurz** oder bei **Trump**, vergaß aber, sich selbst nach dessen Wirkung zu befragen. Was ist es, was in uns die Liebe zu talentierten Selbstdarstellern weckt, was lässt Menschen bei solchen Machthungrigen applaudieren? Was berührt uns bei **Kurz** oder **Trump**? Ist es die Kraft einer besonderen Zauberei, der magische Charme eines vermeintlichen „Talents", die uns zu verführen imstande sind, oder ist es vielmehr unser eigenes Begehren, das wir im anderen, in **Trump**, in **Kurz**, in **Milei** gespiegelt finden?

Die Gründe für jedwede euphorisierte Liebe und Bewunderung zu Königen, zu Populisten, Demagogen, Tyrannen scheinen per se in uns und unseren Gefühlshaushalten angelegt. Worin sie wirklich bestehen, wissen wir jedoch nicht genau und vermögen es abschließend auch nicht zu sagen, weil es in jedem von uns, in jedem Individuum also, verborgen liegt. Weswegen wir, die die Bewunderung für selbstverliebte Selbstdarsteller nicht nachvollziehen können, weil wir so anders sind, stets mit Verwunderung oder Entsetzen auf die Erfolge sogenannter Volkskanzler blicken. Wir, das sollte uns bewusst werden, denken nicht im Kollektiv, wir verstehen uns nicht als Kollektiv, wir scheinen ausgeprägte Individualisten zu sein, die Wert auf eigene Lebensstile legen. Und doch ist auch unser ganzes Leben darauf ausgerichtet, geliebt zu werden und nicht einsam zurückzubleiben. Wen und was wir allerdings lieben, wie wir es anstellen, geliebt zu werden, erfolgt nicht immer willentlich, wie der Philosoph Harry Frankfurt feststellte: Weil „die Menschen [...] häufig auf der Basis der Dinge, an denen ihnen etwas liegt, beurteilt und bewertet [werden,][3] [...] treiben sie Stolz und Sorge um den eigenen Ruf an, darauf zu achten, soweit sie das können, dass das, was sie lieben, etwas ist, was andere und sie selbst für wertvoll halten".[4] Mit anderen Worten, Liebe ist immer politisch und sie hat immer mit den anderen zu tun.

Noch bevor man den Worten des Attraktiven oder des Mächtigen Aufmerksamkeit in der gebotenen Tiefe schenkt, ziehen uns ihr Habitus, ihr Geschwätz, ihre gelebte Rolle und ihr Ruf über sie in ihren Bann. So binden uns der Eros diffuser Selbst- und Fremdliebe aneinander. Die anderen, die Kritischen, die vielleicht weniger der kollektiven Liebe oder anderer Formen von Liebe bedürfen, wiederum lehnen mit ganzer Kraft, wie sie nur Abneigung hervorbringen kann, die Liebe zu Volkskanzlern ab.

Politische Macht und Volkskanzlerschaft sind folglich eine Spielart der Liebe. Sie nährt in uns ein archetypisches Begehren, setzt Dynamiken in Gang, die Moden folgen lassen: Man möchte den Populisten, den Volkskanzler lieben, man will Teil von ihm sein und die Liebe zu ihm gemeinsam lustvoll auskosten, genau wie dies die anderen tun. Man möchte nicht allein sein und sucht, was in Liebe verbindet. Man möchte nicht übrig bleiben und folgt dafür dem Volkskanzler und den anderen. Vereint in Liebe möchte man sein. Als die Schauspielerin Christiane Hörbiger[5] im August 2019 anlässlich des Misstrauensvotums gegen Sebastian **Kurz** in derbem Duktus gegen die SPÖ-Chefin Rendi Wagner, die den Misstrauensantrag im Parlament einbrachte, wetterte, verfiel sie gleich anschließend in einen kaum erträglichen, süßlich-lieblichen Ton und eine Art Liebeserklärung an Kurz.

Die politische Liebe ist, vor allem wie Frau Hörbiger illustrierte, wie alle Liebe, sie sorgt für Freude, lässt das Herz hüpfen und fordert, wonach sie begehrt: nach Erfüllung.

Wie Popstars sind Populisten und Volkskanzler, aber auch Nicht-Populisten, heute wie immer schon gefordert, sich zu ihren Fans, den Adorierenden, „herabzulassen".

Dazu muss man ab und an die sonst empfohlene Distanz zur Aufrechterhaltung der Machtbalance ablegen, eine gewisse körperliche Nähe zulassen, in die Menge eintauchen, sich von Fans berühren lassen.

Selbst die sonst sehr auf Abstand bedachte Angela **Merkel** nahm inmitten von Europas größter Flüchtlingskrise ein Bad in der Menge und ließ sich einst mit einem Flüchtling ablichten. Sie änderte damit, kraft der ihrer Person innewohnenden repräsentativen Macht, regelrecht dessen Lebenslauf. Jahre nach dem Ereignis suchten Journalisten den Mann im Bild auf, um nach den Folgen dieses Fotos zu fragen. Und der tatsächlich erfolgreiche Anas Modamani bekannte, dass ihm das Selfie mit der mächtigen Kanzlerin auf seinem Weg raus aus dem Flüchtlingsheim zu einer Ausbildung genützt hat.[6]

Und einmal mehr enden wir beim erfolgsträchtigsten Phänomen der politischen Verführungskünste: dem Bild. Im Bild, in diesem Selfie, steckt noch immer die geballte Kraft politischer Magie, die Wucht des zufälligen Augenblicks, die einem Machtlosen zu einem Vorteil verhilft und geradezu exemplarisch veranschaulicht, wie die gefühlte Übertragung von Macht funktioniert.

Es ist das politische Bild, in dem die Macht, und nichts als die reine Macht, aufgehoben ist und die vom Beschauer erst zum Leben erweckt wird. Das „Bild eines Flüchtlings mit Kanzlerin" erlangt jenes Gewicht, das am Ende dem Bild die Kraft realpolitischer Folgen ermöglicht, nämlich zur Wählerstimme zu werden. Selbst fotografisch-handwerklich schlecht gemachte Fotos, in diesem Fall das Schnellporträt zweier Personen, führen zu einer auratischen Wertsteigerung. Für die Politikerin wird es gar zum Zeugnis von Tugend und Menschlichkeit.

Der Triumph des Bildes zeigt, wie ein Augenblick alle sozialen Grenzen aufzuheben imstande ist, bloß, weil

Frau Merkel, die damals mächtigste Frau der Welt, darauf abgebildet ist. So lässt die personifizierte Macht im Bild das Bild selbst mächtig werden. Das Foto wird zu einer Quelle der deutschen Historie und nebenbei Geburtshelfer einer mittleren Karriere eines bis dahin nahezu rechtlosen Flüchtlings.

Die Liebe, die in diesem Abschnitt eine Rolle spielte und von der wir wissen, dass sie nicht zu den bevorzugten Ausdrucksformen des seriösen politischen Tagesgeschäftes gehört, ganz besonders bei Angela Merkel, ist dennoch auch in diesem Selfie verborgen. Merkel wirkt darauf ungewohnt gelöst, geradezu gewöhnlich menschlich. Nicht kokett posierend, nicht selbstdarstellend, wie **Trump** und **Kurz** dies zu tun pflegten und Trump immer noch tut.

Gesinnung, nichts als Gesinnung

Wir sind nicht „sie“, die im Zorn vereint nur ethnische, ethnokulturelle oder politische Gesinnungsgemeinschaften kennen. Wir demokratisch Gesinnten, sind „wirs“, die sich nicht von Führern und selbsterwählten Volkskanzlern die Idee eines Volkes vorgaukeln lassen. Wir fühlen uns nicht als Teil eines Volkes, das vermeintlich keine Hierarchien und sozialen Unterschiede kennt, wir zählen uns nicht zu jenen, für die das große Verbindende ein bloßes gemeinschaftliches Gefühl – Zorn – ist. Wir sind die anderen. Daran können wir sehen, dass nicht alle dem Charme talentierter Selbstdarsteller und dem Eros struktureller Macht erliegen. Vielbeschworenes „wir“ sind nicht alle und nicht alle erliegen daher der Faszination, die von Macht, vom Glanz der Macht durch Reichtum und mit ihm verbundener struktureller Privilegien auszugehen scheint.

Die anderen aber scheinen genau dafür empfänglich zu sein. Diese Faszination lässt sie kämpfen, nach Macht gieren, um sich Vergünstigungen zu verschaffen, sie begehren den Glanz, den die Rolle, Repräsentant eines Staates zu sein, mit sich bringt. Sie wollen die Macht in Händen halten und nach den eigenen Vorstellungen gestalten. Sie wollen mehr als nur mächtig sein, sie wollen die Macht selbst sein.

Ungarns Autokrat Viktor **Orbán**, Italiens Giorgia **Meloni**, Donald **Trump** in den USA und Javier **Milei** in Argentinien können gegenwärtig als schillerndste Beispiele dafür herangezogen werden. Da der Eros der Macht mit dem Eros des Geldes vergleichbar ist, damit verbundene Privilegien verwandt sind, sollte es uns nicht zu allzu verwundern, wenn politische Macht auch in Demokratien immer öfter die Nähe zu Geld und Reichtum sucht.

In Österreich nahm dies mit Sebastian **Kurz** eine Dimension der Verquickungen an, dass noch Jahre nach dessen Rücktritt Gerichte und Untersuchungsausschüsse damit beschäftigt sind, den Schaden für die Volkswirtschaft – das tatsächliche, realpolitische Wir – zu ermessen. Unter dem jüngsten Kanzler der Zweiten Republik kamen dessen engste Freunde in den Genuss von allerlei Bevorzugungen, die die niedrigsten Regeln des Anstandes verletzen. Vereint sollten politische Macht und Geld zum Gelingen des neuen Politikstils, wie es oft hieß, beitragen. Denkfabriken und Meinungsforschungsinstitute halfen bei der Verbreitung von bereits im Ansatz undemokratisch zu nennenden Ideen mit. Die mit Gesinnungsgleichen besetzten Denkfabriken ventilierten halbgare staatspolitische Konzepte, bedienten sich beliebig bei allen politischen Philosophien und Ethnologien zur Rechtfertigung der Umstrukturierung des Staates, von einer Demokratie in eine illiberale Demokratie volkstumspolitischen Charakters, ungeachtet aller historisch-erkenntnistheoretischen und erkenntniskritischen Forschungen. Sie produzierten einfallslose Surrogate für einen volkstumspolitischen Staat, betrieben einen Kulturkampf, den ihnen nahestehenden Medienanstalten verbreiteten. Von Ungarn wissen wir, dass die Pressefreiheit als „problematisch“ angesehen, die Kulturpolitik einseitig betrieben wird, Italien duldet nur mehr „echte“ Italiener als Museumsdirektoren und die Slowakei macht vor, wie man Institutionen gesinnungspolitisch umdreht. Österreichs FPÖ-Kanzlerkandidat nennt in gut hitlerscher Manier die Salzburger Festspielgesellschaft „eine Inzuchtpartie[1]“. Für all diese Länder konstatieren Reporter ohne Grenzen im Journalismus ähnlich problematische Entwicklungen.[2] Der Umbau von Demokratien ist dem Griff nach alleiniger Macht geschuldet. Jene, die ohne Parlament regieren wollen, müssen daher sowohl einen Volkstumskampf anzetteln als auch die Hüter der Stimmungen dazu, die Medien, auf gleich bringen. Der Index der Pressefreiheit ist daher ein erstes Indiz für den gelungenen Umbau eines Staates und die vorherrschende Form politischer Macht. Wieso nur ertragen wir es, wenn Autokraten (Populisten, Demagogen, Volkskanzler) so tun, als wäre nur eine gesinnungsgleiche, meinungsbetonte Welt die einzig richtige? Wieso glauben wir, dass Meinungsgleichheit alle sozialen Realitäten aufzuheben imstande ist? Wieso ertragen wir es, wenn sich Regierungen Medien nach eigener Façon basteln – oder wieso gefällt uns das sogar? Wieso verzichten wir auf die Autorität des positiven Rechts? All diese Fragen sollten wir uns stellen, wenn uns an der Demokratie und der Sicherung des eigenen Lebensstandards gelegen ist.

Populisten, Volkskanzler und Autokraten jonglieren mit Meinungen, weil das alles eben funktioniert, weil sie wissen, dass sie uns auf dem Weg zur Befriedigung der eigenen Macht brauchen. Sie wissen um die Wirkung von Versprechungen, besonders die von romantisierten volkstumspolitischen Narrativen. Sie brauchen mentale Erzähler in ihren Diensten, die sich der Meinung, nicht dem im Parlament beschlossenen positiven Recht gegenüber verpflichtet sehen. Deswegen trachten sie danach, alle Kritiker, insbesondere jene der vierten Gewalt (die Medien), auszuschalten. Dies ist der Grund für die Attacken auf öffentlich-rechtliche Medien und freie kritische Journalisten. Sie erreichen dies, indem sie Medienanstalten mit eigenen Leuten besetzen, wie in Ungarn, Österreich und Italien.

Sie brauchen Denkfabriken, die in ihrem Sinne agitieren, und sie benötigen einen ausgeklügelten politischen Folklorismus. Wenn sie in bestehende Institutionen nicht reinpassen, schaffen sie sich eigene. Sie passen damit nicht das eigene Weltbild an die Welt an, die Welt hat sich an ihrem Weltbild auszurichten. Daher sind bockige Haltungen wie Genderverbote zu erlassen, christliche Brauchtümer als demokratisches Leitbild auszurufen entgegen aller alltagspraktischen Realität nur Mittel zum Zweck der Machtergreifung durch Stimmungsmache. Die Denkfabrik der **AfD**, das Institut für Staatspolitik (IfS), wurde vom Verfassungsschutz als „rechtsextremer" und „verfassungsfeindlicher" Verdachtsfall[3] geführt, und obwohl also inhärent demokratiefeindlich, machen die Strukturen der parlamentarischen Demokratie und der mit dieser verbundene Freiheitsbegriff eben solche Denkfabriken erst möglich. Speziell die Literaturen des IfS machen es seriösen Analytikern schwer, diese Meinungspamphlete als das zu benennen, was sie sind: ein Gemisch aus Fremdideen und logisch inkonsistenten Zusammenfügungen. Sie bedienen sich auszugsweise vor allem bei linken sowie liberalen Intellektuellen und zwängen deren Worte in ihr „geschichtsrevisionistisches"[4] Ideenkorsett. Götz **Kubitschek**, der spiritus rector des IfS, verlautbarte gegenüber seinen Anhängern bei einem Besuch im November 2023 in Wien auf den Treppen der Universität, sie sollten gerade und insbesondere „linke" Literatur lesen, zentrale Gedanken daraus aufnehmen und in ihrem Sinne anwenden.[5]Die Umformung der Demokratien geht nicht wie in den 1930er-Jahren mit der Auslöschung intellektuellen Geistes einher, sie wird durch Verknappung, urheberrechtliche Entfremdung und Assimilation rechts gemacht.

Hauptsache ein klingender Satz, eine Phrase, die den Anschein seriöser Wissenschaftlichkeit oder philosophischer Tiefe zu erwecken imstande ist. Einmal mehr zeigt uns dies, dass Populisten und Demagogen auch damit tricksen und täuschen. Es scheint ihnen keine Überlegung wert, dass die Literaturen, die sie benutzen, aus der höchstmöglichen Freiheit eines Geistes im Schutze der Demokratie erstanden sind. Einer Freiheit (Denk- und Medienfreiheit), die sie mit ihrer Macht zu beschneiden gedenken. Sie verfahren dafür nach einer urheberrechtlich bedenklichen Methode. Was nicht passt, wird durch Selektion passend gemacht. Dies ist nur möglich, wenn nicht die Erkenntniserweiterung im Vordergrund steht, sondern die Manifestation einer Ideologie.

Als in Österreich der zur Autokratie neigende Sebastian **Kurz** von der neuen Volkspartei einen für seinen Kosmopolitismus und seine Menschenrechtspolitik gerühmten Ex-Kanzler der SPÖ, Bruno **Kreisky**, als sein Vorbild ausgab, war das Staunen in der Republik groß. Denn nichts von dem, was Kurz je sagte und tat, korrespondierte mit dem, was Kreisky je äußerte und realpolitisch erwirkte. So sind der Glanz des Ruhmes eines anderen oder das Wort der anderen für Antidemokraten Raubgut zum eigenen Vorteil auf dem Weg zur totalitären Macht.

Sie wollen nicht gescheiter werden, sie wollen nur mächtiger werden. Sie gedenken uns damit zu verführen. Sie beschneiden kritische Medien, verklagen kritische Journalisten, bedienen sich bei klugen Menschen, ertragen aber den Geist der Freiheit, der derartiges imstande ist zu gebären, nicht. Sie lancieren ein Regime der Meinungen und ertragen es nicht, freie Gedanken in freien Reden anzuhören, wie jüngst im Italien unter **Meloni** passiert, wo der bereits zugesicherte Auftritt des Autors Antonio Scurati anlässlich des Feiertages der Befreiung vom

Faschonazismus durch die Alliierten untersagt wurde. Und wie zum Zeichen ihres offen zur Schau gestellten autokratischen Habitus veröffentlichte die Regierungschefin die Schrift Scuratis auf Facebook, nur um sie als linkes Machwerk zu diffamieren und die Absage fadenscheinig (mit zu hohen Honorarkosten fürs Volk) zu begründen.[6]

Taktiken

Grobheit & Despektierlichkeit

Verführungen und trügerische Illusionen sind Teil des politischen Handwerkkastens, sie sind aber auch Symptom und Indikator unserer ganz eigenen Anfälligkeit und Neigungen. Wenn also versuchte Verführungspraktiken ihr Ziel erreichen, müssen wir uns auch fragen, warum wir es uns nicht nur gefallen lassen, sondern uns womöglich sogar gefällt, wenn Biertischrhetorik zum politischen Gestus wird und verbale Geschmack- und Stillosigkeiten als lässliche Sünden populistischen und demagogischen Machtstrebens hingenommen werden. Das Parlament als besonderer Ort des symbolisch repräsentativen Staates ist, so war es bis zum Aufstieg der neuen Rechten, ein Ort des Respekts unter Demokraten unterschiedlicher Positionen. Dies ist nicht zuletzt der Verantwortung geschuldet, den Staat und mit ihm das positive Recht höher zu bewerten als die eigene parteigeleitete Ideologie.

Seitdem Populisten und Demagogen immer erfolgreicher werden, scheint selbst in den Parlamenten die schnelle, unüberlegte, ja, die (halb-)schlagfertige Rede im Stile folkloristischen Biertischduktus Einzug gehalten zu haben. Sie pöbeln, relativieren, emotionalisieren. Schnelle Sprüche, freigemacht von jeder Affektkontrolle, sprich auch von Manieren und Staatsräson, von Regeln und Protokollen, heben sie Respekt und soziale Konventionen auf. Demokratiezersetzend und stillos toben und stänkern sie nicht nur in Bierzelten und pubertär in Chatgruppen. Die sich selbst so bezeichnende „Quasselgruppe" der **AfD** beispielsweise äußerte sich über die ehemalige

Kanzlerin Angela **Merkel**: „Die Ratte Merkel an der Spitze. Diese Volksverräterin gehört lebenslang in den Knast."[1] In Österreich schrieb eine ehemalige Innenministerin (!) und nunmehrige Landeshauptfrau (Ministerpräsidentin) einer rechtspopulistischen Koalition in Niederösterreich (ÖVP / FPÖ): „Rote bleiben Gsindl! Schönen Skitag."[2]

Solche Töne sind wohl nur die vorletzte Stufe der Despektierlichkeit bei der Radikalisierung politischer Kultur und sie sind keinesfalls eine Lappalie, die man einfach als solche beiseitelegen kann. Derlei Benehmen sollte in allen von uns Unbehagen auslösen, denn es ist Anzeichen für einen Verlust der Mitte und einen Mangel an Ausgleich. Es bedingt mit, was man den neuen Politikstil nennt. Was sich vermeintlich wie „a bsoffene Gschicht", eine Wirtshausderbheit infolge von zu viel Alkoholkonsum anhört, ist in Wirklichkeit das Gegenteil von lustig. Es ist schlicht unkultiviert, gehässig und diskriminierend. Wird dies der Rolle einer Ministerin, eine Regierung für alle im Staate zu sein, gerecht, und ist dies bereits Zeichen für eine allgemeine Veränderung auch im Verhandlungs- und Politikstil? Der common sense politischer Praxis kennt nämlich Rollenteilungen. Was ministrabel ist, ist nicht ordinär und benimmt sich entsprechend als Funktionsträger für alle Staatsbürger. Angriffe auf die demokratischen Mitbewerber wären daher die Rolle eines Parteisekretärs. Es scheint, als würde sich auch hier eine Veränderung anbahnen. Oder spiegelt sich in der Derbheit der Sprache die Authentizität und Echtheit des Volkes, das sie zu regieren beabsichtigen, tatsächlich wider? Wenn dies zuträfe, müssten wir davon ausgehen, dass wir genauso sind: unkultiviert, gehässig, diskriminierend.

Sind sie, die nicht wie wir, „das Volk", verdienen, die nicht reisen wie wir, „ihr Volk", nicht dort einkaufen, wo dieses einkauft, und vorgeben, wie das Volk zu sprechen, tatsächlich wie wir? Ist das Volk, sind wir, nicht viel mehr eine Gesellschaft von vielen, sozial unterschiedlich ausgestattet und geprägt? Wo so etwas wie Nähe durch Gesten oder Sprache hergestellt werden will, bleibt für jene, die das oft am wenigsten wahrhaben, am Ende des Tages doch nur die triste soziale Realität, und die soziale Fragmentierung einer Gesellschaft fordert ihr Vorrecht ein. Als sich ein Berater aus dem engsten Umfeld des damals amtierenden österreichischen Kanzlers **Kurz** verächtlich äußerte, „Oh Gott, Reisen wie der Pöbel", meinte dies angewidert ein Gutverdiener, der mit Steuergeldern bezahlt wird.[3]

Solche Arroganz ist charakteristisch für die Ignoranz einer politischen Macht, die die Grundregeln des demokratischen Gleichheitsgrundsatzes verachtet, die einen grundbürgerlichen soliden Anstand vermissen lässt. Ungeachtet der Tatsache, dass eine Gesellschaft immer schon sozial strukturiert war und weiterhin sein wird, ließ sich in den letzten Jahren mehr und mehr, vorwiegend bei konservativen Parteien, ein Trend hin zu einer Politik, die im Stile eines imperialen Selbstverständnisses à la „L'Etat c'est moi!", „der Staat bin ich", feststellen. Diese Politik der Arroganz und Ignoranz macht, womit man vermutlich am wenigsten rechnet, sie befördert Stimmungen. Sie ist nicht ein Zeichen von Macht, von souveräner Macht, sie ist ausgrenzend und verletzend.

Die Grobheit und Stillosigkeit, mit der verborgen vor der Öffentlichkeit das Selbstverständnis von Republik und Gesellschaft innerhalb des Teams Kurz erfolgte, sind kein österreichisches Phänomen. Wer erinnert sich nicht an Friedrich **Merz** (CDU), der in einer deutschen Talkshow mit Verachtung und Empörung in der Stimme gegen „Paschas"[4] wetterte und in Richtung Ausländer geiferte, die sich, wie er suggerierte, auf Kosten der öffentlichen Hand die Zähne korrigieren ließen und zu allem Überdruss dabei noch den Inländern die Termine wegschnappen würden.[5] Das Pöbeln gegen andere, das wir sonst nur aus dem radikalen rechten Lager kennen, weil es dort politische Programmatik ist, greift Raum bei den Konservativen. Im Duktus einer gefühlten „Volksstimme" echauffieren sich im gehobenen Unterhaltungssegment künftige Kanzlerkandidaten wie Merz, wohlwissend (!), dass es keine faktische Grundlage für derartige Behauptungen gibt. Österreichs Kanzler, Karl **Nehammer**, beschimpft im Kontext einer sozialen Debatte zu warmen Mahlzeiten für Kinder Frauen als faul und fantasielos, wenn sie nicht einmal am Tag ein warmes Essen für ihre Kinder auf den Tisch brächten, und empfahl ihnen, in eine Fastfood-Kette zu gehen. Die gesellschaftspolitische Verantwortungslosigkeit, mit der auf diese Weise das Klischee von einer Gesellschaft der Faulen und von Schmarotzern in Umlauf gebracht wird, ist zersetzend. Zersetzend deswegen, weil ihnen die erhobenen realpolitischen Zahlen, die faktischen Daten widersprechen. Ist es Zufall oder Absicht und damit Bosheit, Menschen zu stigmatisieren und sie zu Sündenböcken für eigene organisationspolitische Verfehlungen hochzureden? Beides. Einmal mehr lehrt uns die Geschichte, welche Ergebnisse solche anthropologischen Mechanismen, derlei Praktiken politischer Diskreditierung zum Ergebnis haben können: Pogrome, Ausschreitungen gegen Minderheiten und gesellschaftlich wenig etablierte Gruppen.

Was wir wie Märchen in Erinnerung haben und unter „Ritualmordlegenden" wie *Anderl von Rinn* in Tirol, *Simon von Trient* oder *Werner von Oberwesel* im Hunsrück firmiert, endete für jene, die vom Gerücht betroffen waren, mit Folgen an Leib und Leben, mit körperlichen Übergriffen, Vertreibung, Ächtung und kulminierte letztlich im Holocaust. Auch ihm gingen systematisch öffentlich geäußerte Beschimpfungen voraus; die Ausgabe des übelsten Hetzblattes „Der Stürmer" vom Mai 1934 erließ eine Ausgabe, die auf dem Deckblatt ein rot gestempeltes „Ritualmord-Nummer" aufgedruckt hatte.

Laut formulierte, in der politischen Öffentlichkeit gedankenlos oder bewusst kolportierte Stigmatisierungen und Stammtischgrobheiten vermögen, dessen sollte sich die politische Elite bewusst werden, eine soziale Kraft zu entwickeln, die wieder einzufangen mit vom Schwersten bis unmöglich ist. Wer Grobheiten gegen Individuen, Gruppen, Gemeinschaften und diffus schwelende Animositäten schürt, diese politisch goutiert, schafft die Grundlage zu einer Kulturalisierung oder Nobilitierung selbiger. Sie machen sagbar, was ein diffuses Gefühl war, sie adeln, was eine Gemeinheit, geboren aus einem persönlichen Konflikt ist, sie hieven es auf die politische Ebene. Sie lassen zu, dass Sündenböcke gesucht und gefunden werden, diese Unart, miteinander umzugehen, hat sich im politischen Diskurs etabliert. Wäre es nicht angebrachter, von Repräsentanten der politischen Öffentlichkeit wie einem CDU-Vorsitzenden zu verlangen, dahinterliegende Ursachen auf Evidenz zu ergründen und angemessen zu benennen, oder wo es aufgrund der Datenlage nichts zu benennen gibt, still zu sein? Wären diese Konservativen nicht besser beraten, würden sie auf den Politikstil der alten und neuen Rechten verzichten und zurückkehren zu alten, nach dem Holocaust entstandenen, normativ gültigen sozialen Konventionen? Ja, das wären sie. Denn wenn wir aus der Geschichte eines gelernt haben sollten, dann dass gesellschaftliche Verwerfungen im Kleinen beginnen: beim Vorurteil, beim Gerücht, der Fama, den Unwahrheiten.

Fanfaren und Applaus

Die Verführungskunst, durch Glanz und Gloria zu beeindrucken, ist auf dem politischen Parkett ein wohl orchestriertes Spiel. Es steckt viel logistischer und organisatorischer Aufwand dahinter, um in Sälen, groß wie Fußballstadien, Populisten und Demagogen abzufeiern und zu huldigen. Es reichen, wie im demokratischen Spektrum praktiziert, vielen nicht mehr nur Parteitage. Dabei macht es kaum einen Unterschied, ob dies in Moskaus Sporthallen, in Hotelsälen auf Amerikas plattem Land oder in der Wiener Stadthalle, einem Veranstaltungsort für Konzerte, geschieht.

Die Inszenierungstechniken gleichen sich kreuz und quer über den Globus, und wenn man den Schilderungen von Historikern und Altphilologen zuhört, dann bestätigt sich, dass wir es mit sich historisch kaum veränderten Praktiken zu tun haben. Die Dramaturgien folgen altbewährten Mustern: Aufwärmen des Publikums, unter gleißendem Licht und Fanfaren erfolgt der Auftritt des Kandidaten, dieser peitscht Fans oder Volk durch emotionale Reden an. Es folgen Applaus und rauschendes Tosen der Bewunderer. Dieses Spiel, das in der Opulenz der Inszenierung nur von superreichen Popstars übertroffen wird, ist aber besonders bei jenen, die sich als Volkskanzler gerieren wollen, ein leichtfertiges Spiel, das dem Volk ein asymmetrisches Beziehungsdrama, eine kurzzeitige familiäre Nähe zwischen Politiker und Wähler, suggerieren möchte. Wer sich die Auftritte von Populisten und Demagogen wie **Trump, Kurz, Bolsonaro, Meloni,**

Le Pen, Putin, Milei, Wilders, Kickl, Söder, Aiwanger, Wagenknecht ins Bild ruft, kann erkennen, dass sie ohne ihres Volkes Masse und ohne den Applaus nichts sind oder wären. Es ist der Applaus, der sie trägt.

Die Volksverführer appellieren und zelebrieren eine Verbundenheit in Gleichheit, unterstreichen die Bedeutung der Anwesenden in dekorativ symbolischem Ambiente. Diese Momente sollten jedoch nicht darüber hinwegtäuschen, dass das Buhlen um Macht auf zwei Jahrtausende lang praktizierten abendländischen Prinzipien von Welteilung zurückgehen, also gerade auf eine bewusste Trennung, nicht auf Gleichheit und Gleichstellung fundiert. Sondern auf ein Oben und Unten, auf einen Dualismus im herrschaftlichen Denken, der auf der Vorstellung einer göttlichen und einer weltlichen Macht beruht.

Nun haben sich im Zuge von Profanisierung und Demokratisierung der Welt in den letzten 70 Jahren der repräsentative Raum metaphysischer Macht, die Kirche, und der öffentliche Raum der weltlichen Macht, der Staat, die Politik, formal juristisch klar geschieden. Mit erfolgter Trennung von Staat und Kirche schien es, als wäre der öffentliche irdische Machtanspruch gefestigt, das Herrschaftsdenken als weltliches Prinzip einer kontrollierbaren politischen Öffentlichkeit, dem Staat, der Republik, in Form von positivem Recht überantwortet. Daraus ergibt sich ein Selbstverständnis, demnach nicht mehr Gott allem übergeordnet ist, sondern der Mensch und seine Willensfreiheit letztverantwortliche Instanz und Ursache aller Ergebnisse politischen, sozialen und kulturellen Handelns. Die praktischen Folgen dieses Denkens bestanden und bestehen noch immer in einem Höchstmaß an Freiheit für die Individuen. Der Wegfall des direkten Einflusses theologisch-kirchlichen (schicksalhaften) Dogmas und dessen belastenden Korsetts im Alltagsleben beförderte eine allgemeine Emanzipation, besonders aber jene von Frauen und jedweder andersgeschlechtlicher Menschen. Glanz und Blendung repräsentativer Macht, über Jahrhunderte Symbole und imposanter Ausdruck von Verführungskunst des Adels und der Kirche, erblassten unter den Auswirkungen der Revolutionen. Herrschaft und Stimme der vielen fand eine nüchterne, aber verlässliche Bestimmung im bürgerlichen Staat und den politischen Diskursen. Imperiale dramaturgische Gesten oder zeremoniell-ritueller Habitus blieben zugunsten staatlicher Insignien bescheiden zurückhaltend. Sie waren fortan weder notwendig noch angebracht, denn nicht die qua Geburt vorgegebene lineare Ordnung bestimmte die Einteilung der Welt. Die Herrschenden verteilten nicht mehr nach eigenem Gutdünken die Rechte, da sie nun demselben Recht wie das Volk untergeordnet wurden.

Neuerdings scheint diese Verteilung der Macht einigen nicht mehr zu genügen. Insbesondere jenen, die meinen, sich als Stimme des Volkes verstanden wissen wollen. Der Staat und dessen positives Recht als Symbol und überparteilicher Garant für Freiheit und Frieden scheint neuerdings unter dem Druck solcher Leute an Repräsentationskraft zu verlieren. Dem gehen derbe verbale Attacken auf amtierende Regierungen und Parlamente voraus, Diffamierungen gegenüber parteilichen Mitstreitern werden zum Standardprogramm, aber auch Rekatholisierungsbemühungen bei deutschen sowie österreichischen Konservativen und der politischen Rechten sind zu beobachten. Das drückt sich in einem Lob auf die Errungenschaften „des christlichen Abendlandes“ als zivilisatorische Verdienste aus. Derlei sorgt für einen religiös-esoterischen Drall und ist ursächlich für die Verbreitung des größten Irrtums, den man in einer Demokratie machen kann: darüber hinwegzutäuschen, dass die Demokratisierung der

Gesellschaft ohne die Errungenschaften der Aufklärung und des kritischen Rationalismus nie jenen Erfolg erbracht hätte, dem wir die maximale Freiheit aller Individuen verdanken. Die Vermengung von Glauben und Staat, die hier neuerdings wieder praktiziert und die völlig geschichtsvergessen und leichtfertig mit der Floskel „christliches Abendland" jongliert, sollte uns kritisch stimmen. Wer das christliche Abendland und nicht den säkularen Staat zum Idealbild europäischer Zivilisation und Demokratisierung imaginieren will, glaubt an eine metaphysische, eine überempirische Welt- und Gesellschaftsordnung. Da dies bevorzugt jene tun, die die Volkskanzlerschaft anstreben, sollten wir in uns hineinhorchen und fragen, ob unsere eigenen Lebensentwürfe und Lebensstile mit einem solchen Weltbild zusammengehen. Insbesondere sollten wir auch fragen, ob dies auf realpolitischen Gegebenheiten basiert, da die Kirchenaustritte mehr werden, die Kirchen Sonnabend und sonntags nahezu leer bleiben, christliche Brauchtümer der pittoresken Dekoration des Tourismus dienen und die Scheidungsraten stetig zunehmen.

Es ist vermehrt zu beobachten, wie auf Volksfesten oder Parteikonventen in großen Hallen die politisch Mächtigen ganz den Mustern und Hierarchien kirchlicher Dramaturgien folgen, die vom Nimbus des Unnahbaren, von der Spannung des Geheiligten leben. Es läuft nach den Mustern höfischer und kirchlicher Begegnungen: Da erscheint ein Mensch, meistens ein Mann, wie einst der von Gottes Gnaden eingesetzte König oder der imposant ausstaffierte Papst, wie aus dem Nichts unter Fanfaren und Applaus dem Publikum. Gemäß den Regeln der Herrschaftsarchitektur gibt es auch architektonisch sicht- und spürbar, durch mindestens eine Stufe oder mehr, einen Sicherheitsabstand zwischen den einfachen Leuten, dem „Volk", und dem Mächtigen, dem Auserkorenen. Das Volk, die Glaubensgemeinschaft applaudiert enthusiastisch, hört auf die einfachen, eingängigen Sätze und kaum ist der Applaus verhallt, entschwinden Adorierte wieder. Diese Tradition der Verführungsdramaturgie verläuft seit Jahrtausenden gleich. Das Phänomen des Deus ex machina ist, auch das beweisen uns die Literaturen, besonders ein Phänomen autoritärer Gesellschaften.

Zur dramaturgischen Perfektion dieser Deus-ex-machina-Geste bringt es dabei immer wieder **Putin**. In der Vergangenheit demonstrierten uns die Nationalsozialisten, wie politische Macht mit imposanten Inszenierungen – dazu zählen wir den szenischen Ablauf, die Uniformierung, die Musik, die Erscheinung des Anführers und dessen Stimmgewalt – zur Bildung eines kollektiven Rausches beitrugen. Weil solche Praktiken bevorzugte Verführungstechniken totalitärer Regime sind, sind derlei Mobilisierungen in der westlichen demokratischen Welt seit vielen Jahrzehnten verpönt. Umso verstörender war es, als *der* Verführungs- und Verblendungskünstler, Österreichs Ex-Kanzler Sebastian **Kurz**, auf genau diese Art von Ikonografie und politischer Auftritte setzte. Die Berater in seinem Team uniformierten gemäß den Regeln eines Heeres, einer Truppe, dazu ganze Gruppen in parteifarben gehaltenen T-Shirts[1] und besetzten die vordersten Reihen in den Hallen nach uns aus den USA bekannten Mustern eventmäßiger Veranstaltungen. Die Verquickung mit gottseligen Veranstaltungen wie bei seinem Besuch auf einem evangelikalen Gemeinschaftsgottesdienst in Österreichs größter Veranstaltungshalle tat ihr Übriges, um den Abschied bisherigen demokratischen Politikverständnisses zu signalisieren, popularisierte, wie von Gnaden Gottes, theatralisch gekonnt und schuf sich dadurch eine Unnahbarkeit, die darin gründete, dass er außer seinen engsten Beratern und Freunden niemanden an sich heranließ. Unser kulturelles Erbe ist voll von Erzählungen solcher fantastischer Auftritte, solcher Wunder, solcher außergewöhnlicher Erscheinungen herrschaftlicher und geheiligter Personen. Wir sind in unserem kulturellen Muster, tief in unserem Inneren, vertraut mit deren Bedeutung. Das weiß auch Bayerns Ministerpräsident Markus **Söder**, der mit ähnlicher Attitüde um Gefolgschaft wirbt. Er flutet die sozialen Medien mit einem Kommen und Gehen, er scheint allgegenwärtig, weltweit über Zeit und Raum hinweg ist er einmal da und einmal dort und doch von einer Gleichzeitigkeit, ganz so, wie nur Götter dies vermögen.

Sind das ideale zeitgemäße Voraussetzungen zum Erfolg politischer Macht? Wirken diese jahrtausendalten, metaphysisch grundierten Rituale des Erscheinens derart nachhaltig, dass selbst wir, die in einer (kritischen) Demokratie Lebenden, ihrer Wirkung anheimfallen? Es scheint so, dass die Macht der Gewohnheit eine Trägheit des Geistes zur Folge hat, die Kritiklosigkeit bedingt, die uns für derlei anfällig macht, die uns fasziniert und zu Applaus verführt.

Sie spielen mit dem Staat und wollen, dass wir mitspielen

Die Sehnsucht vieler, ihre eigenen Träume von virilen Rednern wie **Trump**, **Milei**, **Vučić** verwirklicht zu sehen, nämlich stark zu sein und mächtig, ist zwar verständlich, ändert aber nichts daran, dass die Politik dieser Mannen Demokratie nur als Vehikel auf dem Weg in die Autokratie nutzt. Ihr Brunftgehabe ist unser Balzgehabe. Ihre Auftritte sind unsere Auftritte. Sie sind Verführungskünstler, die alles, was sie sagen, an die schwache Seite in uns adressieren, an unsere Neigungen, an unsere Erwartungen, Probleme augenblicklich und bestimmt, mit einem kernigen Satz gelöst zu bekommen. Nun leider ist die Komplexität des Lebens und der diskursive Charakter, speziell in einer Demokratie, nichts, was sich mit einem Satz erledigen ließe. Und trotzdem verfallen wir, verfallen die Menschen weltweit, diesem Gehabe. Wir finden **Kickl**, **Nehammer**, **Merz**, **Söder** cool, wir stimmen in deren Duktus ein und machen, was sie machen: Wir diskreditieren, was sie abqualifizieren. Wir machen deren Feinde zu unseren Feinden. Wir genießen ihre Auftritte, als es wären es unsere Auftritte. So geht gefühlte Politik, so funktioniert populistische und demagogische Politik. Sie sorgt in uns für Augenblicke der Stärke, wo sonst Hilf- oder Ratlosigkeit herrschen. Im Selbstbehauptungswillen von Populisten und Demagogen spiegelt sich unser eigener Siegeswille. Sie machen ihre Konzept- und Ratlosigkeit zu unserer Ohnmacht, ihre Lust auf Macht zu unserer Angst.

Die Angst vor dem ethnischen „Untergang“, die Furcht, „umgevolkt“ zu werden, die Drohung, Schweinsschnitzel, Wurstsemmel und Schweinshaxen verboten zu bekommen, dockt an diffusen Verlustängsten in uns an – deswegen sind Bedrohungsszenarien das mächtige Kapital von Demagogen und Populisten. In der Vergangenheit war dieser gnadenlose Wille zur Macht Männern vorbehalten, inzwischen praktizieren ihn auch Frauen wie Giorgia **Meloni** in Italien, Marine **Le Pen** in Frankreich, Alice **Weidel** in Deutschland, sind in Gestus und Habitus die starken Männer unter den (starken) Frauen der europäischen Politik. Sie positionieren sich gegen Geschlechtersprache, propagieren einen reaktionären Konservativismus, der genau besehen eine Abkehr nahezu aller feministischen Errungenschaften ist, denen sie aber ihr Mitspracherecht auf dem politischen Parkett verdanken. Sie schimpfen, brüllen, zürnen laut wie einst **Mussolini**, **Goebbels** und **Hitler**. Sie beleidigen kraftvoll bestimmt wie **Gauland**, **Poggenburg**, **Höcke**. Frauen wie Weidel, von Storch geifern überreizt wie **Meloni**, „sprechen“ am liebsten zu einem gesinnungsgleichen Kollektiv, das ihnen die Macht sichern soll, pflegen einen männlichen Selbstbehauptungswillen und schüren auch die Angst vor einen imaginierten Großfeind. Sie brüllen um Anerkennung, jonglieren mit einem altbackenen Selbstverständnis eines Frauenbildes, solidarisieren sich aber nur mit ihresgleichen.

Sie spielen mit dem Staat und wollen, dass wir mitspielen, aber zu ihrem eigenen Vorteil und ihren Regeln folgend. Um dies zu erreichen, brüllen sie uns an, machen ihren Zorn zu unserer Wut und wir vergessen zu fragen, ob es wirklich unser Zorn ist, worin er besteht und warum er auf den Staat gerichtet ist?

Dass wir es im Spiel um die Verführungskunst der Macht vorwiegend mit Männern zu tun haben, liegt wie in einer Art „Naturgesetzlichkeit" und ist den Bedingungen des bisherigen Aufbaus der Welt geschuldet. Politik scheint also, plakativ formuliert, Männersache oder mit Bezug auf die Frontfrauen der neuen Rechten maskulinisierte Frauenpolitik zu sein. Wie sonst führte das Postulat der deutschen Außenministerin, Annalena **Baerbock**, sich für eine „feministische Außenpolitik" einzusetzen, unmittelbar und ohne kurzes Nachdenken zu einer Welle sarkastischer Kommentare. Da war gar von einem „Reizwort und vielen Zweifeln"[1] die Rede. Dass Frauenpolitik oder Politik von Frauen nicht per se Garant für bessere, klügere Politik ist, ist eine Binsenweisheit. Dass die Schwerpunktsetzung „feministische Frauenpolitik" vielleicht eine Chance wäre, generell die eigene politische Perspektive und die der Diplomatie der Außenpolitik zu wechseln, wird mit einer zu prompten Abwehrhaltung zunichtegemacht. Die Historie mächtiger Frauen, die ihren Status, meistens qua Geburt oder matrimonialer Allianz, erlangt haben, die ihre Machtposition zu verteidigen sowie auf vollkommene Weise zu repräsentieren wussten, die Taktiken im Streben nach Prestige und Zepter ebenso einzusetzen gewillt waren wie vor und nach ihnen Männer, ist inzwischen Teil des Allgemeinwissens. Wir sollten aber öfter über deren Politikstil reden, denn Baerbocks Vorstoß und der Einzug rechtsnationaler Politikerinnen haben uns gezeigt, dass es tatsächlich so was wie geschlechterstereotype Politikstile gibt. Die mächtigen Frauen in der Historie spielten eine Rolle im großen Weltgeschehen, sie betrieben ihre Politik als Tyranninnen oder Sadistinnen in totalitären Systemen, sie herrschten, beseelt vom

Katholizismus, sie waren mächtig auch in ihren Rollen als rechte Hand noch mächtigerer Männer und als willfährige und brutale KZ-Aufseherinnen. Bemühen wir einige dieser mächtigen Namen, um zu veranschaulichen, wie sehr Politiken der Verführung und der Macht an der eigenen politischen Gesinnung, an den eigenen Vorstellungen der Lebensführung ausgerichtet sind.

Die chinesische Kaiserinwitwe **Cixi** (1835–1908), **Katharina II., die Große** (1729–1796), **Maria Theresia** (1717–1780), um nur diese drei aus der jüngeren Geschichte zu nennen, waren Frauen, die ihr Amt zwar geerbt hatten, sich aber durchaus ihrer besonderen gesellschaftlichen Rolle bewusst waren, wie Forscherinnen nachwiesen. Sie genossen die ihnen zugewiesene Rolle, sie genossen ihre Macht und kosteten die Grenzen des Möglichen aus. Machtbewusste Ausnahmeerscheinungen jüngster Politikgeschichte, die nicht qua Geburt mächtige Rollen bekleideten, waren Frauen vom Format einer Margaret **Thatcher** (1925–2013) und Angela **Merkel**. Sie betrieben eine distinguierte Art von Politik, die sehr an den Weltbildern und der Programmatik der Partei ausgerichtet war. Sie pflegten einen Stil, der weit von jenem der zornigen Frontfrauen innerhalb der populistischen sowie demagogischen Rechten entfernt ist. Selbst resolute Frauen wie Thatcher oder Merkel taten dies im Stile politisch-diplomatischer Konventionen, sprich Umgangsformen. Nicht so die rechten Frauen aus dem ultrarechten Lager. Italiens erste Regierungschefin Giorgia **Meloni,** Frankreichs Rassemblement-National-Gründerin Marine **Le Pen**, Deutschlands AfD-Frau **Alice Weidel**, die US-Republikanerin Sarah **Palin** praktizieren eine Art Selbstbehauptung, die den absoluten, den totalitären Willen zur Macht verkörpert. Und diesem Stil wohnt inne, was der Grundton der politischen Verführungskunst generell bei nicht demokratischen Parteien ist: zornig und stets gegen den Strich gebürstet zu sein, aber vor allem antifeministisch zu denken.

Fesch und teuer

Der Wille zur Macht sucht sich unabhängig vom Geschlecht einen Weg, einen Stil, der zur persönlichen Note werden kann. Die Gegenwart verlangt mehr denn je nach Mod' und Stil, nach telegenen Frisuren, Jacketts von Chic, aber auch nach flotten Sprüchen. Mod' und Stil sind jene Zutaten, mit denen man heutzutage auch in der Politik Aufmerksamkeit auf sich zieht, Alleinstellungsmerkmale sucht herauszuschälen.

Der stets perfekt frisierte Sebastian **Kurz** – man munkelt, seine Frisur hätte 600,– Euro gekostet – [2] weiß vermutlich nicht, dass bereits der Römer **Ovid** (v. Chr. bis ca. n. Chr.) von Wert und Wirkung der Schönheitspflege bei Männern berichtet, doch den Effekt des Schönen einzusetzen, darüber verstand er sich. Denn in der Antike galt, was heute ebenso von Bedeutung ist, „der Haarschnitt entstelle nicht dein Haar zu Stacheln, Haar und Bart seien von kundiger Hand geschnitten".[3] Jene, die sich nicht um solche Konventionen scheren, können damit rechnen, verspottet zu werden. Donald **Trumps** Haarpracht, Xavier **Mileis** Zerzaustheit und Gert **Wilders** „Mozart-Frisur" sind auch politisch-seriösen Tageszeitungen wie der *NZZ* eine Überlegung wert.[4]

Bis zu seinem Abgang im Oktober 2021 war der stets um Adrettheit bemühte Herr **Kurz** bestrebt, im rechten Licht zu leuchten. Anders als der zerzauste Boris **Johnson**, der mit seiner Frisur und seinem Politikstil so etwas wie ein Gesamtkunstwerk bildet, sorgte der millimeterfein föhnfrisierte Österreicher für Verzückung bei ausgedienten Schauspielerinnen gleichermaßen wie bei ehrgeizigen Politanwärtern in BWL- und Jus-Hörsälen oder bei altgedienten Konservativen innerhalb und außerhalb der Landesgrenzen. Er überstrahlte mit seiner korrekt frisierten Jugendlichkeit die spiegelgleichen deutschen Schwesterparteien CDU / CSU, die „alte", farblose, wenig auf Chic bedachte Führungsriege. Er war das Gegenteil einer stets zurückhaltend schlicht gekleideten, etwas hausbacken bürgerlich situierten, wenig feminin gestylten, aber immerhin gut frisierten (solange Udo Walz ihr Frisör war) Angela **Merkel** und sorgte deshalb in Deutschland für einen Stimmungswechsel, der leicht drängelnd den Ruf nach einer ähnlichen Leitfigur lauter und lauter werden ließ.

Einer der interessantesten Kultur- und Modehistoriker des deutschen Sprachraumes, Max von Boehn, meinte in einem seiner vielen Bände zur Geschichte der Mode, „dass das geeignetste Wesen der Mode die Übertreibung sei".[5] Ist es die Übertreibung, die inzwischen zum zentralen Mittel der Politik geworden ist? Wenn das Argument der Übertreibung zutrifft – und dem zuzustimmen fällt angesichts des Aufschwungs der Populisten nicht schwer –, dann sind die stets in Form und Farbe gleichförmig geschneiderten, unauffälligen Blazer von Angela Merkel der Beweis, dass Politik eben nicht von übertriebenen modischen Gesten gestaltet wird. Der feste Platz von Visagisten und Stylisten in den derzeitigen politischen Teams jedoch lässt Zweifel aufkommen, zumal die öffentliche Hand der Kanzlerin außer Diensten noch immer für die Kosten ihres Stylings aufkommt. Quer durch die Presselandschaft sorgte dies 2023 für Schlagzeilen, auch in den Nachbarländern. Angela Merkel, das perfekt gestylte Understatement, wusste während ihrer politischen Laufbahn, dass Übertreibung per se noch keine Staatskunst ist,

Anzug, Jacke und Hose nicht Form und Funktion politischen Handelns ersetzen, aber sie wusste auch, dass der glänzende Schein nicht ohne Einfluss auf den Nimbus, auf die politische Rolle, die man bekleidet, bleiben würde.

Bis zur Kanzlerschaft des Sozialdemokraten und Vorgängers von Frau Merkel, Gerhard **Schröder**, widmete sich kaum jemand dem Outfit, den Äußerlichkeiten also, von Politikern. Da bis zur Regierungszeit von Angela Merkel 2005–2021 nur Männer Kanzler waren, deren Kleidung der gewöhnliche Herrenanzug war, veränderte sich die Silhouette der Mächtigen über Jahrzehnte so gut wie gar nicht. Abgesehen vom Bonner Anzug, dem nach Gustav **Stresemann** (1878–1929) benannten Stresemann (Bonne suit)[6], verband die Welt mit Deutschland sonst keinen besonderen Chic. Dies änderte sich mit der Kanzlerschaft Gerhard Schröders 1998. Mit ihm hielt die achtenswerte Mode Einzug in die bis dahin äußerst schmucklose politische Herrenkultur Deutschlands. Ein italienischer Maßanzug, ein flapsig bezeichneter „Brioni-Anzug" des Kanzlers aus dem linken Lager, sollte ihn quasi über Nacht in die Nähe frivoler Bürgerlichkeit rücken. Der alte sachliche Herrenanzug und ein selbstbewusster gestischer Habitus eines aus den Niederungen der einfachen Gesellschaft Aufgestiegener brachten das Modethema in die Politik und den Boulevard in die politische Berichterstattung. Schröders Prêt-à-couture-Anzüge – so befanden damals manche innenpolitischen Ressorts von Magazinen und Zeitungen – stünden für Prasserei und kleideten einen sozialdemokratischen Kanzler nicht erwartungsgemäß bescheiden. Da reckte sich auf einen Schlag der puritanische Geist des evangelischen Deutschlands, das jeden Überfluss per se als geistige und moralische Missetat tadelte. Nun sind die Deutschen seit jeher nicht dafür bekannt, Zentrum modischer Innovationen und stilsicher zu sein. Schönheit und Eleganz sind der Vernunft im Wege, sie werden höchstens im Dienste von Höherem theologisch erörtert – entsprechend der ewigen Verbindung, Schönheit höchstens als Ausdruck göttlicher Heiligkeit zu akzeptieren.

Gut und handwerklich qualitätvoll wie schön angezogen zu sein, war und ist nie die erste Dienstpflicht eines deutschen Kanzlers, einer deutschen Kanzlerin. Was sich also Schröder mit dem „Import" eines italienischen Anzugs erlaubte, war in den Nachbarländern keine Erörterung wert. Was Brionis erster Schneider aus aller Herren Länder zu berichten weiß, aus angebrachter Diskretion aber nur andeutet, ist, dass sein Haus Staatsoberhäupter und sonstige wichtige Repräsentanten weltweit mit edlen Stoffen und perfekt sitzenden Anzügen zum Leuchten bringt, Schröder also nicht der erste staatstragende Politiker ist. Anzüge von solcher Qualität – das hat sich inzwischen auch in Politikkreisen herumgesprochen – bringen letztlich auch unscheinbare Menschen zum Leuchten, verschaffen ihnen eine Adrettheit, die nicht messbar ist, aber durchaus ihre Wirkung zeitigt.

Der damals frisch gewählte und vom Triumph besoffene Gerhard Schröder machte keinen Hehl daraus zu zeigen, dass er es allen Klassengrenzen zum Trotz weit gebracht hatte, er an dem mit dem Erfolg einhergehenden Wohlstand und Glamour am Luxus also, Gefallen fand und dies auch zeigen wollte. Er nahm für sich in Anspruch, was vorher niemand in Deutschlands Polituniversum gewagt hatte: Er gab sich für ein Fotoshooting mit einem Modemagazin her. Mit dieser Geste bahnte er der hohen Politik einen Weg aufs Parkett der Moden, hievte umgekehrt die Mode in den Raum der Politik und sorgte dadurch für Frivolität, wo man bisher keine gewohnt war. Er brachte gleich mehrere Klischees ins Wanken. Einmal, dass Politik eine zu ernste Sache sei, als dass sie in Verbindung mit der unbeständigen Laune von Moden gebracht würde, und zweitens, dass ein Sozialdemokrat edle wie teure Stoffe tragen würde. Reaktionen auf diese Neuerung blieben genau deswegen nicht aus. Sie schwankten von Ablehnung bis zu wohlwollenden Kommentaren: „Auch wenn er oft im Kreuzfeuer der Kritik steht, eines kann Bundeskanzler Schröder nicht vorgeworfen werden: Dass er schlecht angezogen ist. Unbestritten[...] gilt er als einer der modischsten deutschen Regierungschefs überhaupt. [...] Ex-Kanzler Kohl kleidete sich zwar stets korrekt, dass seine meist dunkelblauen Anzüge aber besonder[s] elegant waren, kann man nicht behaupten."[7] Erinnert uns das nicht an Berichte aus der Antike und an das Mittelalter, wo die Krone den „ganze[n] politische[n] Körper repräsentiert[e]"[8], was hier der Anzug vermag? Ist es nicht so wie einst mit den schönen Roben der Edelleute, wo kostbare Kleidung den gesellschaftlichen Status vor der Welt repräsentierte? Der zeitgemäße Brioni-Anzug aus Kaschmir, der Herrenanzug aus feinstem Zwirn, sie scheinen die Antwort des neuen Bourgeois, die Geste der republikanischen Mächtigen, die neuen königlich-fürstlichen Insignien zu sein. Statt Brokatornat, Krone, Zepter, Reichsapfel ist es der auf den Leib geschneiderte englische Tweed, das Kaschmirgewebe, das Leinengemisch. Der den Staatsmännern individuell angepasste Brioni signalisiert sowohl durch seinen Preis als auch durch die repräsentative Rolle des Statusinhabers, Requisit einer besonderen Klasse, der „Elite", zu sein. Man ist geneigt zu sagen: Wie immer schon sind augenfälliger Reichtum, schillerndes Aussehen, teure Brokate, Seide, feinste Wolle allerlei perfektes Gewebe jene Zutat, die auf uns anziehend wirken, die imponieren und die anderen auf Abstand halten. Sie bergen die gesamte Faszination der Macht, den irisierenden Eros, der sich auch in der Figuration amtlicher Macht wiederfindet.

Verbeamtete, verwaltete Macht, die noch dazu in einen rituellen Ablauf eingebettet ist, zehrt von ähnlichen Mechanismen. Der Ornat oder die feierliche Amtstracht von Richtern, Staatsanwälten, Bischöfen, Kardinälen, Königen zeitigen ihre Wirkung auf ähnliche Weise wie edle Seiden und teure Wollen; neuerdings in der Verbindung mit Accessoires wie teuren Uhren, handgenähten Schuhen, feinsten Ledertaschen, segelt so manch einer hart an der Grenze zum Protz. Der Prêt-à-couture-Maßanzug des Herrn **Schröder**, die astronomisch teure Frisur des Sebastian **Kurz**, die kaum bezifferbare Uhr von Wladimir **Putin** sind daher mehr als bloße hygienische Fellpflege. Sie verfolgen einen Zweck. Sie wollen beeindrucken, den Status von Macht markieren, sie wollen repräsentieren, um oftmals sich selbst in einer neuen Rolle zu positionieren, sich in seiner neuen Funktion zurechtzufinden. Gerade in der Politik, wo Mode eben nicht Selbstzweck ist, muss sie andere Intentionen, als nur Bekleidung zu sein, mit sich führen. Im richtig ausgeleuchteten Schein ist sie das einfachste Mittel, um von eigentlichen Inhalten abzulenken, mit dem bestmöglichen Imponiergehabe auf edelste Weise die Welt zu täuschen.

Der Luxus und die Pracht der Kleider während Jahrhunderten, ja Jahrtausenden des Feudalismus bildeten, neben anderen (religiösen) Verboten und Geboten, einen augenscheinlichen symbolischen wie De-facto-Abstand innerhalb eines sozialen Gefüges. Der bloße Anblick des edelsten Glanzes erfüllte den Zweck eines Gesetzes, Kleider die augenfälligste Weise davon. Im Umstand des sichtbar schönen Unterschieds zwischen den Reichen und den Armen liegt also ein Großteil der Kraft von Distinktion politischen Herrschens. Dieses kaum erklärbare „Naturgesetz“ ist es, das auch in diesem Moment viele dazu verleitet, die „Reichen und Schönen“ nachahmen zu wollen, sich die Clutches und Sneakers weltberühmter Labels vom Mund abzusparen oder von Sammelgeschenken der Familie bezahlen zu lassen. Das Kribbeln, das exklusiv teure Autos, imposante Yachten samt Hubschrauberlandeplatz oder sündhaft teure Uhren und Taschen in vielen von uns auslösen, mögen manche von uns ins Selbsterstaunen bringen. Etwas haben zu wollen, das nicht jeder hat, seien dies Reichtum oder Macht, sorgen für zustimmende Bewunderung, für ehrfürchtige Erstarrung, für geistige Blindheit oder den Antrieb aus eigenen Kräften, dorthin zu kommen, wo eben nicht alle sind.

Der Eros des Reichtums und der Macht speist sich aus einem Mangel an Reichtum und Macht, daher bezieht er ihre Verführungskraft. Sie ziehen uns in ihren Bann und berühren in uns etwas, das wir, so wir es nicht qua Geburt geschenkt bekommen haben, durch Eroberung, durch Streben danach, oder durch Kauf, erreichen wollen. Wenn wir das nicht schaffen, reicht uns die Nähe zu jenen, die in ihrer ganzen Macht glänzen. Im Lack der Mächtigen spiegelt sich zwar die Eitelkeit des Mächtigen, aber auch die Lust der „Ohnmächtigen“, im Lichtschein selbiger ein wenig mitzuglänzen.

Der derzeitige Grad der Demokratisierung ermöglicht es so gut wie allen Staatsbürgern, im Streben nach Macht Erfolg zu haben. Noch nie in der uns bekannten Geschichte waren wir in der Lage, derart viel erreichen zu können, derart viel erfüllt zu bekommen. Die Säkularisierung der Welt hat daran beträchtlichen Anteil, denn in religiös geschlossenen Systemen oder Kreisläufen ist der Distinktionsgrad sehr ausgeprägt – für Frauen ganz besonders. Oftmals war bereits der laut geäußerte Wunsch, etwas begehren zu wollen, etwas anzustreben, das über den banalen Zustand, in den man hineingeboren wurde, hinausweist, bereits verwerflich.

Die ausgeprägte menschliche Lust, zu zeigen, was man hat, um sich abzugrenzen, sich herauszustreichen, sich von anderen abzuheben, zieht sich seit Menschengedenken wie ein roter Faden durch die Kultur- und Gesellschaftsgeschichte. Dass also auch die politische, säkulare Welt nicht auf Gesten der Genugtuung, auf symbolische Zeichen des Erfolges verzichtete, sollte uns nicht wirklich verwundern. Irritieren sollte es uns derlei aber dann, wenn der Glanz des schönen Scheins erstes Mittel und Taktgeber politischen Handelns wird, wenn die Rede von der Gleichheit des Menschen nichts als eine zitierte Phrase eines Ideals bleibt, weil man seine Macht dazu nutzen möchte, den Abstand zwischen sich und allen anderen zu vergrößern. Wer immer von den Mächtigen dem Lack und Luxus frönt, dem möge es vergönnt sein – solange er oder sie nicht auf die Kernaufgaben vergisst. Der Privatflug von Politiker und Pilot Friedrich **Merz** (CDU) zur Hochzeit des amtierenden Finanzministers ist, so er dies nicht rechtswidrig finanziert, nichts, worüber man sich generell empören sollte. Erlaubt sich der Politiker einer Volkspartei hingegen, damit genüsslich eine Politik sozialer Distinktion zu betreiben, und dabei auf die politischen Aufgaben, die eine Demokratie so erfolgreich sein lassen, für sozialen Frieden und Stabilität für möglichst viele in der Republik zu verzichten, zeugte dies von arglistigem Ehrgeiz. Sind der Privatflug, die teure Uhr Mittel, um zu zeigen, wozu eine demokratische Gesellschaft prinzipiell fähig ist, nämlich Erfolg zu ermöglichen, ist das zu begrüßen. Wer politisch mächtig ist und dabei zu sehr eine Politik eigener Interessen verfolgt, dabei eine Politik gegen den Querschnitt einer Gesellschaft betreibt, muss mit Kritik rechnen. Wer seinen Status des Erfolges, (schicke Uhren, edle Anzüge, teure Autos) mehr zur selbstgefälligen Repräsentation nutzt, damit eine hochdistinktive, ausgrenzende Sozialpolitik zu machen, signalisiert, dass seine politischen Interessen und sein Anspruch von Macht vor Allgemeinwohl gehen. Im schlimmsten Fall ist es dann wie bei **Putin**, wo dargestellter Luxus Ausdruck eines totalen Machtanspruches sind. Eines Anspruches, der darüber hinaus aus einer gesellschaftlichen Ordnung resultiert, die ein Höchstmaß an Luxus nur deshalb erreicht, weil sie sich über das allgemeine, positive, demokratisch zustande gekommene Recht stellt. Wenn also Chic und Luxus nicht mehr Symbol eines Erfolgsweges sind, sondern Hinweis darauf, maximalen Reichtum durch Macht um jeden Preis zu erlangen, kippt jene moderate Balance zwischen oben und unten, die wir in einer halbwegs vom Gleichheitsgrundsatz getragenen (demokratischen) Gesellschaft gewohnt sind. Diese Balance erzeugt eine Mitte, die ein friedliches Miteinander innerhalb der vielen sozialen Spektren ermöglicht.

Demokratien, die sich im Grenzbereich zur Autokratie befinden, verfügen durchwegs über Signale, die Hinweis auf den Verlust einer gesunden sozialen Balance einer Gesellschaft sind. Ungarn, die Türkei, die USA unter **Trump** machen vor, wie es ist, eine Republik in die Hände eines machthungrigen, selbstbezogenen Menschen zu legen, der politische Macht mit luxuriös-repräsentativen Statussymbolen, Palästen von Interieur aus Gold und Silber, gleichsetzt, der Luxus zu erreichen höher bewertet, als dem Ideal einer demokratischen, sozial ausgewogenen Gesellschaft gerecht zu werden. Wem der Glanz des eigenen von Gold beschlagenen Wasserhahns wichtiger ist, als die Umwelt zu schützen oder für juristischen Schutz zum Beispiel von queeren Menschen zu sorgen, der hat kein Interesse an Demokratie und ist nur an der Befriedigung jenes Verlangens interessierte, das wir Eitelkeit nennen und dessen Ziel nur mit einer Politik der Partikularinteressen erreicht werden kann. Der Eros des Reichtums, die Verführungskraft durch Statussymbole sind im politischen Wettbewerb nur so lange gut, als sie Symbol sozialer Aufstiegschance bleiben und nicht Ergebnis einer (intransparenten) Bereicherung sind. Freuen wir uns über eine offene Gesellschaft, die es uns ermöglicht, dass schöne, edle, kluge, weniger kluge und weniger schöne Menschen gleichermaßen ihren Platz in der Gesellschaft finden. Dass weniger Begünstigte nicht vor lauter Hunger oder aus Gier über jene herfallen, die sich tatsächlich mit Luxusgütern zu präsentieren vermögen.

Der Eros von Macht, die Verführungskunst von Reichtum sind Teil eines politischen sowie gesellschaftspolitischen Spiels. Sie scheinen die gleichen Ursachen und Auswirkungen zu zeitigen. Die ZDF-Serie *Die geheime Welt der Superreichen* sahen sich 3,62 Millionen Menschen an. Auffallend dabei ist die Altersgruppe 14–49, die bei der zeitversetzten Ausstrahlung einen für das ZDF ungewöhnlich hohen Anteil[9] aufwies. Dies ist deswegen von Belang, weil das Durchschnittsalter von ZDF-Nutzern – vom Onlinemagazin zur deutschen Medienwirtschaft DWDL ermittelt – im ersten Halbjahr 2022 bei 65 Jahren lag.[10] Das Streben nach Macht und Reichtum, sowohl nach politischer Macht als auch nach Macht durch materiellen Reichtum, muss, mehr als bisher, in Verbindung mit (volks-)wirtschaftlichen Konzepten diskutiert und in Relation zu den jüngsten Wahlergebnissen im Osten Deutschland gesetzt werden. Damit ist nicht eine Sozial- und Solidardebatte gemeint. Es gilt, einen Diskurs über Güter, Warenwerte, Luxus und Demokratie zu initiieren, gar zu etablieren, der Verbindung von Reichtum und Demokratie nachzugehen, ohne das Individualrecht aufzugeben. Es gilt, die mit diesen verbundenen Sehnsüchte in Beziehung zum Wählervotum zu setzen. Wie viel Reichtum und in welcher Form verträgt eine Demokratie, welche Auswirkungen hat die Magie des Reichtums auf politische Entscheidungen, wenn doch Studien beweisen, dass ausgerechnet jene selbstermächtigten Volkskanzler aus dem rechten Lager dazu neigen, die sozial unerträglichsten Modelle zu entwerfen? Luxus und Macht, dessen sollten wir uns bewusst werden, sind Werkzeuge politischer Kultur. Es wäre ein Fehler anzunehmen, mit der Durchsetzung von Demokratien reduzierten sie sich auf soziale und Gerechtigkeitsdebatten. Denn nachgerade die Demokratien ermöglichen eine breite Streuung von Wohlstand. Wenn politische Macht und Reichtum zusammenfallen, entwickeln sie eigene Dynamiken. Das Personal von Hotels, reichen Familien, politischen Gipfeln ist zwar meistens vertraglich zur Verschwiegenheit verpflichtet, aber ab und an sickert dann doch die eine oder andere Information durch. Jüngst konnte man in einem Schweizer Boulevard-Medium online lesen, dass Teilnehmer des Weltwirtschaftsgipfels von Davos, das als das wichtigste Treffen politischer und ökonomischer Macht gilt, sich vom Personal die Schuhe binden ließen. Wen die Lust an der eigenen Macht dazu bringt, Derartiges einzufordern, hat, technisch gesprochen, die gesamte Dimension von Macht verstanden. Manche mögen das verwerflich finden, sollten aber mit voreiligen Verurteilungen vorsichtig sein. Denn schließlich müssen wir in diesem Zusammenhang fragen, wie es dazu kommen kann, derlei einzufordern, und warum es Menschen gibt, die derlei erfüllen. Welche Kraft vermögen Reichtum und Politik auszustrahlen, dass das Selbstbewusstsein von Individuen außer Kraft gesetzt wird? Was bringt Menschen dazu, sich derart zu unterwerfen? Handelt es sich möglicherweise gar nicht um Unterwerfung als vielmehr darum, für gutes Geld einfach einen (Traum-)Job in der Nähe von Reichtum und Politik zu machen? Was ist eine Demokratie wert, wenn sie mentale Bedingungen schafft, die einem politischen Forum, das noch dazu zum repräsentativen Symbol von Weltpolitik geworden ist, derartiges durchgehen lassen? Erblindet angesichts des Pomps, des Glanz und Gloria solcher politischer Ereignisse das politische Bewusstsein unserer Gesellschaft oder strebt die politische Elite derlei gar an, könnte man verschwörerisch formuliert in den Raum stellen.

Verfällt das, verfällt unser aller politisches Bewusstsein zurück in ein feudal-romantisches Bild, das uns alle sozialen Realitäten, nämlich rechtloses Volk ohne Individualrechte zu sein, von damals vergessen lässt? Der Aufruf an die britische Öffentlichkeit, sich zu bewerben, um an der Krönung des neuen Königs und am zeremoniellen Protokoll teilzunehmen, rief trotz traditioneller Bedingungen und Hürden – die eigenen Vorfahren müssen bereits an der Krönung Elisabeth II. teilgenommen haben – [11] großen Andrang hervor. Am Kaiserzug in Bad Ischl anlässlich des Kulturhauptstadtjahres 2024 spielten Zigtausende ein Volk, das es so nie gab. Was dem Narrativ und dessen Kontinuität feudaler Traditionen geschuldet ist und gerade deswegen fasziniert, funktioniert, so scheint es, auch in egalitären Gesellschaften. Die Macht der Tradition, der mit ihr verbundene Glaube an das Bewährte, gute Alte lässt offenbar alle Qualen vergangener sozialer Ungerechtigkeiten während absolutistischer Regentschaften vergessen. Die Faszination materieller Besitztümer, der Glanz des Goldes und der Edelsteine, des opulenten Überflusses in der gesamten Ausstattung scheinen eine quasi erotische Anziehungskraft auszuüben, von der nicht in den Bann gezogen zu werden nur gestandenen Republikanern oder Sozialisten / Sozialdemokraten zu gelingen scheint. Eros und Verführungskraft von Reichtum, von Glanz und Statussymbolen scheinen unsere Gesellschaft ein diffuses Volk eines Volkskanzlers werden zu wollen. Was des einen weltlicher Reichtum bedeutet, ist des anderen feudale Tradition. Zur stillen Verführungskraft von Chic und Luxus sowie von politischer Macht zählt die Rolle. Die Rolle, die das Amt, das repräsentative Amt mit sich bringt.

Obwohl **Charles III**. alles andere als ein Schönheitsideal ist, verleiht ihm bereits seine historisch-genealogische Rolle ohne weiteres Zutun Autorität und Respekt. Zementiert und inauguriert durch die Inthronisation und gefestigt durch die mit diesem Amt verbundenen Insignien. Krone, Ornat aus teuersten Stoffen von edelster Handwerkskunst, Zepter, Brillanten, Schlösser, Diademe – durch sie lernen wir die Kraft des Eros, die Wucht und Verführungskraft von Macht und Ritualen kennen. Sie sind untrennbare Anteile des Königs, seiner Rolle. Sie sind Repräsentanten einer vertikalen Macht, während der weltliche Premier, der profane Gegenspieler im Drama politischen Mächtespiels, im Vereinigten Königreich Großbritannien und Nordirland sowie dem Commonwealth eine Ablaufzeit hat. Zwei Mächte, wovon die eine demokratischer und die andere feudaler sowie göttlicher Natur ist, die eines gemeinsam haben: Anführer, Kopf, Oberhaupt zu sein und über die nötigen Mittel, uns zu verführen, zu verfügen.

Wer sich als weltlich-politischer Anführer launisch wie ein König aus einem Bilderbuch benimmt, geriert sich, wie es scheint, auch wie ein Unantastbarer in einem feudalistischen Königsdrama. Überheblich im Lebensstil, ein Königinnenmörder gegenüber Mitbewerberinnen, gaukelte Boris **Johnson** seinem Volk, seinem Land Versprechen vor, von denen er wusste, er werde sie niemals einhalten. Er verachtete seine „Untertanen" (auch wenn er sich danach vor Gericht öffentlichkeitswirksam entschuldigte), indem er ihnen zu Corona-Hochzeiten harte Regeln aufbrummte, an die er sich selbst nicht hielt, er schwelgte im Luxus, während der Rest des Landes von der Hand im Mund lebte, machte erst gar keinen Hehl daraus, seine unzähmbare Frohgemut vor den Darbenden zu verbergen. Er war, in Anspielung auf eine in Großbritannien über Generationen (seit 1922) gelesene, unzähmbar kecke wie struppig aussehende Kinderbuchfigur, „Just Boris".[12] Mit „Just Boris" wusste jeder, was gemeint ist: ein frecher, darob beinahe ein liebenswerter Populist, ein Abenteurer, der sich ausschließlich seinem Tatendrang verpflichtet sah.

Boris war nicht von stylischem Chic, aber scheinbar ein Mann des „Volkes". Überhaupt schien er keinen Wert auf modische Gesten zu legen, um damit vielleicht Führungsmängel gutzumachen. Johnson war kein Geck, der seinen Friseur auf Abruf bereithielt oder gar eine Stylistin auf Dienstreisen mitnahm. Es gibt keine Fotos im Stil der Riefenstahl von ihm, wie beispielsweise von **Kurz**. Johnsons Mangel an Führungsfähigkeit nährte sich von einem Selbstbewusstsein, das es gar nicht nötig hatte, sich in schöne Bilder zu gießen und vom Appell an das anarchistische, sorgenfreie Kind in den Menschen. Aber beide taten, was sie taten, mit politischem Kalkül und mit derselben Absicht: die Menschen zu verführen, sie für sich zu gewinnen.

Der trotzig struppige, unfrisierte Mister Johnson polterte wie ein wildgewordener Kobold durch die Welt, während sein Staatsoberhaupt, die Königin, der Inbegriff staatstragender Tugend war. Großbritanniens lustigster Politiker gefiel sich in der Rolle des rhetorisch versierten Outsiders, des humanistischen Weltbürgers und Freigeistes, der Französisch lesen und zu sprechen imstande ist, dessen bildungspolitischer altphilologischer Hintergrund (Latein und Griechisch) auch mal locker-flockig unter die Leute gebracht wurde. Was kümmern ihn der inhaltsleere schöne Schein, die perfekte Frisur. Er pfiff auf die Façon, die die Rolle eines repräsentativ Mächtigen vorschreibt. Es schien, als legte er gar keinen Wert auf willfährige, bedingungslose Adoration, und drückte dies mit besonders clowneskem Verhalten aus. Auf seinem Weg zur Macht war ihm nicht daran gelegen, den seriösen Staatsmann, der aus einem elitären Nest geschlüpft war, zu geben. Er markierte den „ich bin einer von euch, einer wie ihr", zerzaust und schwitzend beim Sport. Er zeigte sich als „Action man", wie der Autor Tom Bower konstatierte, indem er Fotos von sich beim Tennisspiel, beim Laufen, Boxen und Radfahren in Umlauf brachte: „Aware of the value of a good photo, Boris always made himself available to prove his sporting prowess and popular credentials."[13] Johnson wusste um die Bedeutung von Bildern, nur war ihm daran gelegen, sich als ein Privatmann, als ein „normaler" Brite darauf erscheinen zu lassen.

Die britische Kasperliade verbarg, was am Ende umso nüchterner stimmte: In seiner vollendet populistischen Politik schreckte er zum Vorteil seiner eigenen Interessen auch nicht davor zurück, das Parlament zu belügen und von diesem beschlossene Gesetze zu übertreten; wie Populisten, Chichi-Populisten oder Demagogen dies zu tun pflegen, immer ein wenig in Richtung Deregulierung des Staates[14] voranzuschreiten; sich herauszunehmen, was ihnen ihre Macht zwar ermöglicht, aber nicht immer erlaubt.

So wird im Sog der Strahlkraft der Macht auch ein zerzauster, non-stylischer Mann zu einer Besonderheit eines ganz speziellen Stils. Irgendwie das Gegenteil zur mächtigen Premierministerin Margaret **Thatcher**, der englischen Schneiderstochter, die mit ihrem unbedingten Willen zur Macht die Schluppenblusen (auf englisch „Pussy-Bow Blowses") berühmt machte und die bekannt für ihre perfekt geschneiderte Eleganz war. Dass sie eine gefürchtete libertäre, sozialfeindliche und die Volkswirtschaft destabilisierende Politik betrieb, stählte ihren Ruf und fand in der Konsequenz, mit der sie ihren Chic zelebrierte, seine Bestätigung. Baronesse Thatcher of Kestevens Garderobe fand stellvertretend für die ikonisch-mächtige „eiserne Lady"[15], als die sie galt, konsequenterweise den Weg in Kathedralen kultureller Deutungsinstanz, nämlich zu Christie's[16] in London, einem der traditionsreichsten Auktionshäuser Englands. Während Angela **Merkels** Garderobe, all ihre stets gleichen Sakkos und Blazer, ihren Weg, ohne viel Aufhebens darob zu machen, in die caritative Kleidersammlung fand.

Kein Grund zum Lachen
Politik der Täuschung I

Täuschen und Tricksen sind Mittel populistischer Professionisten. Als Österreichs Kanzler im Jahr 2021 aufgrund einer UNO-Sitzung in New York weilte, erreichte die Österreicher ein Foto des besonders weihevoll in die Ferne blickenden Visionärs. Er sprach zu den Daheimgebliebenen in Bildern, schickte eine Auswahl nach Österreich, grüßte sie aus Amerika mit einem Foto von ihm am UNO-Sitz. Für einen kurzen Moment mochte man annehmen, der Kanzler würde in diesem einen Augenblick geopolitisch bedeutsam arbeiten, gar authentisch realpolitische Arbeit leisten, um die Welt zusammenzuhalten.

Der Bildkult entpuppte sich am Ende aber leider als beabsichtigte politische Taktik im klassischen Verständnis von Propaganda – und wie wir inzwischen von journalistischen Recherchen und vom strategischen Rädelsführer aus dem Team bestätigt bekommen, war der Erfolg des juvenilen Kanzlers ganz auf Strategien propagandistischer Kommunikation aufgebaut.[1] Ein falscher Gruß mit einem einzigen Ziel: sein Volk zu beeindrucken. Derlei ist durchaus ein bewährtes Mittel und Teil politischer Praxis, empfände man die **Kurz**-Fotos mit Prominenten wie **Trump**, **Kissinger**, **Merkel** bei hinlänglicher Betrachtung nicht doch etwas hölzern, gar mechanisch und gekünstelt im Habitus, ganz so wie derzeit bei Markus **Söder.** Frei von Herzlichkeit fungieren diese Bildbotschaften im Sinne kommunikationstechnischer Strategie wie die „Dead Cat Strategy",[2] die auch als „deadcatting" bekannt wurde und die sein Kommunikationsberater ausgiebig gebrauchte, wie er selbst bekannte. Dieses „deadcatting“ dient dazu, um von etwas, sprich echten Problemen oder realpolitischen Scherereien, abzulenken. Effektvoll will eine sogenannte tote Katze auf den Tisch beziehungsweise in den Raum geworfen werden. Schlagartig paralysiert starren alle auf den toten Kadaver und vergessen fast nebenbei, was die tatsächliche Agenda war. Der beabsichtigte Effekt ist dann erreicht, wenn Inhalte komplett vergessen werden, noch bevor sie zu Inhalten werden konnten. Solche Manöver verlangen in Demokratien erhöhte Aufmerksamkeit, verweisen sie doch auf eine Politik des Tricksens und Täuschens, wie wir sie sonst nur von autokratischen bzw. totalitären Systemen kennen.

Einem geübten Auge fällt bei der Bilderflut des ehemaligen österreichischen Kanzlers auf, dass sie so gut wie nie einem Schnappschuss entsprungen, nie das Ergebnis eines unbeobachteten Moments eines konzentriert in einem Gespräch versunkenen Kanzlers zu sein scheinen. Gleiches gilt für Bayerns Ministerpräsident Markus **Söder** und ebenso für Bilder von Olaf **Scholz**. Man muss kein Experte sein, um die Intention hinter der politischen Bildproduktion zu erkennen, zu merken, dass es eine gewiefte Methode der Außen- und Innenpolitik ist. Sie funktioniert auf den ersten Blick, wen interessiert da der zweite Blick, der kritische Blick.

Es spielt keine Rolle, welcher politischen Couleur die viel Fotografierten waren oder sind. Auch Mao **Zedong** (1893–1976) ließ sich, mit zunehmendem Alter immer öfter, mit führenden Expräsidenten abbilden. Diese ließ der Gebrechliche zu diesem Zweck aus den unterschiedlichen Ländern einfliegen. So viel Aufwand, nur um internationale Präsenz zu zeigen, ohne das Land verlassen zu müssen, zeugt von Macht. Eines der bekanntesten Motive dazu zeigt Mao Zedong mit Expräsident Richard **Nixon** (1913–1994) im Februar 1979. Darauf sind beide mit einer Tasse Tee zu sehen, so als würden sie auf was auch immer anstoßen.[3] Daraus ziehen wir den Schluss, dass auch Mao verstanden hat: Wer nicht vergessen werden will, muss sich zeigen. Wer Applaus begehrt, muss gesehen werden und wer mächtig bleiben will, muss im Spiel der politischen Kräfte präsent sein.

Alle, Demokraten, Populisten, Demagogen, wissen darum, und weil das so ist, kommt es immer und immer wieder zu offiziellen Fototerminen. Auffallend dabei ist, dass dabei selten gelacht wird. Als beim Fototermin am Ende des G7-Treffens in St. Ives im Juni 2021, idyllisch an der Küste von Cornwall gelegen, ein Abschlussbild arrangiert wurde, kam es zu einer gleichnishaften Situation, die für die Rolle des Lachens im politischen Geschäft bedeutsam ist. Jeder weiß, dass solchen Abschlussbildern oft tagelange, ernsthafte Verhandlungen und Disputationen vorausgehen. Die Bilder selbst sind am Ende Zeugen einer Stimmung, die, während (hoffentlich) sachlicher, arbeitsintensiver Auseinandersetzungen und nach einem gemeinsam akkordierten Abschluss, Zeichen von Kompromissen sind. Für Außenstehende ist so ein Bild ein Symbol für die Gemüts- und Stimmungslage politischer Verhältnisse und als solches von Bedeutung. Bei der Abschlusssituation des genannten G7-Gipfels war auch die 95-jährige witzelnde **Queen** (1926–2022) anwesend. Das Bild zeigt sie in ihrer Rolle als Staatsoberhaupt neben ihrem Premierminister Boris **Johnson**. Sie, deren Rolle repräsentativen Charakters ist und die nicht an den Beratungen teilnahm, meinte: „Ob man jetzt so tun solle, als würde man sich vergnügen?“ Woraufhin ihr Regierungschef und Gastgeber des Gipfels, Boris Johnson, parierte: „Yes, wir haben uns vergnügt, auch wenn es nicht so aussieht.“[4]Die Bildpolitik ist

Mittel der Verführung, wie Mittel des Beweises. Ein Bild ist Zeuge von Ereignissen, oft spiegeln sie Stimmungen wider. Stimmungen, die sich oft nur erahnen lassen, die sich aber Jahrzehnte später unter Rückgriff auf die Aktenlage bestätigen lassen.

Die lockere, ja lustige Stimmung während des Fototermins beim G7-Treffen auf St. Ives sind Zeichen eines entspannten Verhältnisses unter den Teilnehmern und eher seltener Anblick.

Da Mächtige, insbesondere Politiker, üblicherweise keine Scherzbolde sind, keine clownesken kosmopolitischen Weltgeister, wie der Störenfried Boris Johnson es war,[5] trägt die Episode zur Erheiterung bei. Der echte Populist, aber noch mehr der Demagoge, so viel will hier vorgenommen werden, sind entweder zürnende Grobiane wie **Trump**, **Bolsonaro**, **Le Pen**, **Milei** oder brave Chichi-Populisten wie **Kurz**, **Merz**, **Wagenknecht**. Sie lachen nicht und wenn, dann sehr verhalten.

Slick
Politik der Täuschung II

Kurz, Österreichs erster populistischer Bundeskanzler (aber nicht erster Populist) mit einem Hang zu Totalitarismus – um es ungeschönt Hannah Arendt folgend zu bezeichnen –, gab vor, einer Bewegung, der „neuen Volkspartei", vorstehen zu wollen. Dazu benannte er die Partei um und strukturierte sie neu. Kurz wollte kein Clown sein wie Boris **Johnson**. Er wollte einer Bewegung vorstehen und versuchte, was die politische Philosophin Arendt als charakteristisch für totalitäre Systeme formulierte: „Die totale Herrschaftsform ist die Form, in der die totalitäre Bewegung sich des Staats- und Machtapparats bemächtigt, eine Form, die es ihr ermöglichen muss, als Bewegung unberührt von der Machtergreifung weiter zu existieren. [...] Die Einteilung in Parteimitglieder und Sympathisierende fällt nicht weg, sondern führt zu der Gleichschaltung, durch die die gesamte Bevölkerung nun als Sympathisierende organisiert ist."[1] An Kurz stellen wir fest, dass er nie herzlich lachte und erst recht nicht wie Boris Johnson blödelte (bis auf einmal, bei der Angelobung, als er sich unbeobachtet fühlte). Was an dieser Stelle als Vergleich lächerlich klingen mag, will auf einen markanten Aspekt politischen habituellen Verhaltens hinweisen: das Lachen. Demagogen, Rechtspopulisten, Autokraten lachen selten herzhaft bis gar nicht. Da es ein konstitutives Moment des Lachens ist, dass sich Momente und Situationen dadurch ins Nichts auflösen, die gesamte Situation sich ins Komische verschiebt oder der Kontrolle entzieht, wie schon ein großer Philosoph zu konstatieren wusste,[2] ist es verständlich, wenn auf dem Gebiet der Politik ein befreites Lachen in der Öffentlichkeit so selten ist. Lachen an der falschen Stelle oder auch ein Verlegenheitslachen können Glanz und Lack von Macht sowie die Autorität von Macht ordentlich irritieren. Von Österreichs ehemaligem Kanzler, der gerade immer darum bemüht war, den schönen Schein aufrechtzuerhalten, mangelnde politische Reife durch vorgespielten Ernst zu ersetzen, ist ein Fauxpas in New York bei der Verleihung der österreichischen Staatsbürgerschaft an vertriebene österreichische Juden überliefert. Ein unvorteilhaftes Foto von ihm, das ihn mit einem vollendeten Verlegenheitslachen zeigt, sorgte für viel Wirbel in den sozialen Netzwerken. Entstanden ist es, weil die amerikanischen Neo-Österreicher Kurz baten, die Bundeshymne zu intonieren, was er wiederum nicht vermochte. Verschämt versuchte er, über sich selbst zu lachen, was ihm aber nicht gelang. Verständlich, dass dieses Foto auf der Homepage des Bundeskanzleramtes nicht zu finden war. Ein dergestaltiger Makel will nicht noch verbreitet werden, solche Missgeschicke haben keinen Platz im Repräsentationsgestus von Macht, sie sind keine verführerischen Sujets.

Macht, die sich nicht an den Regeln parlamentarischer Demokratie orientiert, beruht auf einem persönlichen Versprechen, die ideale, ernsthafte Führerfigur sein zu wollen, und im Tausch für Gefolgschaft findet man Aufnahme in die Bewegung. Diese Loyalität, der Wille zu folgen, verlangt nach einer Währung, und das sind heroische Bilder und mondäne Erzählungen des Machtinhabers. Sie erzählen von den Anstrengungen im Dienste des Landes und des Volkes, sie sind Beweis für zähe Arbeit und sie lassen uns ein wenig teilhaben am staatstragenden Arbeitsleben.

Wen interessieren da Hintergründe und Inhalte, wen ernsthafte Politik, wenn der ideale Moment mit der perfekten Positur im Bild dies zu camouflieren vermag. Wer interessiert sich für den einst hochgelobten Star der österreichischen und europäischen Volkspartei und dessen Despektierlichkeit der Sonderklasse. Kurz hatte nämlich bei jenem Besuch in New York, von dem er den Daheimgebliebenen so weltbühnenreife Bilder zukommen ließ, während der Rede eines wirklich mächtigen Menschen, nämlich US-Präsident Joe **Biden**, bei dessen Rede vor der UNO sichtlich nicht zugehört. Er fingerte auf seinem Telefon herum, fühlte sich scheinbar unbemerkt. Einer US-amerikanischen Journalistin entging diese Respektlosigkeit gegenüber dem amerikanischen Präsidenten jedoch nicht, sie nahm derart Anstoß daran, dass sie eine Nachricht für die Welt draus machte: „During Biden's speech, the Austrian Chancellor seemed not entertained, checking his phone, then he started examining his UNGA badge and cracking his fingers following that. #UNGA76", twitterte Patsy Widakuswara spürbar pikiert.[3] In Österreich wiederum nahm man derlei politischen Fauxpas nur im von Wien weit entfernten Tirol wahr.

Solche Augenblicke der Politik sagen viel über den politischen Stil und das Selbstverständnis von Politikern aus.

Es war ebendiese Sitzung in New York, mit der uns der Kanzler und dessen pathetische Bilder vormachen wollten, er würde leichten Fußes auf dem internationalen Parkett als Staatsmann punkten, er würde im Dienste des Volkes roboten. Das Bundeskanzleramt führte auf seiner Internetseite Bilder von diesem Besuch mit dazugehörigem Bildtext: „Am 20. September 2021 reiste Bundeskanzler Sebastian Kurz (im Bild) zu einem mehrtägigen Arbeitsbesuch nach New York. Im Bild an der österreichischen Vertretung bei der UNO".[4] Das Sujet für die Damen und

Herren Daheimgebliebenen zeigt den Kanzler hoch über den Dächern der Megacity, wie er da auf einem Fenstersims sitzt und vortäuscht, in papierener Materie versunken zu sein. Im Streben nach der perfekt populistischen Politik ging und geht es immer noch um die „Sehnsucht der Massen nach Stimmigkeit“[5], um die ideale Inszenierung zur Imagepflege, um die vollkommene Verführungstechnik. Deren Kunst darin besteht, ein fehlerloses Blendwerk von Harmonie zu erzeugen und Ernsthaftigkeit zu vermitteln. Dass die dafür erforderliche Inszenierung viel Zeit in Anspruch nimmt, die dann für inhaltliche Auseinandersetzungen fehlt, versteht sich beinah von selbst. Deswegen ist das Bild des Akten studierenden Kanzlers über den Dächern von New York, und die mit diesem kontrastierende Nachricht im Tweet der Journalistin ideale Parabel, um populistische Politik mit totalitären Zügen zu demonstrieren. Der Versuch, die Daheimgebliebenen mit einem (Symbol-)Bild zu überzeugen, war nichts weniger als eine vorsätzliche Täuschung und diese ist auch ein Indiz für Großmachtsucht. In einer solide funktionierenden Demokratie ist Derartiges unüblich, da solche Bilder keinen praktischen Nutzen darstellen, auch weil sie so gar nicht der Wahrheit entsprechen. Also muss man sich fragen, wozu dieser Aufwand, was ist die Absicht, ein Symbolbild, gar ein Trugbild in Umlauf zu bringen? Recht schnell drängt sich der Gedanke auf, dass ein spürbar informationsloses Bild nur dem Abgebildeten, dem Kanzler, dem Führer dienen kann.

Wer in einer Demokratie Ansätze von Persönlichkeitskult zeigt, wer Politik durch eine Bildpolitik nach Façon totalitärer Bildtraditionen zu ersetzen beginnt, wer absichtlich täuscht, ist dabei, zumindest einer gelenkten, einer illiberalen Demokratie den Weg zu bereiten.[6]

[...] Dem Individuum sollte der Teil des Lebens gehören,
bei dem hauptsächlich der Einzelne interessiert ist,
der Gesellschaft dagegen der Teil,
an dem die Gemeinschaft ihr Interesse hat.[1]
John Stuart Mill

„Künstliche Empörung“ Politik der Täuschung III

Unter den Populisten, Autokraten und Demagogen sind allerlei Charaktere anzutreffen. Charmante, hölzerne, polternde, ordinäre, smarte Politiker versuchen zur Erfüllung ihrer Selbstbeseeltheit ihr Glück mit uns. Einmal fällt es schwerer, einmal leichter, deren Selbstinszenierung in Einklang mit deren parteipolitisch-programmatischer Politik zu bringen. Da die wenigsten von uns Parteiprogramme lesen, verlassen wir uns auf die „Show“, die uns im Welttheater der Politbühnen geboten wird.

Wer erinnert sich nicht an Boris **Johnson**, den Troublemaker von der Downingstreet Nr. 10 in London. „The Gambler,“[2] der Clown, ein Tausendsassa, ein Störenfried,[3] wie er im eigenen Land charakterisiert wurde, ein Mann, ein Premier, der sich stets um Wirbel und viel Lärm bemühte, der keinen Hehl aus seiner mephistophelischen Lust am Glucksen und Zündeln machte. Er hob sich deutlich von den zeitgleich amtierenden europäischen Regierungschefs ab. Boris Johnson, der Elitenbajazzo, der ehemalige Journalist, einstiger Bürgermeister von London und Premierminister Großbritanniens, also ein im besten Sinne de jure und de facto mächtiger wie politerprobter Mann, kultivierte einen Stil, der lange Zeit als erfrischend wahrgenommen wurde. „Einfach Boris. Boris

Johnson: Der unwiderstehliche Aufstieg einer politischen Berühmtheit" nannte die Journalistin Sonia Purnell ihre Biografie über Boris Johnson. Sie beschrieb Boris Johnson als „Elitisten",[4] als Frucht und Ergebnis einer snobistischen, britischen Bildungselite: scharfzüngig, schlagfertig, ein exzellenter, laut vernehmbarer Rhetoriker. Ein Typ Mann von einer Art der Kulturalisierung, wie sie die Eliteschulen Englands hervorbringen.

Johnson, der laute, anbiedernde Elitist respektierte, anders als der in Österreich kurze Zeit zeitgleich regierende Studienabbrecher Sebastian **Kurz**, trotz aller Eskapismen, die er sich herausnahm, sein Parlament. Er genoss sichtlich die Debatten (2019–2022) im House of Commons, während Kurz das „Parlament als Ort mit sehr viel negativer Energie" empfand, die parlamentarische Arbeit ihm „wenig Positives"[5] zu geben schien, wie er nach Beendigung seiner Kanzlerschaft selbst sagte. Ein Kanzler, der das Parlament als Last empfindet, der hinter den Kulissen verborgen von der Öffentlichkeit eine privatime Form von Politik zum Nachteil des Staates und der Mehrheit der Bevölkerung betreibt, trägt zweifelsfrei dazu bei, die Demokratie in eine illiberale, disruptive Demokratie umzugestalten.[6] Eine solche Politik sieht den Ärar, den Staat als Beute, die es zu erlegen gilt. Hat man sie erst erobert, kann man darüber nach eigenem Gutdünken verfügen.

Um die Attitüde und die Mechanik hinter dem kollektiven Erweckungsgeist zu verstehen, hilft es, darüber nachzudenken, warum die Volkskanzlerei so ein speziell deutsch-österreichisches Phänomen ist. Warum gerade wir so anfällig für national-kollektive Idealisierungen, gar immer noch Gefangene bekannter eigener Narrative sind.

Im Unterschied zu den Briten beispielsweise scheinen wir deutschsprachigen EU-Länder uns schon wieder ein ethnisch und kulturell geeintes, sozial klassenloses Kollektiv herbeizusehnen, einem im Geiste geeinten „Volk" ein Vorrecht gegenüber anderen einräumen zu wollen. Diese Ambition fußt auf einem Fehler, der mit einer nachkantischen, politisch-philosophischen Idee verknüpft ist und der seinen idealen Vergleich in einem Text George Orwells findet. Mit *England Your England* gönnte sich der Autor 1941 anlässlich des „The Blitz"-Angriffes der Deutschen auf die Briten einen Blick auf die eigenen Leute, weniger zur ethnografischen Unterhaltung als vielmehr, um die mentalen Merkmale der Demokratie Britanniens in ihrem Kern zu verdeutlichen: „We are a nation of flower-lovers, but also a nation of stamp-collectors, pigeon-fanciers, amateur carpenters, coupon-snippers, darts-players, crossword-puzzle fans. All the culture that is most truly native centers round things which even when they are communal are not official – the pub, the football match, the back garden, the fireside and the ‚nice cup of tea'. The liberty of the individual is still believed in",[1] und er führt weiter aus: „No partie rallies, no Youth Movements, no colored shirts, no Jew-baiting or ‚spontaneous' demonstrations. No Gestapo either, in all probability."[2] Es war ihm daran gelegen, die mentalen Bedingungen einer Gesellschaft als Voraussetzung ihres politischen Handelns zu skizzieren, und es gelang ihm. Orwells beschriebene Engländer – wohlgemerkt Arbeiter und Mittelklasse – legten mehr Wert auf individuelle Privatheit und weniger auf kollektive Erbauung, derlei Attitüde fände sich bestenfalls in Clubs der oberen Mittelklasse und der upper class gemeinsam zusammen – doch selbst diese würden diskret privatim gehandhabt. Wer dazu passend zum Vergleich das Vereinsleben der Deutschen und Österreicher von innen kennt, weiß um den (Volks-)Geist, der diese Vereine beseelt, um den identitätspolitischen Impetus, mit dem solche Vereine betrieben werden. Der kennt aber auch die distinktive Kraft, die sich bemerkbar macht, sobald man sich davon entfernt.

Orwells Miszelle hilft uns zu verstehen, wie tiefenwirksam nationale Traditionen im politischen, kulturellen und mentalen Denken einer Nation ihre Folgen zeitigen. Das politische Denken Englands, der ältesten modernen parlamentarischen Demokratie, hat seinen Ursprung in der Glorius Revolution 1688 / 89 und deren Bill of Rights. Die dem zugrunde liegende politische Philosophie orientierte sich am Liberalismus, am Liberalismus, der sich am Individuum ausrichtete. Bei dieser Art von politischem Denken tritt zutage, was wesentlich ist: Die verfassungsrechtliche Konstitution, der Rahmen, der den Staat ausmacht, ist und bleibt unangetastet. Selbst im Bewusstsein darüber, dass sie nicht für jeden gleich gilt, ja, Ungerechtigkeiten beherbergt, an denen manche mehr zu leiden haben als andere. Die Idee des Liberalismus, die dem Individuum ein Höchstmaß an Freiheit zugesteht, ist bedeutsamer, ist höher zu bewerten als die Despotie durch ein idealisiertes, ethnisiertes Kollektiv, ein von der Illusion geleitetes Volk. Kurzum, der Klassismus wird dabei zugunsten der individuellen Freiheit in Kauf genommen, die konstitutionelle Ordnung und der Glaube in das positive Recht jedoch nicht in Zweifel gezogen, es herrscht also „respect for constitutionalism and legality, the belief in ‚the law' as something above the State and above the individual, something which is cruel and stupid, of course, but at any rate *incorruptible*.".[3]

Damit sind wir an einem Dreh- und Angelpunkt demokratischen Selbstverständnisses angelangt, das im Zeitalter populistischer Verführungspraktiken speziell bei der (kulturräumlich gedachten) deutschen Kultur und Politik, signifikant zu werden beginnt. Österreichs Politik hat mit der Inauguration der Regierung Kurz I im Jahr 2017 (bis 2019) erstmals in der Zweiten Republik einen Weg beschritten, der Politik programmatisch im Stile rechtspopulistischen Denkens, also in der Tendenz totalitär, zu betreiben sich anschickte. Dabei wird die Nation vor dem ideengeschichtlichen Hintergrund in einem kulturell gedachten nationalen Geist als staatspolitische Idee betrieben und mit der Formel „das Recht muss der Politik folgen" umgesetzt. **Kurz**, der sich eine Volkspartei der moderaten Mitte kaperte, befand sich in einem Konkurrenzkampf mit der FPÖ, einer in der Tradition völkisch-nationalistischen Partei, deren Selbstverständnis immer schon darin bestand, alles, was abseits der eigenen Regeln stattfindet, auszusortieren. Kurz strebte nach Macht und Reichtum und Reichtum durch Macht. Diese war nur mit einem völkischen Partner zu bekommen, da für ihn – in Anlehnung der Politik seines Förderers Wolfgang **Schüssel** – eine Politik des langen Aushandelns nicht in Frage kam. Er entschied sich für eine Politik des schnellen Erfolges, die nur um den Preis einer Abkehr einer bewährtsoliden Politik der Mitte und im Zeichen sozialpartnerschaftlicher Balance mit den Sozialdemokraten stand. Also schickte er sich an, Österreich auf den Weg kurzer Entscheidungen und einer Politik des schnellen Durchgriffs zu bringen. Es ist nun mal ein Merkmal totalitärer Macht, das Recht, die Gesetze an sich, einem Führer, einem „Volkskanzler“ auszurichten. Auch wenn er sich selbst nicht so nennt.[4] Das Selbstverständnis dazu brachte er mit. Nun hat, um den mit Kurz gleichzeitig amtierenden Boris **Johnson** zu bemühen, Johnson das Parlament nicht gehasst. Kurz hingegen schon. Populisten wie Johnson hassen das Parlament nicht, sie sehen nämlich Politik als ein Spiel an. Demagogen verachten das Parlament, hassen die parlamentarische Kontrolle. Auch wenn wir später bekenntnisreich zu lesen bekamen, dass der Brite das Parlament belog, betrieb er keine Politik mit totalitären Zügen. Johnson, der Intellektuelle, der sich wie ein grober Mann vom Land gerierte, war „kein Hasser und kein Hetzer, kein Aufpeitscher [...] gegen Islam oder Einwanderung, kein Prediger von Angst und Ressentiment, kein Verleumder“.[5]Und obwohl er während der Covid-Krise das Parlament belog, stellte er die konstitutionelle Verfassung per se nicht in Frage. Er war ein Zocker, ein entfesselter Clown, ein bisschen wie **Trump** und **Milei**, aber mit dem gravierenden Unterschied, dass er den Staat nicht grundsätzlich in Frage stellte.

An den beiden lässt sich nachvollziehen, wie politisches Denken aus Denktraditionen politischer und Rechtsphilosophien erwächst und wie es schließlich in einer politischen Kultur zum Tragen kommt. Kurz’ Fixierung auf Ausländer trug einen Zug von Sündenbockpflege. Dabei hätte es bereits Jahre vor seiner Kanzlerschaft in seiner Hand gelegen, das realpolitische Problem der illegalen Migration und der Migration generell zu managen. Daran können wir seine populistisch-demagogische Art, Politik zu machen, einmal mehr erschauen. Es geht dabei nicht darum, Lösungen zu suchen, es zählt nur, wie sich das Problem zum eigenen Vorteil ausnützen lässt. Um es kurz zu machen, die Schnittstelle zwischen der neuen ÖVP und der völkisch-nazistischen FPÖ war und ist, dass sich beide allein ihrer Gesinnungsgemeinschaft, vorbei an den Regeln eines demokratischen Parlamentes, verpflichtet fühlen. Was den einen das Volk ist, ist den anderen die Familie. Der Hang zum Diktorialen scheint wie ein Muster im deutschen Verständnis von Kultur, von politischer Kultur, angelegt zu sein. Es ist, das wage ich zu behaupten, einem Kulturbegriff, der ideengeschichtlich dem Behauptungswillen eines deutschen Idealismus geschuldet ist und der die Idee einer Nation aus dem Geiste und der Seele des Volkes gebar. Anders als in England, wo der Liberalismus mit seinem Lob der Freiheit des Individuums das Verhältnis zum Staat bestimmt, oder in Frankreich und Italien, wo die Vorstellung eines Volkes stets von sozialen Ungleichheiten begleitet ist. Dies ließe den Hang zur Idealisierung und den Trend zu völkisch-nationalen und diktorialen Parteien in Deutschland erklären.

Traditionen, Rituale, Hierarchien

Ging die Rede davon, dass viele Populisten, je näher sie der Macht kommen, eine Schwäche zur Demagogie ausbilden, eine Tendenz zur Abneigung gegen die parlamentarische Demokratie diese verbindet, muss noch ergänzt werden, dass parallel dazu ihr Ruf nach einem geeigneten Volk oder einer geschlossenen Gesinnungsgemeinschaft lauter wird. Hat der populistische Parvenu, der Emporkömmling, erst mal auf dem Stuhl (hinter dem Schreibtisch) der Macht Platz genommen, kann er ex cathedra, von der Kanzel, dem Pult (in der Pressekonferenz) herab, dem Pöbel verkünden, wonach er, wir also, angeblich dürsten, in Wirklichkeit jedoch ihn, den Populisten, begehrt.

Wir haben uns die folgenden Fragen zwar schon an früherer Stelle gestellt, aber es hilft uns, sie hier nochmals zu wiederholen: Wer ist das Volk, das der Populist beschwört, anruft, bemüht? Ist es ein ethnisches Konglomerat, eine archaische Organisationsform in Form einer Stammesgesellschaft? „Wir Deutschen, Italiener, Polen, Ungarn, Österreicher, Finnen" usf. – sind wir wirklich noch eine patriarchalisch strukturierte Gesellschaft, in der die Rollen festgelegt sind und die Religion der moralische sowie kulturelle Kompass ist? Dies sollten wir uns selbst fragen und jene, die mit uns Politik machen wollen. Denn tatsächlich ist es so, dass wir mitnichten eine soziale Masse, ein im gleichen Takt pulsierender Organismus sind. Wer also *ein* Volk beschwört, ruft *ein* politisches Kollektiv an, eine Gesinnungsgemeinschaft. So ist der Ruf nach dem Volk ein Griff nach dem Volk. Mit dem

Ziel, dadurch individuelle Macht eines Einzelnen oder einer Gesinnungsgruppe zu erreichen oder zu festigen.

Massenpsychologisch, das ist kein Geheimnis, ist es so, dass sich die mentale Einflussnahme als Kulturtechnik längst bewährt hat. Ja, auch sie ist eine jener anthropologischen Konstanten im Verhalten des Menschen, die weltumspannend als ideales Beispiel im Streben nach Führungsgewalt dient. Religionen haben es uns vorgemacht. Sie zementierten mit ihrem religiösen Ritus, mit stets gleichen, ritualisierten Verhaltensmustern, mit ihren Gebeten, ihren Wiederholungen ständig gleicher Sätze und Phrasen, die sich wie Ohrwürmer in die Menschen setzen, wie Populismus funktioniert. Die gemeinsamen Gesten vieler, eine gemeinsame Idee (das gleiche Glaubenssystem) zeitigen am Ende eine omnipotente politische Kraft, einen „Volkskörper", der uns glauben machen will, wir wären alle gleich. Wenn also Populisten sich einer Dramaturgie bedienen, für die sie eine kollektive Identitätspolitik beschwören, für die sie vorgeben, zu Gunsten eines „Wir" die Stimme zu erheben, indem sie laut posten oder in Interviews meinen, „wir lassen uns das und das und dies und jenes nicht nehmen", sollten wir sie fragen, ob wir tatsächlich mitgemeint sind. Wer „wir sind das Volk" skandiert, sollte kurz innehalten und sich fragen, wen er damit meint. Denn eines ist sicher: Das Grundgesetz oder die Verfassung als normative Kraft können mit dem „Wir" unmöglich gemeint sein. Wer sind die Stimmen des Wir, wer ist der (deutsche) Mensch und was begehrt er zu sein, Herr **Söder**, Herr **Aiwanger**, Frau **Weidel**? Wer sind die Italiener, Signora **Meloni,** wer die Franzosen, Madame **Le Pen**?

Der Mensch ist! Und mit ihm auch ein „Wir", ein Volk, aber vor allem eine Gesellschaft. Er, sie, es ist unabhängig von allem idealisierten, kollektivierten Überbau, dennoch nicht viel mehr als eine Ansammlung von Unvollkommenheit, die bloß in der Differenz zum anderen hin bestehen kann. Erst in genannter Differenz, im Mangel, in der Abwesenheit, vermag er sich zu erkennen, zu behaupten, an diesem sich aufzurichten, sich zu nähern oder sich abzugrenzen.

Als der römische Autor Ovid während seiner Verbannung am Schwarzen Meer, im heutigen Rumänien, an Heimweh litt, tat er dies in Ermangelung seiner gewohnten Selbstverständlichkeiten. Alles, was er an alltäglichen Verrichtungen gewohnt war zu tun, war ihm durch die Verbannung auf einen Schlag abhandengekommen. Sein Jammer war groß, seine Briefe flehend, sein Wunsch nach Rückkehr nach Rom endlos. Diese Abwesenheit gewohnter Gegenwart ließ ihn psychisch und physisch leiden. Der Dichter ist nur einer unter vielen, den der Verlust von Gewöhnlichem und Gewohnheiten umtreibt. Doch was ist dieses Gewohnte, was sind diese Selbstverständlichkeiten, die, sobald sie aufgegeben werden müssen, zu Leiden im Menschen werden? Wir nennen es Kultur und es ist, was der Mensch ist: ein Ausdruck von Kreativität, eine Folge von praktischer Erfahrung und theoretischer Versuche, zustande gekommen über den Weg des Disputs, der Akzeptanz, gar kriegerischer Auseinandersetzung, ein Ergebnis von Verhandlungen und Anpassung. Alles, was Kultur ist, ist also alles, was der Mensch ist.

Daher lässt sich folgern, dass aller Kampf von Populisten um die Vorherrschaft eines kollektiven „Wir“ ein politischer Kampf zur Festigung des eigenen Vorteils und der Deutungshoheit über die Lebenswelt, gar zu oft Heimat genannt, ist. Wenn uns Populisten und Demagogen auf dem Weg in die Parlamente, auf dem Weg zur Macht, anbieten, für uns zu sprechen, unsere Interessen zu vertreten, unsere Kultur gegen einen imaginären Feind zu verteidigen, können wir davon ausgehen, dass nicht wir alle mitgemeint sein können. Wir, das sind nicht alle. Wir sind nicht primus inter pares, Gleicher unter Gleichen, es sei denn, man geht von einem juristisch verbrieften Gleichheitsgrundsatz, den Menschenrechten, aus. Aber wäre dies so, müsste man nicht einen Feind, einen Sündenbock bemühen, dann würde man für das Grundgesetz, für bereits errungene Freiheiten von Individuen vorgeben zu kämpfen.

Es ist noch gar nicht so lange her, dass die Menschen mehrmals am Tag in die heiligen Messen gingen. Dreimal am Tag wurden die Messen gelesen, noch dazu in lateinischer Sprache, in einer Fremdsprache also. Kein Kind, kaum ein Erwachsener verstand, was sie da zu hören bekamen und artig lernten mehrmals täglich vor sich herzubrabbeln. Was sie aber durch Ritus und Gesten gelehrt bekamen, ist, dem Klang der Worte zu folgen, ohne wirklich zu verstehen. Sie lernten dabei, sich höheren Mächten unterzuordnen und ein Gefühl von Gemeinsamkeit zu entwickeln. Die ständige Wiederholung dieses Ablaufes führte irgendwann dazu, sich mit dem Rhythmus gleichzusetzen, gleich zu fühlen, eins zu werden. Das, was mit sich selbst identisch ist, die Person zu sein, die man ist, erweitert sich fortan um diese eine Identität mit den anderen, um es notwendigerweise philosophisch zu formulieren. Egal, ob man daran glaubt oder nicht, es funktionierte und funktioniert noch immer. Diese Kraft, ja geradezu Absurdität, war es auch, die bei klugen Menschen – nennen wir sie Aufklärer – dazu führte, das große politische Kollektiv der Kirchenherrschaft in Frage zu stellen, sich der Vernunft zu bedienen und nicht mehr metaphysischen Dynamiken auszuliefern. Gleiches könnte man heute den willfährigen Gefolgsamen nahelegen. Wer grölenden Populisten und den sich immerfort wiederholenden gleichen Phrasen folgt, wer nachbetet, was diese skandieren, bedient sich nicht der eigenen Vernunft, der folgt dem Ruf des Priesters, des Muezzin, des Führers. Der hat sich eingerichtet in der Wiederholung und unterliegt den natürlichen Gefahren, die Gewohnheiten mit sich bringen. Ihnen zu entkommen, bedarf großer Anstrengungen unter Einsatz des Willens. Weltumspannend weiß uns die Anthropologie von der Kraft sich wiederholender Rituale und repräsentativer Gesten zur mentalen Vergemeinschaftung und hierarchischen Strukturierung zu berichten. Meistens handelt es sich dabei um religiös geprägte kulturelle Verhaltensmuster, häufig nennen wir sie Traditionen. Sie bilden das Korsett gemeinschaftlichen Lebens, sie ordnen ganze Gesellschaften, besonders hierarchisch, sie dienen dem Diktat der Kollektivierung. Besonders in diktorialen oder totalitären Systemen ist ein (ungestrafter) Bruch mit solchen Gewohnheiten Zeichen politischer Macht und von Hierarchien. Traditionen, Rituale und Hierarchien bilden einen festen Bestandteil bei der Herstellung von Welt. Topoi der Macht, wie zum Beispiel ein Altarraum, die Halle eines Parlamentes, die Präsidentenzimmer, das Zimmer der Direktorin in einem Museum, zeremonielle Kleidung, Fahnen, sind daher Ausdruck und Symbol von Macht, Zeichen entfalteten Kraft, die uns Respekt einflößt, die uns zum Gehorsam erzieht. Wir reden an dieser Stelle von der symbolisch repräsentativen Kraft, die selbst Dinge wie Tassen, Tische, Schärpen zu entwickeln vermögen.

Selbst Kommunisten, Meister der Nivellierung, schufen sich am Beginn ihrer Formierung mit dem ABC des Kommunismus ein Korsett von Konventionen, ein mental-ideologisches Programm.

Die Ordnung der Welt steckt, wie die Macht der Welt, in verlässlich wiederkehrenden Regeln und sich wiederholenden Mustern. Die Wiederholung wird so zum Ordnungsprinzip der Welt und die Abweichung davon zur subtilen Dramaturgie der Macht. Denn nur den Mächtigen ist es erlaubt, von den allgemein verbindlichen Regeln abzuweichen.

Cixi, der Kaiserinwitwe, war es gemäß überlieferten höfischen Konventionen noch im 19. Jahrhundert verboten, Rouge zu benutzen. Dennoch berichtet eine amerikanische Malerin, die fast ein Jahr bei ihr am Hof verbrachte, über den außergewöhnlichen Geschmack einer reichen, mächtigen Frau, einer Kaiserin, die sich herausnahm, was nur im Inneren von Machtgefügen nicht selbstverständlich war: „Sie ist immer tadellos gekleidet. [...]. [Sie] hat einen ausgezeichneten Geschmack bei der Auswahl von Farben, ich sah sie nie in einer Farbe, die ihr nicht stand, ausgenommen das kaiserliche Gelb. [...] aber sie musste es bei allen offiziellen Anlässen tragen. Sie wandelte es immer durch Besätze ab, so gut es ging, und manchmal ließ sie so viel Stickerei anbringen, dass die ursprüngliche Farbe kaum noch sichtbar war."[6] Die Bildquellen, vor allem die Fotografien dieser mächtigen Frau, sind wahrlich beeindruckend, beachtlich aber ist ihr Sinn für Schönheit und Stilsicherheit, die derart ausgeprägt waren, dass sie selbst das protokollarische Gelb, das nur der kaiserlichen Elite zustand zu tragen, versuchte zu umgehen. Eine Frau, derart selbstbewusst, dass sie die qua höfischer Ordnung übertragene Macht in ihrer vorgeschriebenen Kontinuität begann auszureizen, gar zu brechen. Sie erlaubte sich, allen bisherigen Konventionen zum Trotz, Brillanten zu tragen. Diese galten als „vulgär und [man] verwendete sie vorwiegend als Bohrerspitzen".[7] Kraft ihrer hervorgehobenen Stellung innerhalb der Gesellschaft egalisierte sie die als minder geltenden Brillanten. Was bei den meisten Höflingen mit rümpfender Nase quittiert wurde, markierte einmal mehr eine politische Strategie der Kaiserin, China zum Westen hin zu öffnen. Da bei westlichen Königen und Kaiserinnen Brillanten zu den herrschaftlichen Regalien gehörten, gelang es ihr, sich selbst auf repräsentativer Ebene, insbesondere gegenüber den begehrlichen Briten, auf Augenhöhe zu zeigen. Davon abgesehen schien sie den Spielraum, den ihre Rolle als mächtigste Frau im Lande öffnete, auch zu ihrem eigenen Genuss zu nutzen. Neben der Lust, sich zu schminken, trank sie ihren Tee, auf Anraten eines Arztes, mit Muttermilch. Dieser wurde allmorgendlich von einem Eunuchen bei einer Amme abgeholt.[8]

Mächtig ist, wer sich jede Form von Eskapismus erlauben kann, und wer imstande ist, die Muster der Wiederholung aus freiem Willen zu brechen. Sei es, dass dies durch umfassende politische Macht möglich wird, durch unendlich viel Reichtum oder durch einen ausgeprägten Selbstbehauptungswillen nach individueller Freiheit.

Tabu, Macht, Ekstase

Als Michelle **Obama** in ihrer Rolle als First Lady beim Besuch ihres Mannes in Großbritannien im Jahr 2009 herzlich die **Queen** umarmte, rauschte ein Raunen über die Welt. Es gehöre sich nicht, eine Königin zu berühren. Die Aufregung war derart groß, dass sich der Hof in die Lage versetzt sah, eine Mitteilung herauszugeben, wonach es erstens kein Verbot gäbe, die Monarchin zu berühren, und zweitens die Berührung zwischen Queen und First Lady eine beiderseits herzliche Geste gewesen sei.[1]

Die Richtigstellung bezog sich also anscheinend auf einen weitum verbreiteten Irrtum. Doch tatsächlich gab es und gibt es in der höfischen Kultur Restriktionen, die einer Berührung königlicher Leiber Einhalt gebieten. Deren Ursachen liegen tief in den Windungen historisch-hygienischer Bedingungen verborgen. Furcht vor Ansteckungen durch den armen, verlausten Pöbel waren ein Grund. Eine andere Ursache lag im metaphysisch-religiösen Berührungsverbot geheiligter Personen, das ihnen aufgrund ihres mythischen Nimbus zustand. Und dann wäre da noch der sicherheitspolitische Grund. Denn wer im Besitz von Macht ist, dem droht diese auch stets durch machthungrige Feinde entzogen zu werden.

Der angebliche Tabubruch durch Michelle Obama zeigt, wie sehr wir verinnerlicht haben, was nur eine ungeschriebene Konvention, eine irrige Regel ist, und wie auratisch wirksam und nachhaltig auch diese sein können. Die Entzauberung des Geheiligten durch Berührung einer menschlichen Hand, um die es sich in diesem Fall handelt, wird von der Weltöffentlichkeit wie der Bruch eines diplomatischen Protokolls gewertet. Was wiederum dazu führte, dass Frau Obama sich noch Jahre später in ihrer Biografie bemüßigt sah, richtigzustellen, dass sie nie die Absicht hatte, irgendein Protokoll zu brechen.[2] (Auch wenn davon auszugehen ist, dass sie Bescheid wusste, schien es eine Geste der Herzlichkeit gewesen zu sein.) Jedenfalls fügt sich dieser Umstand ein in eine Reihe politischer Auswirkungen von Macht. Der König oder eine Königin bekleiden eine Rolle, die sie sich nicht selbst ausgesucht haben, die aber Kraft ihrer Geburt von Gottes Gnaden eine über Jahrtausende gepflegte Legende von der Apotheose von Königen und Repräsentanten selbiger mit sich führen. Diese Apotheose, diese Vergöttlichung eines Menschen also, beinhaltet einen sozialen Abstand, einen Abstand, den wir Hierarchien nennen und der umgangssprachlich zwischen jenen „da oben" und denen „da unten" unterscheidet. Wir haben es folglich mit einem Autoritätsverhältnis zu tun, das per se ein quasi natürlicher Mechanismus bei gesellschaftlichen Strukturierungen ist – auch in Demokratien.

Wer sich nun fragt, wie der Fall Michelle Obama und die Queen mit der Frage nach Wesen und Charakter von „Volkskanzlern" zusammenhängt, sei genau auf diesen Aspekt hingewiesen. Es ist ein anthropologisches Dilemma politischer Kultur in Demokratien, dass das hierarchische Prinzip auch in Demokratien erstens notwendig ist und zweitens immer irgendwie mitschwingt, selbst dort, wo die Hierarchien flach gehalten werden. Aber ein Chef ist ein Chef. In Demokratien ist die symbolische Bedeutung dieses Chefs, im Gegensatz zu anderen Systemen, weniger strikt ausgelegt. Demokratien verfügen über ein Korrektiv, den prinzipiellen Gleichheitsgrundsatz, der auch für den Chef, den Regierungschef, die Prinzessinnen usf.

gilt. Dieser besagt gemäß der Resolution 217 der UN-Vollversammlung aus dem Jahr 1948 mit Artikel 1: „Alle Menschen sind frei und gleich an Würde und Rechten geboren." Rechtlich unverbindlich, als Ideal und Errungenschaft zivilisatorischen Fortschritts jedoch als moralisch-politische Richtschnur in allen Demokratien, die nach 1945 ins Leben gerufen wurden, fand dieser Grundsatz Eingang in die Europäische Menschenrechtskonvention (EMRK) und in die Charta der Grundrechte der Europäischen Union. Er ist, so schien es noch bis vor kurzem, ins politische Selbstverständnis eingeflossen. Dieses Korrektiv, geboren aus einem Ideal, beeinflusst vom Geist der Französischen Revolution, und unter dem Eindruck der Verbrechen des Holocaust geboren, reduziert einen real existierenden Abstand zwischen den unterschiedlichsten Menschen und Lebensstilen auf eine erträgliche, eine gerechte Weise. Doch genau dieser Abstand ist es, den selbsterklärte aufstrebende „Volkskanzler" wieder vergrößern, den sie hierarchisch neu denken wollen. Sie streben nach einer Ordnung, in der einige besser sind, gleicher als andere sind. Sie geben zwar vor, sich ums Volk kümmern zu wollen, meinen aber nur ein Volk nach eigenem Gutdünken und eigener Gesinnung. Einmal mehr zeigt sich die ganze Dimension des politischen Paradoxons und dessen Verführungskünste von Rechten und Rechtskonservativen: Sie wollen Nähe suggerieren und Gerechtigkeit nach gesinnungspolitischen Kriterien verteilen. Sie biedern sich einem Volk an und meinen nicht die Gesellschaft, sie haben keine ernsthaften sozialpolitischen Konzepte vorzulegen, sie äußern den Verzicht auf die Europäische Menschenrechtskonvention – das einzige Korrektiv, das für potenzielle Gleichheit und Sicherheit für Individuen sorgt – und begründen das mit ihrem Bekümmeraktionismus ums „eigene Volk".

Diese Disruption des Gleichheitsgrundsatzes sollte uns zu denken geben, zumal sie inzwischen in die Volksparteien hineinreicht. Dieses Grundverständnis von prinzipieller Gleichheit demonstriert uns, wie schnell es diesbezüglich zu Verschiebungen kommen kann.

Der Lapsus von Frau Obama, der nach Aussagen des königlichen Hofes keiner war, der den Boulevard dennoch zur Schnappatmung brachte, beweist uns, dass wir, egal ob Gesetz oder nicht, an etwas glauben, das uns an die religiöse Aufladung eines Körpers glauben lässt. Dem willfährigen Gehorsam in uns reicht ein Ondit, ein manifestes Gerücht. Mit Bezug auf rechtskonservative und rechte Verführungskünste formuliert: Das Versprechen, uns ein Volkskanzler zu sein, eins mit uns sein, reicht uns, um anzunehmen, wir wären gleich und er aber etwas Besonderes. Dabei weiß der Volkskanzler genau, dass der Huldigungswille, Könige und Königinnen nicht berühren zu dürfen, Kanzler und Minister als Besondere unter Gleichen behandeln zu müssen, tief in uns drinnen ist. Selbst in Demokratien tragen wir das „Wissen" in uns, dass der Kanzler eines Volkes etwas Besonderes ist, das man nicht einfach so berührt. Darum bejubeln wir ihn, versuchen wir ihn zu berühren und freuen uns, wenn wir die Hände geschüttelt bekommen, darum haben Aufeinandertreffen sehr oft einen quasi religiösen Impetus.

Manche sorgen sogar bewusst bei politischen Zusammenkünften für ein gemeinsames mystisches Erlebnis. Staatenführer wie **Putin**, **Bolsonaro**, **Trump**, **Kurz**, die immerhin die säkulare, nicht die religiöse Welt und Ordnung repräsentieren, rufen zum gemeinsamen Beten im öffentlichen Raum auf. So als gäbe es die Trennung von Kirche und Staat nicht, so als wäre Politik Religion. Sie beten mit dem Patriarchen, besuchen Päpste, lassen sich mit Bischöfen ablichten und besuchen öffentlichkeitswirksam Gottesdienste, während sie gleichzeitig die Menschenrechte beschneiden wollen, Individuen knechten, gegen eine Reihe der zehn Gebote verstoßen.

Die unheilige Allianz von Politfolklorismus und Erlösertum bedient ein metaphysisch ekstatisches, Jahrtausende gepflegtes Muster menschlichen Verhaltens, das in einer derart langen Tradition von Verhalten manifestiert ist, dass uns diese Bigotterie kaum bewusst wird. Denn niemals geht es genannten „Volkskanzlern" darum, den Abstand zwischen sich (den göttlichen Auserwählten) und uns zu verringern. Wer derart auf Glaube und dessen Wirkmacht setzt, der weiß, das Erweckungsereignis für sich ist bereits das politische Konzept zum Erfolg. Der weiß, er kann auf wirtschafts- und sozialpolitische, ökologische, sicherheitspolitische Konzepte zur Verbesserung der Gesellschaft verzichten.

Einmal mehr bemühen wir zur Veranschaulichung ein Beispiel aus Österreichs Politarena: Im Juni 2019 fand in Wien das „Wunder von Rudolfsheim-Fünfhaus"[3] statt. Das mental katholisch erprobte Österreich, das eine ausgewiesene klerikal-faschistische politische Tradition vorzuweisen hat, kam ordentlich ins Staunen, als Bilder einer Veranstaltung der Initiative „Awakening Austria" in der Wiener Stadthalle mit dem amtierenden Kanzler kursierten. Ein sichtlich bemüht verzückt und fromm dreinblickender Kanzler wird dabei von einem evangelikalen Prediger (keinem Pfarrer) und dessen rechter Hand an der Schulter berührt. In der Linken hält dieser ein Mikrofon, in das er die flehentliche Bitte göttlichen Beistandes für den Menschen-Kanzler haucht. In diesem einen Moment ist die geballte „Einbildungskraft der Masse"[4] im Saal gefragt und der Glaube an die Kraft des gemeinsamen Rituals gefordert. Der während des Segensgebetes zu Boden gerichtete Blick (denn Gott ist zu groß, um ihn zu erschauen) des Kanzlers erzählt von einer Geste, die wir durch den moralischen Katechismus der katholischen Kirche über Generationen gelehrt bekamen. Es ist eine Gebärde der Unterwerfung vor Gott, dem Allmächtigen, die ihren Ursprung tatsächlich in vormodernen Zeiten hat, in denen das von Gott verhängte Schicksal als Gesetz fungierte. Zum Lobe Gottes gereichte dieser gleisnerisch salbungsvolle Akt allemal. Doch reichte die Erwiderung durch den Kanzler – „vielen Dank für Euer Gebet für die Republik Österreich" –[5] wirklich allen in der Republik? Der Empörung nach zu beurteilen nicht. Es deuchte, es sei es bloß ein dramaturgischer Moment von Scheinfrömmigkeit und nicht ein authentisch kontemplativer Moment des Kanzlers in vereinter Gemeinsamkeit mit anderen Gläubigen gewesen.

Ein Gebetsevent wie dieses, das bis zur Groteske entstellt wirkte, auch weil kulturell ungewohnt zelebriert, in einer durchaus profanen Stadthalle, wo sich sonst Rock-, Pop- und volkstümliche Stars lasziv und laut gerieren und ihre pyrotechnisch-leuchtenden Shows geben, adelte die eben neu ins Leben gerufene Bewegung „Sebastian Kurz – Die Neue Volkspartei" nicht wirklich. Aber es leitete durchaus eine neue Dimension in der österreichischen Politik der aus dem Katholizismus erwachsenen Volkspartei ein. Eine, die sich markant vom klassischen habsburgisch-katholischen Duktus und an dessen angelehnter Frömmigkeitspolitik, bei der man in die Kirche geht, abhob.

Dieser Frömmigkeitspopulismus verband **Kurz** mit der unverhohlen rührseligen bis klamaukhaften Praxis anderer evangelikaler Populisten, beispielsweise des Brasilianers Jair **Bolsonaro**, des Australiers Scott **Morrison** und natürlich des US-Amerikaners Donald **Trump**. Was sonst nur in geheiligten Räumen wie Kirchen und Kapellen stattfindet, nämlich Beten, erobert mit diesen Politikern und ihrer Tendenz zur Popularisierung neue Allerweltsräume. Das religiöse Kollektiv drängt in Gestalt als politisches Kollektiv in den öffentlichen Raum. Bis zur COVID-19-Krise war öfter zu beobachten, wie diese Politik der säkularen Frömmigkeit eine Allianz mit Praktiken zur Erlangung christlich-mystischer Ekstase einging. Die Berührung des Kanzlers beim Gebet, die Beschwörung des „christlichen Abendlandes", Rufe nach dem Schutz des katholischen Brauchtums in der Tagespolitik gediehen zur politischen Geste. Es schien, als verfolgten sie dabei mindestens zwei Ziele. Einmal eine metaphysisch verbundene, glaubensvolle Gemeinschaft im Geiste heraufzubeschwören, und weiters jenem Führer, der diese schwört zu beschützen, die Macht zu sichern. Denn diese Macht ist es, die die frommherzige Gemeinschaft in ihrem Irrationalismus schalten und walten lässt. Sie ist es, die von genau diesem Irrationalismus der Gemeinschaft lebt. So eint sie alle ein wesentliches anthropologisches Prinzip der Weltenordnung: Der Glaube festigt, wo Vernunft, Kritik und Individualismus unerwünscht sind. So schauderhaft es klingen mag, Putins Russland, Kurz' Österreich, das Amerika unter Trump, die derzeitig ultrarechtskonservative Regierung in Israel fuß(t)en alle auf diesem Prinzip.

Nicht immer korrespondiert dies mit den Regeln der Gewaltenteilung in einem Rechtsstaat, dessen Ergebnis selbst überhaupt erst durch die Trennung von Staat und Kirche zustande kam. Drum ist es verwegener, wenn nicht gar verwerflich, von einer Partei, das Parlament zu parteipolitischen Vorhaben als Arena zu kapern und von den radikalkatholischen Kräften, ähnlich jenen der trumpianischen US-Republikaner, Gebetskreise dort selbst einrichten zu lassen und Gottesdienste abzuhalten.[6] Diese Verschiebung des mystisch Religiösen in *den* politischen

Raum par excellence, das Parlament, hinein, ist nicht nur eine demokratiepolitische Anmaßung, sie ist zu unser aller Täuschung auch noch Mittel zum Zweck des Erhalts von Macht. Sie dient der Produktion einer kollektiven, willfährigen Ekstase, die nichts als eine Glaubensgemeinschaft zu sein anstrebt. Das Konzept monotheistischer Religionen, wonach die Macht, die Gehorsam fordert, die erste und alleinige Macht ist, wird hier auf die politische Struktur von Macht übertragen. Es hat was von Magie, von Übertragungsglauben.[7] Das mystische Ritual in einer rationalen (politischen) Welt hat was von einer seltsamen Gleichzeitigkeit und kommt gar nicht so selten vor. Wir alle kennen Bilder von Menschen bzw. Teenagern in Ekstase. Kreischende Mädchen und Jungen, die auf ihr Idol, ihren Star treffen. Weinende Fans von Popstars oder hysterisch greinende Nordkoreaner bei Beerdigungen oder Huldigungsbezeugungen ihrer Führer ähneln sich erschreckend, wie sie da so ihre Arme ausstrecken und nach symbolischer Berührung (dem geheiligten Körper) heischen. Es ist der Griff nach dem fernen Ziel, das diffuse Begehren nach etwas, auf das sie selbst keine Antwort geben können, würde man sie danach fragen. Was gestisch da wie dort gleich aussieht, ist aber doch nicht dasselbe. Die politische Ekstase der Nordkoreaner findet im Rahmen einer verordneten Dramaturgie statt, an einem nicht selbst gewählten Jubelraum, er ist von politischer Dankbarkeit durchdrungen, er ist politisch. Die Teenager hingegen treibt der Eros individuellen Begehrens an. Ihre Ekstase ist keine politisch verordnete Attitüde, sie folgt keiner politischen Dramaturgie, sie wird nicht orchestriert. Und doch bleibt, worauf all diese Posen, dieser Griff nach den geheiligten Leibern reduziert werden können: auf das unergründliche Verlangen, nach der Macht des Schönen, des Schillernden, dem mächtigen Herrscher zu greifen, um für Sekundenbruchteile dem Triumph der Macht nahe zu sein – daraus für sich einen kurzen Genuss zu beziehen.

Beim Tod von **Lady Di** im Sommer 1997 war es auch für Uninteressierte unmöglich, sich der Bilderflut von den tränenreichen Trauernden vor dem Buckingham Palace zu entziehen. Überall wurde man des Schmerzes über den Tod einer Frau ansichtig, einer Person, die nur eine ausgewählte Anzahl von Personen gekannt hat. Deren Ableben ergriff dennoch dermaßen viele Menschen, dass es in diesem Zusammenhang falsch wäre, das Ereignis als privat abzutun. Als die Briten vom Tod der Prinzessin von Wales erfuhren, dauerte es nur kurz, bis die ersten Bewunderer anfingen, Blumen, Zeichnungen, Fotos, Plüschtiere vor dem Palast abzulegen. Als sie von jenem Teil der Familie, der die tatsächliche Familie der Toten war, ihre Tote nicht laut genug, nach ihren Vorstellungen, gewürdigt sahen, schlug die Trauer in Zorn gegenüber der Queen, dem obersten Familienmitglied, um. Der Pöbel, das Volk, verlangte von der ohnehin in höchstem Maße geforderten und emotional stets disziplinierten Königin, sie möge sich doch der Öffentlichkeit gegenüber äußern, zu den Trauernden sprechen, mit ihnen ihre Trauer teilen. „Das Volk" gerierte sich, als wäre es Teil der Verwandtschaft, als hätte es ein Recht auf Trost. Ohne alle Rücksicht auf die hinterbliebenen minderjährigen Kinder, die tatsächlich Trost und Wärme der Großmutter, der mächtigen **Queen**, brauchten, meinte die Fangemeinde, ihnen stünde wohl aufgrund ihrer diffusen kollektiven Identität mit einer schönen Frau, die sie nicht persönlich kannten und die sie realiter auf Abstand hielt, hier und jetzt Anteilnahme zu. So war dies ein Moment, in dem der Menschenkult eine sonst so verborgene Seite der Magie von Macht offenbarte. Die Bewunderung für den schönen Leib, die

Aura der Prinzessin ließ die Leute echte Gefühle leiden. Gefühle, die respektiert werden wollten. Weil die Queen dies nicht auf Abruf tat, konstatierte der Boulevard ihr am Ende ein PR-Desaster. Die Lage beruhigte sich erst, als ein sogenannter „bow", eine leichte Verneigung mit dem Kopf, vor dem Sarg durch die Queen erfolgte. Noch ein Vierteljahrhundert später hieß es dazu, die Queen hätte sich nur ein einziges Mal in ihrer 70-jährigen Amtszeit vor jemandem verneigt, „the only time the Queen ever bowed to anyone else during her 70 years on the throne".[8] Aus Gesagtem lernen wir: Selbst die freiwillige, phantasmagorische Bewunderung erfolgt nicht umsonst. Sie fordert irgendwann ein, was geglaubt wird, dass den Bewunderern zusteht. Die Grenzen des anderen beginnen also spätestens beim eigenen Ich, beim beseelten Menschen und dessen Empfindungen. Verschieben sich die Grenzen der eigenen Identität, gebären sie Sehnsucht und Begehren nach dem anderen, sorgen für verzückte Schreie beim Anblick des anderen. Irrigerweise denken wir im Kontext von Lady Di nicht an höfische Geschichte, an Tyrannei, Blut, Tränen und Schweiß, die auch im höfischen Glanz stecken. Ebenso wenig bei der Bewunderung für **Putin**, oder generell bei der Verehrung von Despoten, die sich von „blindem Gehorsam und hündische[r] Treue"[9] nähren. Es ist geradezu unverständlich, wie viel willenlose Verehrung und Schmerz für einen anderen Menschen man imstande ist zu empfinden. Es ist geradezu staunenswert, emotionale Nähe zu erblicken, wo doch die tatsächliche Distanz, der soziale Abstand, das bestimmende (reale) Verhältnis der Beziehung ist. Und doch begehrt vielen nach imaginären Beziehungen. Wenn Sie beispielsweise der Queen schreiben wollen, können Sie das nicht so einfach tun (wenn Sie damit Erfolg haben wollen). Sie müssen sich, so Sie britisch sind, einem Protokoll unterwerfen, das besagt, an wen und mit welchen Formeln dies zu erfolgen hat.

Ob lebendig und bewundert, hübsch und tot oder einfach nur ein herrschsüchtiger Verbrecher: Die Nähe zu Ranghöheren zeitigt in unseren eigenen Tiefen die ganz großen Wunder allzu menschlicher Banalität, die wir versuchen sollten, jeder für sich zu ergründen. Wer erinnert sich nicht an die Jubelfeier zur Annexion der Krim und Putins Auftritt Mitte März 2022 in Moskau? Ausgestattet mit einer kugelsicheren, 12 000 Euro teuren Loro-Piana-Jacke zeigte sich der Volkstribun und Kriegsverbrecher auf einer Bühne wie ein Trugbild seiner selbst. Russen, die ihren Despoten Putin, der gerade Unheil über die Ukraine und die Welt streute und die völkerrechtswidrige Annexion ukrainischer Regionen vorantrieb, frenetisch hochleben ließen? Was ist der Mensch, wenn er dies vermag? Wer sind wir, die anderen zujubeln, nur weil sie was sind? Mächtig?

Es scheint die gemeinsame Vereinigung, die Communio, zu sein, die stärkt, wo sich der Einzelne sonst allein und verlassen fühlt. Deswegen ist der corpus mysticus in seiner idealen Verbindung durch Geist und Körper eine taumelnde Einheit, sei es als symbolischer Repräsentant in Gestalt eines Herrschers, einer Herrscherin wie einer Königin, einem Führer, oder in Form eines mit diesen gesinnungspolitisch verschmolzenen Kollektives. Als der juvenile Sebastian **Kurz** und seine Kommunikationsberater 10 000 (!) Menschen an Österreichs größtem Veranstaltungsort, die Wiener Stadthalle, zusammentrommeln ließen, viele davon mit türkisen T-Shirts ausstattete, diese in die erste Reihe setzte und obendrein noch imstande war, die knöchernen Trachtentraditionalisten mit einer parteifarbenen türkisen Trachtenjacke auszustatten, changierten die Reaktionen zwischen Bewunderung und Entgeisterung. Der vom Volksmaul als „Wunderwuzzi" gepriesene Herr Kurz, der imstande war, Menschen wie eine große, unverwundbare türkise Masse aussehen zu lassen, der unumwunden die alte Dame Volkspartei kaperte, diese umbenannte und dynamisch als „Bewegung" deklarierte, die Parteifarbe änderte, der von der Partei als „Familie" sprach und sich weitreichende Befugnisse ausstellen ließ, um alleine entscheiden zu können, dieser unverfrorene Junge schuf sich eine Masse, eine Herde, die ihn feierte und sich selbst mitfeierte, die kritiklos jubelte und per Akklamation eine ideologisch gesinnungspolitische Organisation schuf.[10] Wie Putin, wie Trump ist man geneigt anzufügen. Bis zu diesem Moment glaubte man besonders im Westen und erst recht in Österreich, allein totalitäre Systeme wie China und Nordkorea vermögen solche kollektiven, ideologisch getragenen ekstatischen Ereignisse im Stile militärischer Präzision auszurichten. Aber nein, neuerdings führen solche Tendenzen populistischer Politik auch in Demokratien zu einem Taumel, zu einem Rausch in gemeinsamer Illusion zur Beschwörung eines gemeinsamen „Wir". Im Stile ethnogenetischen Denkens imaginiert man sich dabei eine Gemeinschaft, von der man, so man politisch denkt, hofft, andere könnten sich auch dafür erwärmen und sich anschließen, um die Gemeinschaft noch größer werden zu lassen.

Sei es bei einem gemeinsamen Gebet in einer banal profanen Konzerthalle in Wien, bei gemeinsamen Wanderungen im Alpenvorland mit **Kurz**, bei ideologisch aufgeladenen Jubelfeiern in Moskau mit **Putin** oder bei Wahlveranstaltungen mit der stets laut geifernden Giorgia **Meloni** in Italiens Großstädten. Die Götter allein wissen, warum es weltumspannend und immer wieder funktioniert. Aber um dies zu ändern, braucht es keine Götter.

Das kollektive Numinose,[11] das also Vertrauen wie Schrecken in uns auslöst, lebt vom Gestus des Politikers, von dessen Selbstbewusstsein und der eigenen Selbstüberhöhung, der Fähigkeit, sich dramaturgisch nach dem Geschmack der anderen in Szene zu setzen, von Spiel und Spannung zwischen Annäherung und Sich-Rarmachen. Wenn der perfekt pomadig frisierte jugendliche Kanzler den Daheimgebliebenen via Medien ein Foto aus New York schickt, fühlt sich das so an, als hätte er uns mit auf seine Reise genommen, als hätte er an uns gedacht, dort in der Fremde. Das Motiv ist meisterhaft arrangiert und von großer suggestiver Botschaft. Der zukunftsweisende Blick, der in die Weite schweift, lässt uns an einen Menschen mit großem Weitblick denken, an einen visionären Politiker. Doch eigentlich ist es zum Fürchten, weil wir das, was wir durch solche Bilder sehen, reine Empfindungen sind, diese nicht zu messen sind, wir es nicht wirklich zu erklären vermögen. Kurz beherrscht, was anderen, wirklich mächtigen Menschen fern liegt, und setzt es bewusst ein. Angela **Merkel** gestand in einem Interview mit dem Biographen Langguth, ihr wäre empfohlen worden, mehr an ihrer „Aura der Macht“ zu arbeiten.[12] Das war noch vor ihrer Kanzlerschaft und lange bevor sie auf der Liste von Forbes das Ranking der „The World's 100 Most Powerful Women“ anführte. Es ist – im Gegensatz zu Kurz – uns trotz des Rates, an der eigenen Aura zu arbeiten, kein bemüht mystisches Geschau von ihr auf offiziellen Fotos überliefert. Es ist vielmehr die „Merkel-Raute“, eine Gebärde, die zum Ausdruck einer Herrschaftsattitüde wurde, still und leise, diskret, aber wirkungsvoll. Es würde Seiten füllen, anzuführen, wer diese Raute zur Erklärung der höchsten Frau im Staate heranzog,[13] und es wäre kühn zu behaupten, die prosaische Gebärde, die Hände schützend vor sich zu halten, hätte einen auratisch oder enigmatischen Effekt gehabt. Mit ihrer distanzierten Art, die sich durch ein Höchstmaß an Vermeidung von Geschwätzigkeit auszeichnete, vermied sie jedes Pathos. Der „Merkelizer" oder „die Raute" jedenfalls schafften es, einen eigenen Wikipedia-Eintrag zu erlangen. Dieser kleinen, stillen Geste gelang es, Experten für Körpersprache zu bemühen, um zu erklären, was alles damit gemeint sein könnte. Allein der britische *The Economist* deutete die Handhaltung ohne Zurückhaltung, aber nicht ganz frei von Fantasiegedöns im Stile der Trilogie *Herr der Ringe* als magische Geste, als „One ring to rule them all"[14], als Ring, der sie alle beherrscht. Ekstatische kollektive Verzückung im eigenen Land blieb dennoch aus, zu distanziert verhielt sich die Deutsche.

Bedingungs- wie kritiklose Gefolgschaft und euphorischer Applaus sind, so lehrt uns das Beispiel Merkel, durch Distanziertheit nicht zu erreichen. Es mag ihrer Art geschuldet sein, dass sie keinen Wert auf tatsächliche Nähe legte, auf die Erzeugung eines „auratischen" Heiligenscheins bewusst verzichtete. Sie bevorzugte, mit ihrem Mann ohne viel Aufhebens zu wandern, und zwar in ihrem privaten Urlaub. Anders als Österreichs Kanzler, Sebastian **Kurz**, legte sie keinen Wert auf politfolkloristische Wandertage: Dieser lud geradezu zum Wandern ein. Mit jungen Frauen im Dirndl und Ministern wie Landeshauptleuten beim „Familienwandertag" oder bei Wanderungen mit dem rechtskonservativen Gesinnungsgenossen und ehemaligen Ministerpräsidenten Janez **Janša,** zu dem er Pressevertreter einlud. „Wandern mit Sebastian Kurz. Eine Heldeninszenierung in drei Akten" schrieb damals im Sommer 2018 *Der Standard*-Journalist Michael Wurmitzer.[15] Die Beschwörung der Gemeinsamkeit, die Personifizierung und Glorifizierung von Macht, von politischer Macht führen dazu, dass es tatsächlich so etwas wie einen corpus mysticum, einen mystischen Leib der Gemeinschaft gibt. Kommt dann noch eine gemeinsame Uniformierung (T-Shirts, Tracht, Uniformen) dazu, ist der Schritt zum eingeschworenen „Volkskörper“ nicht sehr weit. Nordkorea und der Nationalsozialismus sind uns ideale Beispiele derartiger Identitätspolitik. Da das Große stets im Kleinen seinen Anfang nimmt, bleibt zu hoffen, dass derzeitige politisch-programmatische trachtige Uniformierung im konservativ rechtstendenziösen Lager deutscher und österreichischer (Volks-)Parteien auf deren Umfeld begrenzt bleibt. Die Rede ist von den Trachtengestalten beim politischen Aschermittwoch in Deutschland und neuerdings bei dessen Ablegern in Österreich, wo die trachtigen, tribalistisch exotischen Trachtler glauben, dem Rest der Republik mit markigen Sprüchen, die gar zu oft hart am Straftatbestand der Volksverhetzung vorbeischrammen, das Maul stopfen zu können. Diese Form des politischen Folklorismus verfolgt das Ziel, aus der rhetorischen Rede vom Volk tatsächlich einen sichtbaren Volkskörper entstehen zu lassen. Wenn also die politische Bewegung des Sebastian Kurz aus einer historisch gewachsenen Volkspartei eine „Liste Sebastian Kurz – Die neue Volkspartei“ (Wahlplakat 2017) formt und dazu aufruft, in Tracht und Dirndl gemeinsam in einer Art Marsch auf Neustift – einem Wiener Stadtteil in Randlage – zum gemeinsamen Besuch des Kirtags zu laufen, schafft er sich ein Heer uniformierter Folgsamer, ein Volk der Willigen, das einem Anführer und dessen Aufruf folgt, somit Teil eines Kollektivierungsprogrammes zur mentalen Ertüchtigung ganzer Gruppen, die am Ende des Arbeitstages als „das Volk“ bezeichnet werden. Unabhängig davon, ob sie tatsächlich die Mehrheit der Bevölkerung stellen. Das Erschreckende an solchen direktorialen Uniformierungsprogrammen ist, dass sie repräsentieren, was den Totalitarismus an seiner Oberfläche ausmacht. Gleichheit herzustellen, um von sozialer Ungleichheit abzulenken, Chiffre für eine (gnadenlose) Gesinnungsgemeinschaft zu sein. Weiters führen sie zu einer optischen Täuschung. Als kompaktes Heer von Gleichgesinnten lässt es sie, die zahlenmäßig nicht die Mehrheit sind, größer erscheinen, als sie de facto sind, und drittens signalisieren sie der Kreativität von Individuen, den unberechenbaren Freigeistern also, nicht zu sehr auszuscheren. Nicht umsonst lehrt uns die Kulturgeschichte politischer Systeme, dass Kunstfeindlichkeit fester Bestandteil der Totalitarismen ist. Ein corpus mysticum verträgt nämlich keinen Individualismus, er will „*ein* Volk" nach dem Gusto eines Führers und dessen Getreuer sein, ein Volkskörper sein, der den postulierten Regeln bedingungslos folgt.

Dass Kleidung als identitätspolitisches Vehikel der moralischen und mentalen Erbauung genutzt werden und der Ordnung wie Orientierung dienen kann, ist nach Besagtem hinlänglich bekannt. Nicht immer muss dies jedoch in einem politisch-totalitaristischen Sinne erfolgen. Das jüngste Beispiel der Karriere einer ukrainischen Trachtbluse zeigt, wie's geht.

Es war eine etwas antimodern wirkende Vyshyvanka,[16], eine gestickte Trachtenbluse, die es auf dem Gebiet des weitreichenden nördlichen Karpatenbogens und im Weißrussischen auf sehr ähnliche Art gibt, die also kein regional begrenztes und ebenso wenig exzeptionelles Phänomen ist, die auch zu einer Fraternisierung außerhalb der Landesgrenzen mit der ukrainischen Kultur führte. Der durch den Überfall Russlands auf die Ukraine in Gang gesetzte Überlebenskampf suchte nach Mitteln der Erbauung, nach einem Symbol des Überlebenswillens und einem Mittel der Solidarisierung. Dies brachte eine bestickte Trachtenbluse, Vyshyvanka, ins Spiel. Diese Bluse ist eine seit der Zeit des ungekrönten Königs **Erzherzog Wilhelm Franz von Habsburg-Lothringen** (1895–1948)[17] – der einst potenziell strategischer Anwärter auf die monarchische Herrschaft eines ukrainischen Staates vorgesehen war – Sinnbild ukrainischer Kultur. Als solche kam sie zum Einsatz. Zahlreiche Prominente in den Demokratien der Welt kleideten sich in dieser oder einer ähnlichen Trachtenbluse, um ihre Solidarität mit den Überfallenen zu demonstrieren.

Wenn Recken sich strecken

Als Amerikas Präsident, Donald **Trump**, auf dem NATO-Gipfel 2017 in Brüssel bei einem Augenschein und gemeinsamen Rundgang mit anderen Staatsoberhäuptern im neuen NATO-Hauptquartier erschien, tat er dies, man ist gewillt zu schreiben: auf seine gewohnte Weise, in betont grober Manier. Er drängelt durch die lose sich formierende Gruppe vorbei in die erste Reihe, schob ruppig den sich gerade im Gespräch befindlichen montenegrinischen Premier Duško **Marković** zur Seite, und tat, was sonst nur von **Mussolini** bekannt ist: ruckartig den Kopf nach oben strecken, die Unterlippe nach oben ziehen und trotzig mit zusammengepressten Lippen leicht, aber bestimmt zu nicken. Trumps „Hier bin ICH!“-Habitus ließ jede Impulskontrolle vermissen, die als allgemein anerkanntes Mittel der Kommunikation und Salz in der Suppe der Welt einer Politik im Dialog und der Diplomatie ist. Des Präsidenten fehlende Manieren waren eine ultimative Setzung und Ausdruck eines neuen Stils auf dem politischen Parkett. Seine Flegelhaftigkeit schien für einen Augenblick die Zeit anzuhalten. Da war ein „Rüpel unterwegs in Europa“,[1] befand die *Süddeutsche Zeitung*, und nicht nur diese. Die habituellen Ähnlichkeiten zwischen dem ehemaligen amerikanischen Präsidenten und dem italienischen Faschisten sind verblüffend. Psycho- und Soziogenese der beiden scheinen, so blitzt es beim Vergleich von bewegten Bildern und Fotos in einem kurz auf, dieselbe Kinderstube gehabt zu haben. Da dies jedoch strukturell-zeitlich unmöglich ist, müssen kongruente Gesten in einem eigenen Selbstverständnis spezieller hierarchischen Attitüden verborgen sein. Ganz nach dem Motto: Wer herrscht, bedarf weder Manieren noch gesellschaftlicher Normen. Die Kraft der Geste liegt in ihrer symbolischen, metaphorischen Sprache, da sie ohne das gesprochene Wort auskommen muss. Wer jemandem den Handschlag verweigert oder jemanden wegschubst, gibt eine unausgesprochene Haltung preis, zieht Außenstehende in eine Stimmung hinein, gerade weil sie ein unerwartet aufpoppendes Gefühl in uns auslöst, noch bevor wir merken, dass hier gesellschaftliche Konventionen, sprich Gesellschaftsrecht, gebrochen wurden. Mussolini, der Duce, der sich in seiner Hybris, wie so manche Diktatoren dies gerne tun, eine eigene Zeitrechnung schuf, sagt uns mit seinem Kopfrücken und Hüftstemmen etwas, ohne wirklich etwas auszusprechen. Trump gestikuliert auf ähnliche Weise und irritiert das diplomatische Protokoll. Mussolini stützte für gewöhnlich am Abschluss seiner Geste abwechselnd die Arme auf die Hüften oder er verschränkte die Arme vor seiner Brust. Trumps abschließende Geste in Brüssel war es, die lange Krawatte zurechtzurücken und das Jackett zu schließen. Punkt, Stille, Staunen. Wladimir **Putin** wie Xi **Jinping** würden sich derartiges Gefuchtel nie erlauben. Beide bestechen durch ihr Höchstmaß an Affektkontrolle. Bei allem Unterschied im Ausdruck ähneln sich alle drei jedoch in ihrem Bemühen, ja kein Lächeln aufkommen zu lassen. Wenn Recken sich strecken, vermögen sie das, wie Trump, in vollkommener Taktlosigkeit zu tun, oder leise und à distance, wie wir an anderer Stelle noch sehen werden.

Mussolinis Körperzuckungen, Trumps Schubserei sind herrische Gesten, die der wütend fuchtelnden **Meloni** Anzeichen gesinnungsgleichen Habitus.

Wenn sich also Recken nach der Macht strecken, vermögen sie dies auch verschlagen leise zu tun. Mit nacktem

Oberkörper, ganz in der sexualisierten Tradition Mussolinis, zeigte sich eines Sommers Putin in der Taiga. Dort, wo tatsächlich noch Wildnis vorzufinden ist, man die Urgestalt patriarchalischen Verhaltens erwartet, ritt Putin wie in vorzivilisatorischen Zeiten ein archaischer Stammesführer zu Pferde, streifte er mit einem Gewehr durch die kniehohen Grasbüschel und trotzte der Kälte der Wasser beim Fischen. So, als müssten er und seine Begleiter ganze Völker und Stämme zusammenhalten und ernähren. Und ja, sein Verständnis eines stammesgeschichtlichen Großreichstrebens scheint in der Sommerallegorie einen passenden Ausdruck gefunden zu haben. *Putolini* nannte der Redakteur Vincenzo Capodici Putin in einem Blog und „History reloaded. Was uns die Geschichte lehrt" schrieb der *Schweizer Tagesanzeiger*, um auf die Mussolini frappant ähnlichen Inszenierungen hinzuweisen.[2] Tatsächlich entsteht beim Vergleich Capodicis der Eindruck, die Auswahl der Sujets seien 1:1-Wiederholungen aus einem bekannten faschistischen Bilderkanon. Vermutlich ist dies weniger einer bewussten programmatischen Kontinuität geschuldet als mehr dem durch das Motiv hervorgerufenen Effekt.

Es sollte zu fragen erlaubt sein, was der Grund dafür sein könnte, dass uns Männer, gar Staatenlenker, Bilder aufdrängen, die sie nackt zeigen. Salopp formuliert: Putins Titten fallen nun wirklich nicht unter die Rubrik hochästhetische Erotica. Das weiß auch der Kreml, denn auf der offiziellen Internetseite des Kreml sucht man vergeblich nach einem teilnackten Putin. Die Antwort ist dennoch schnell gefunden: Männer, die markieren, müssen auf eine Art anthropologischen Kanon der Gesten zurückgreifen, sie wollen ja verstanden, gar bewundert werden. Halbnackt beim Reiten, Fischen, oben ohne mit Jagdgewehr durchs Steppengras waten,[3] ein verwegener Haudegen sein, das will Putin. Aber vor allem versteckt sich dazwischen die Botschaft, auch vermeintlich einfach und bescheiden zu sein. Wer wie einst der Zar seine Auftritte in goldverzierten Räumen und als Türöffner eine livrierte, unnatürlich steife Ehrengarde (sie erinnert an Holzpuppen) genießt, hält Hof und entblößt sein Verständnis von politischer Macht als monarchisch-höfisch-hierarchische Tradition. Für einen kurzen Moment erweckten die weltweit abgedruckten (und von den meisten als abstoßend empfundenen) Nacktbilder Putins einen Anflug von Übersexualisierung. Die vielen Reaktionen auf den Herrenausflug scheinen Ausdruck ähnlichen Empfindens zu sein. Der viele Spott war dabei vermutlich hilfreiche Kompensation und gewiss auch Ergebnis eines dabei aufkeimenden Ekels. So blieben Ratlosigkeit und ein Fächer an Reaktionen im Sinne eines Andersen-Effektes nicht aus.[4] War der Kaiser nun tatsächlich nackt oder kleidete er sich bloß für gewöhnliche Menschen unsichtbar?

Der entblößte Präsident wäre gerne ein leidenschaftlicher Wilder, in dem einen Augenblick. Im anderen frömmelt er sittsam kirchenpolitisch an der Seite eines hetzerischen Patriarchen. Er heuchelt einen durch theologische Tugenden gezähmten Unterwürfigen, wie Österreichs Ex-Kanzler **Kurz** bei der jährlichen Wallfahrt des Bauernbundes in Mariazell. In einem nächsten übt er sich als Weltenreichlenker im Anzug auf dem internationalen politischen Parkett.

Sind das die Zutaten einer Magie der Macht, will eingeworfen werden? Ja, das scheinen sie zu sein. *Putolini* ist ein Gestaltwandler, der folglich ein Meister der Täuschung ist. Seine Vorliebe für Prunk und Protz weiß er zu verbergen. Doch ahnen wir anhand des Kremelschen Mobiliars, dass Luxus aus dem Ausland zu Repräsentationszwecken willkommen ist. Der zurzeit berühmteste

Import rückte ins Interesse der Welt, als er zu Attribut und Allegorie geopolitischer Machtinteressen wurde. Im fernen Italien staunte der Tischler und Inneneinrichter Renato Pologna nicht schlecht, als sein 2,60 m langer Tisch, den er bereits 25 Jahre zuvor für den Kreml angefertigt hatte, im Februar 2022 für Schlagzeilen und Anfragen aus aller Welt sorgte.[5] Darauf und drumherum fanden Arrangements politischer und diplomatischer Begegnungen auf unterschiedliche Weise statt. Geheim hinter verschlossenen Türen oder an Stehpulten vor einem Pressepulk, vor dem Hintergrund ikonischer Leitfiguren in einem Kaminzimmer sitzend auf Fauteuils oder an runden Tischen, im Sitzen oder Stehen lässt man die Welt die Stimmung der Gespräche erahnen: Zu Tisch bei anderen zu sein, bedeutet, sich im Hause eines anderen oder auf neutralem Boden zu befinden; an einem runden Tisch zu sitzen, signalisiert die Bereitschaft, ohne Unterschied an einem gemeinsamen Ziel zu arbeiten, immer ist ein Gespräch an einem, so mithin der Tisch, ein Zeichen zum Dialog. Ein Tisch so imposant wie ein Weltwunder, dessen Tischplatte auf drei mittig gesetzten Fußsäulen liegt und der dazu genützt wird, seinen Gesprächspartner im wahrsten Sinne des Wortes auf Abstand zu halten, kann nur den Vorsatz der Täuschung in sich tragen. Als Putin abwechselnd Bundeskanzler **Scholz**, Frankreichs Staatspräsident **Macron**, UN-Generalsekretär **Guterres** im Kreml an besagtem Tisch empfing, schien es kundigen Betrachtern bereits so, als säßen die Partner in einem unbeheizten Raum, derart frostig wirkte das Arrangement. Der Tisch als Ort des Vollzuges[6] wird hier gleichermaßen zum Sinnbild für Stillstand wie Abstand. Obwohl beide Gesprächspartner jeweils am Kopfende, nach dem Lehrbuch patriarchalischen Verhaltens in ihrer Rolle als Oberhaupt, saßen, also eine scheinbare Gleichheit bestand, wusste Putin bereits zu diesem

Zeitpunkt, dass er nur Tage später die Ukraine überfallen würde. Das falsche Spiel am unschuldig weißen, exzentrisch langen Tisch wird zum grotesken Zeugen der Ambivalenz einer idealisierten Politik der Freundschaft.

Drei Tage nach der Invasion sind uns Bilder von einem Gespräch Putins mit seinem Verteidigungsminister Schoigu und Generalstabschef Gerassimow an einem ähnlich langen, weniger prunkvollen, düster wirkenden, dunkelbraun gebeizten Tisch überliefert.[7] Beide hocken weitab von Putin und sind eng nebeneinandersitzend an der Seite des Tisches positioniert – entsprechend ritualisierten Formen symbolisch linearer Ordnung. „Der Tisch dient als Stütze für den Oberkörper", wie schon der französische Schriftsteller Francis Ponge konstatierte.[8] Dass sich bloß keiner über den Tisch ziehen lässt!

Der Tisch wird in beiden hier bemühten Ereignissen, was einst der Thron oder der Altarraum, zum Zeichen einer Schwelle, zum Symbol für Rangfolgen. Das Kopfende des braunen Tisches bleibt unbesetzt, die Dienstboten ihrer Funktion in der Hierarchie absoluter Ordnung verwiesen.

Der Tisch war einst, bis zur Erfindung eines Scheidungsrechts, neben dem Bett, ein Rechtsbegriff. Wer von Tisch und Bett getrennt war, hob den Vollzug seiner Ehe auf und war somit am Ende seiner Beziehungen. Des Kremls Tische erfüllen mehr als den Selbstzweck, Tisch mit vier Beinen zu sein. **Putins** Tische geben Anlass, sie als strukturalistische (ethnografische) Phänomene, als *Triste Tropiques* (Levi-Strauss), als traurige Tropen zu lesen. Der Meister des capo tavola ist zusammen mit seinen Tischen eine Parabel auf die russische Diplomatie. Westliche Widersacher setzt er an den längsten Tisch, um den längst möglichen Abstand zu signalisieren. Seine obersten Militärs weiß er an einem braunen Tisch farblich passend zur Uniform und hierarchisch rechts abseits von sich zu platzieren, und für gesinnungspolitische Gefährten greift er auf ein Arbeitszimmer zurück, an dessen Schreibtisch ein augenscheinlich handgearbeiteter Zweiertisch anstößt, so den CEO der Sberbank, German Gref, oder den Chef des Rechnungshofes, Alex Kurdin, usf.[9] Madame Marine **le Pen**, eine Vasallin Putins im Westen, adelte er wiederum, als er ihr im Wahlkampf 2017 eine Audienz an einem erfrischend in Blau-Weiß gehaltenen Zimmer mit babyblauen Seidentapeten an einem edel gearbeiteten, einbeinigen Tisch gewährte und am Ende, so nachzulesen in der Transkription auf der Homepage des Kreml, in toto Übereinstimmung konstatierte: „I fully agree with you. You are quite right."[10] Putins Tischgeschichten gehören in ein Handbuch symbolischer Ordnungen der Macht, in ein Vademekum über das Heilige und das Antifaktische.

Dank der Internetauftritte des Kreml erfahren wir von den vielen Möglichkeiten der Selbstdarstellung und Selbsterhöhung, von der symbolischen Verachtung für andere. Online abrufbar ist eine Begegnung Putins mit Emmanuel **Macron** im Februar 2022, die mit der fetten Intitulation „Talks with President of France Emmanuel Macron" benamst ist. Der etwas kleiner gehaltene Beitext am Kopfteil des Bildes „Before the talks with President of France Emmanuel Macron", das den Zeitraum unmittelbar vor Beginn des Gesprächs mit Macron am 7. Februar desselben Jahres „erzählen" will, ist wegen seiner Gesamtkomposition jedoch um einiges aussagekräftiger. Putins Benehmen im Bild ist, nachdem wir nun wissen, dass er tatsächlich die Ukraine überfiel, geradezu boshaft. Putin steht im Bild am Kopfende des derweil berüchtigten weißen überlangen Tisches, seine linke Hand steckt hingegen wie lässig in der Hosentasche, die Rechte des breitbeinig stehenden und süffisant lächelnden Putins winkt vor dem Hintergrund einer Statue, vermutlich Alexanders III., dem in der Ferne platzierten französischen Präsidenten zu. Das „Before the talks with President of France Emmanuel Macron“ des Bildkommentars[11] signalisiert bereits ab diesem Moment der Verhandlungen den politischen Willen des noch bevorstehenden Dialoges. Die winkende Hand und das sardonische Lachen signalisieren jedoch eher ein Adieu denn ein Willkommenslächeln. Es ist das Bild eines Abschiedes von einem lästigen Gast, der der Familientradition gemäß gleich eintreffen wird und sich anschickt, länger bleiben zu wollen.

Dieses Tableau ist eine Allegorie der Infamie und metaphorischer Bote einer größenwahnsinnigen Hybris. Putin mit Alexander III., ein Initiator der Russifizierung und Gründer der Ochrana (Geheimpolizei) im Rücken, der einst auf drakonische Maßnahmen gegen alle inneren Feinde setzte, der sich anschickte, diese zur Strafe in die unwirtlichsten Gegenden des Landes zu verdammen, kann kein zufälliges Motiv sein. Diese Szenerie ist rückblickend geradezu grotesk bösartig und der Herrscher im Bild am Ende ein bedauernswert mächtiger Mann, der – das sollten wir uns beim Thema Macht verinnerlichen – auch bloß daheim im Schlaf schnarcht.[12] Jeder Mächtige, der sich anschickt, die Welt zu beherrschen, und der ein ideologisiert-mythologisches Geschichtsbild zum Anlass nimmt und zum Lobe eines „geheiligten Russlands“[13] die Vernichtung eines souveränen Staates vorantreibt, verfügt, um es mit Carl Schmitt zu sagen, in seinem Palast der Macht über (menschliche) „Vorräume“ von Macht.[14]. Macht ist ohne diese „Vorräume“ unmöglich, sie sind Garant der Festigung der eigenen Macht und vermögen stets auch zur Gefahr zu werden.

Es ist anzunehmen, dass der Präsident um die Wirkung politischer Ikonografie weiß. Rufen wir uns die allseits besprochenen Bilder des halbnackten, sonnenbadenden Fischers der Taiga und Präsidenten Russlands in Erinnerung, muss man konstatieren: Putin ist politisch kein König und kein Zar, aber ein Könner im Rezitieren herausragender Darstellungspraktiken. Er ist auch ein Meister des Verderbens, aber nicht von Gottes Gnaden eingesetzt und nicht von besonders mondäner Ausstrahlung. Er ist mächtig, aber ein zürnender Mächtiger. Er ist auch ein gewöhnlicher Sterbender, dessen Ängste durch ein Höchstmaß an Kontrolle über seine Umwelt kaschiert werden wollen. Er überschüttet die Menschen mit Häme,[15] lächelt aber, wenn er Hunde kost. Der Mann, der ein Präsident ist und gern ein Zar wäre und dessen einzige Krone jene am Handgelenk des Luxusgutes seiner Blancpain-Uhr 40 mm Grande Date Aqua Lung in Edelstahl[16] war. *War*, weil wir inzwischen wissen, dass er, um Volksnähe zu signalisieren, die Uhr nach Verhängung der Sanktionen durch den Westen durch ein russisches Modell ersetzte.[17]

Attitüden

Kaiserinnen, Königinnen, Ministerpräsidentinnen tragen (keine) Blazer

Als sich die Fotografin Herlinde Koelbl gegenüber dem amerikanischen Journalisten George Packer über ihre Arbeit zu einem Shooting mit und zur Person Angela **Merkel** äußerte, meinte sie, diese wäre stets ein wenig „awkward“[1], also ein wenig unbeholfen gewesen. Vermutlich bezog sich dies auf eine gering ausgebildete Charaktereigenschaft, die im Fotobusiness oberste Notwendigkeit ist: nämlich über ein gerüttelt Maß an Eitelkeit und Selbstverliebtheit zu verfügen. Mächtige Frauen der Weltgeschichte, insbesondere wenn sie qua Geburt ein Amt bekleiden und sich in einem patriarchalischen System zurechtfinden müssen, sollten, wenn sie darin bestehen wollen, über ein Gespür für Hierarchien verfügen. Das Potenzial einer Rang- und Amtsfolge eröffnet Chancen, die, so man sie beim Schopfe ergreift, zu Glanz und Gloria sowie ewiger Fama führen. Als im China der späten Qing-Dynastie die Drittfrau des Kaisers, **Cixi**, aufgrund der Tatsache, dass sie die Mutter eines Sohnes war, den Rang einer Kaiserin-Witwe erhielt, die Geschicke in ihre Hände nahm, folgte ihr der Ruf, abgebrüht und intrigant zu sein. Dabei war sie jene Frau, die den Aufbruch Chinas in die Moderne einleitete, Chinas Friedenspolitik mit dem Westen (vor allem den damaligen Mächten England und Frankreich) betrieb, die herrschte, ohne das Zentrum der Macht, die Verbotene Stadt, aufgrund ihres Geschlechts betreten zu dürfen.[2] Ihre Macht suchte sie ohne viel Aufhebens durch ihr Outfit, wie wir heute zu sagen pflegen, zur Geltung zu bringen. Sie und ihre Co-Kaiserin aus dem Harem erschienen früh morgens vor ihren Beratern „prachtvoll gekleidet, in formellen Gewändern mit Mustern, die Phönixe darstellten, perlenbesetzten Schuhen, geschmückt mit Juwelen und turmhohem Kopfputz, hinter einem Wandschirm aus gelber Seide und erörterten mit den Großräten die Staatsangelegenheiten“.[3]

Wenn also Frau Merkel in ihrer modischen Anspruchslosigkeit durch banale Blazer ihre tatsächliche Macht camouflierte, dann will uns das vermutlich etwas über deutsche Haltung und Tugenden erzählen. Davon, dass sie zuvorderst keine politische Blenderin ist, dass aufzufallen und Aufmerksamkeit aufgrund von Äußerlichkeiten auf sich zu ziehen, ihre Sache nicht sind. Sie war eine Großmeisterin der Bescheidenheit (oder Einfallslosigkeit?), sie verstand es, diskret Akzente zu setzen, die in ihrer Wirkung „beim Volk“ nachhaltiger als jedes politische Konzept waren. Als sie anlässlich der Wahl 2013 mit ihrer „Schlandkette“ im TV-Duell gegen Peer Steinbrück antrat, sprach die Republik in erster Linie über ihre in den Farben Schwarz-Gold-Rot gehaltene Halskette. Auf Twitter, nunmehr X, gab es sogar einen eigenen Account, @schlandkette, dazu. Es entstand ein öffentlicher Disput darüber, ob Frau Merkel hier ein dezent patriotisches Schmuckstück trug, oder ob es sich doch nur um eine Zufallswahl handelte, denn die Anordnung der Farben ließen auf eine belgische Kette (schwarz-gold-rot) schließen. Der Boulevard, immerhin Ursache, Wirkung und Echo jedweder leichten bis seichten Unterhaltung, erörterte alle möglichen Fragen (Preis, Designer) zum Schmuckstück.[4]

Die Kunst der Repräsentation, das verstand die römisch-katholische Kirche sehr früh – sie hatte dies von den darin perfektionierten Römern übernommen –, war wesentliches Mittel zur Manifestation von Macht. Das anthropologische Begehren nach dem Schönen, dem Seltenen, dem Kostbaren vermochte damals wie heute durch Macht und Reichtum gestillt zu werden. Opulenz und Glanz haben noch immer nichts an Strahlkraft verloren, der Repräsentationswert von Macht und Reichtum ebenso wenig. Davon weiß der Schmuckhersteller aus Idar-Oberstein (Rheinland-Pfalz) der „Schlandkette“ zu berichten, der sich der vielen Anfragen nach dem TV-Duell kaum erwehren konnte. Immer wieder wurde betont, dass es ein rares, aber kein hochpreisiges Produkt sei, eines, das für einen „mittleren, dreistelligen Betrag“[5] – sprich für den fleißigen Otto-Normal-Verbraucher – zu bekommen sei. Da er jedoch nicht seriell produziere, so der Schmuckdesigner gegenüber der *Bild*-Zeitung, werde es bei ein bis zwei Stück bleiben.

Der Mechanismus und die Dynamiken der Magie von Macht verdichten sich unter anderem in der „Schlandkette“. Aber nicht nur. Denken wir bloß an die Schönen und Reichen aus der Unterhaltungsbranche in den Modemagazinen, digitalen Medien und auf Plakaten, denken wir an jenen Eros des Reichtums, dem wir ungefragt und nicht immer wissentlich auf Bildern und Videos zig Mal am Tag begegnen. Sie tragen Miu Miu, Gucci, Prada, Chanel, Bottega Veneta, Louis Vuitton, Caroline Herrera, Dior, Hilfiger usf. Sie lassen in uns eine Lust aufkommen, die gleichermaßen fasziniert, wie sie sich zu einem Zwang auszuwachsen vermag. Wenngleich sich hier Parallelen zeigen, im politischen Kontext ist das Prinzip der Nachahmung nicht zuvorderst auf modischen Putz beschränkt, auch weil die Beziehung Mensch-Staat und deren Repräsentanten (Präsidenten, Premiers, Minister) sich von parteiischen Schablonen nähren. Speziell, wenn es sich um „Vertreter des Volkes“ und deren Aufputz handelt, wenn es nicht mehr nur um einen „mittleren dreistelligen Betrag“ geht.

Swasan **Chebli**, eine deutsche Sozialdemokratin, wurde für ihre Rolex-Uhr, ein ultimatives Statussymbol für Wohlhaben, federführend von politisch rechter Seite und quer durch alle sozialen Medien regelrecht an den Pranger gestellt. Derart abwertend, als beginge sie einen Gesetzesbruch.[6] Tatsächlich handelt es sich bei solchen Reflexen um auf Klischees beruhende Brüche sozialer Konventionen, um ungeschriebene soziale „Gesetze" zum Zweck der Distinktion. Wo sonst Symbole des Wohlstandes als Maßstab für beruflichen Erfolg gewertet werden, verschieben sich die Urteilsgrenzen gegenüber Sozialdemokraten zu deren Nachteil, und wo üblicherweise der Eros des Reichtums für Bewunderung sorgt, verkehrt er sich hier in Maßregelungen. Chebli, die Sozialdemokratin im chic-femininen Stil, sah sich in die Lage versetzt, sich erklären zu müssen. Von „Rolex-Gate" war gar die Rede[7] und in einer der renommiertesten Talkshows Deutschland erklärte sich die Staatssekretärin wie vor einem öffentlichen Gericht.

Möglicherweise fällt eine stylische Politikerin in einem Land mit einem niedrigen Bescheidenheitsgrad in puncto Zeitgeschmack derlei Distinktionen schneller zum Opfer als in anderen Ländern. Jedenfalls halten die Italiener es da gerade sehr viel anders. Der wenig vorteilhafte Mantel der Ministerpräsidentin sorgte dort in den sozialen Netzwerken für Spott, Häme und einen ausgiebigen Modedisput. Seien es die Hosenanzüge der Frauen Ministerinnen bei deren Angelobung des Kabinetts, sei es der als unattraktiver Stil geltende einer sich betont männlich gerierenden Ministerpräsidentin, die ausdrücklich als Frau Ministerpräsident und nicht in der weiblichen Form als Ministerpräsidentin angesprochen werden will. Als Meloni neulich beim Gang über den roten Teppich einen etwas zu groß geratenen und massig wirkenden weißen Mantel trug, hieß es, sie würde sich wie eine Kommunistin anziehen, und selbiger Twitterant meinte gar, „Millionen von Stylisten bitten um einen Wechsel der Staatsbürgerschaft". Zwischen Spott und Ernst merkte er resignativ an: „C'era una volta la moda made in Italy", es „gab mal eine Welt der italienischen Mode".

Deutschlands Blazer-Projekt der ehemaligen Kanzlerin nimmt sich dazu klein aus. Nicht zuletzt, da es kaum eine nationale Debatte über den Stil der Kanzlerin und den generellen femininen Chic gab. Das liegt zuvorderst wohl daran, dass im deutschen kollektiven Selbstverständnis die Politik mit einer gestrengen Ernsthaftigkeit assoziiert wird, die sich nicht mit der Leichtigkeit und dem Eros von Mode zu vertragen scheint.

Dazu passt, dass der Kleidungsstil der aus dem konservativen Lager kommenden Angela Merkel erst dann Anlass für Gerede und Stilkritik lieferte, als diese mit einem großzügig geschnittenen Dekolleté einer Abendrobe bei einem Opernbesuch in Oslo auffiel. „Wie viel Dekolleté darf eine Kanzlerin zeigen?", fragte sich ein der Kanzlerin gewogenes Medienportal und die Wochenzeitschrift *Der Spiegel* meinte im Panorama-Teil (also im Boulevard-Teil), es handele sich um einen „modischen Coup d'État", im Nachbarland Schweiz sprach man von einem „historischen Bild" und selbst dem türkischen Boulevard soll die Causa einen Bericht wert gewesen sein.[8] Die Aufregung legte sich recht bald, die Kanzlerin brillierte danach wieder ungebrochen durch ihren national abgestimmten Publikumsgeschmack und die Gleichförmigkeit ihrer Blazer. Nicht mal Deutschlands berühmtester Designer, Karl Lagerfeld, vermochte eine Stilwende anzustoßen. Er ließ ihr via Medien (*Focus*) ausrichten, sie möge sich doch etwas schneidern lassen, das ihre anatomischen Proportionen berücksichtigen würde. Vermutlich hatte er da bereits eine fertige Silhouette im Kopf.

In Italien wiederum sorgte das Outfit der Angela **Merkel** als ein Symbol der Macht („simbolo del potere") generell für Irritationen, dort nannte man Merkels Stil einen „non stile", einen Nicht-Stil. Ihre Jacken seien im Moment, in dem sie von der politischen Bühne abtrat, Teil kollektiver Vorstellung / Repräsentation geworden, aber modisch besehen eben als Ausdruck eines „Nicht-Stils" in die Geschichte eingegangen."[9]

Das Outfit als „simbolo del potere", als symbolischen Ausdruck von Macht zu deuten, ist in der Historie meistens mit feudal herrschaftlich-repräsentativen Systemen verbunden – wir erinnern an Chinas Kaiserin **Cixi**. Weshalb eine Abkehr vom repräsentativen Prunk feudaler Macht hin zu einem demokratisch Signifikanten, dem Herrenanzug, nachvollziehbar ist. Als mit der Abschaffung feudaler Kleiderordnungen nach der Französischen Revolution daran gedacht wurde, eine „Revolutionsweste" in den Farben und mit Symbolen der Revolution, zum Zeichen des neuen politischen Geistes, zum Trend zu machen, glaubte man an „die heilige Verbindung von Kleidung und Status".[10] Auch wenn sich die Revolutionsweste als Zeichen der politischen Erneuerung nicht durchzusetzen imstande war, war es am Ende der Herrenanzug, der zum Statement politischer Herrschaft wurde. Mit ihm wird nach und nach eine Berufskleidung zu einer sozialen Konvention auf dem politischen Parkett. So fügt sich Angela Merkel mit ihren wenig femininen „Anzugsjacken" in eine patriarchalische Modetradition ein, die bis vor kurzem noch Gesetz war.

Wer jetzt davon ausgeht, dass von Seiten der Politik der Trend zu Kleidersitten unkritisch gelebt wird, denkt nicht an die oft erfrischend schillernd gekleidete Claudia **Roth**, Mitglied des Deutschen Bundestages und Kulturstaatsministerin. Sie begrüßt ausdrücklich die Verbindung zwischen Mode und Politik als emanzipatorischen Gestus: „Mode [...] zudem eine Form der Selbstbestimmung von Frauen sein [kann]. Es ist noch gar nicht so lange her, da wurde es Frauen im Deutschen Bundestag untersagt, Hosen zu tragen. Zum Glück haben wir das überwunden. Auch mit der Mode, mit ihrer Buntheit und Vielfalt, haben wir den Einbruch in die patriarchale Männerwelt erreicht."[11]

Die Freiheit, zu tragen, wonach einem ist, ist durchaus eine Errungenschaft, die zu keinen Zeiten demokratischer als im ausgehenden 20. Jahrhundert war. An den Reaktionen auf den „Rolex-Gate" lässt sich hervorragend demonstrieren, wie viel Klischee und Verhaltensmuster mit ihr verknüpft werden.

Blazer, Uhren, Suppen

Uniformierungen jedweder Art suggerieren Kontinuität und Verlässlichkeit oder sie dienen dazu, eine Form von Gleichheit herzustellen, wo sonst keine oder kaum eine ist. Als die Grafikerin Noortje van Eekelen für eine Abschlussarbeit am Amsterdamer Sandberg Institut an einem Projekt namens „The Spectacle of the Tragedy" teilnahm und anhand von 100 Fotos Angela **Merkels** Blazer nach Farben sortiert arrangierte, wurde spürbar, was bei jedem Auftritt von Frau Merkel irgendwie mitschwang: ihre konservative Politik, ihr verborgener, beinahe religiöser Drang nach Ausgleich, ihre unerschütterliche Disziplin von Kontinuität, ihr Hang nach einer Art repräsentativer politischer Neutralität. Sie bekundete dies mit stets schnittgleichen Sakkos, deren höchster Ausbruch in die Kreativität sich in einem leicht veränderten Kragenschnitt äußerte. Erst nachdem der Starfriseur Udo Walz, der auch die Queen frisiert haben soll, Hand und Schere an sie legte, führte dies zu einem dezenten Leuchten ihrer Person, zu einem femininen Touch. Manchen schien dieses dezente Flair noch zu wenig. Merkels Frisur war daher immer wieder Thema für Modejournalistinnen.[1]

Doch wenden wir uns wieder den Sakkos der Frau Merkel zu. Die Façon ihrer Blazer stand mit Dauer ihrer Regentschaft zunehmend gleichnishaft für die Politik, die sie repräsentierte. Die Beharrlichkeit im Stil korrespondierte mit ihrem Regierungsstil. Bis auf wenige Ausnahmen trug sie stets Jacken mit Klappen- und Pattentaschen, in wechselnden Farben, und stets zu Hosen. In ihren Pattentaschen, einmal gerade, einmal leicht diagonal eingesetzt, verbarg sich der Fama zufolge ihr Handy, nach dem sie nahezu im Takt alle vier bis fünf Minuten griff.[2] Die Pattentaschen waren also keineswegs dekorativ-stylischen Charakters, denn vor allem funktioneller Natur. Ganz so wie es bisheriges Politikverständnis verlangt, nämlich sich mit gebotenem Ernst und ohne zu viel Firlefanz den Inhalten zu widmen.

Penny McCormick, Lifestyle-Redakteurin vom *The Gloss Magazine* in Irland, brachte es treffend auf den Punkt: „The Merkel method of leadership and the Merkel method of dressing is indivisible in purpose – zero spirit, but zero surprise."[3] Die Merkelsche Methode des Regierens decke sich mit derem Bekleidungsstil, kein Flair, aber auch keine unerwarteten Überraschungen seien damit verbunden. Beides, sowohl ihre Art zu führen als auch jene, sich zu kleiden, sind oder waren der Außenwahrnehmung nach zu folgern offensichtlich nicht voneinander zu trennen. Das Bellevue-Magazin der *NZZ*, ein Lifestyleableger der Tageszeitung am Wochenende, widmete ihr mehrmals einen Beitrag. Gar in Verbindung mit einer esoterisch-spekulativ anmutenden Farblehre zur Farbenwahl der oft als mächtigsten Frau der Welt beschriebenen Kanzlerin. Als die Kanzlerin am letzten Tag ihrer Macht, bei ihrer ehrenvollen Verabschiedung, dem sogenannten Zapfenstreich, in einem schwarzen Wintermantel erschien, konstatierte man enttäuscht: „Keine Farbe, keine Accessoires: Angela Merkel zeigt sich zu ihrem großen Abschied modisch unprätentiös", und fast enttäuscht hieß es: „Angela Merkel verabschiedet sich modisch schlicht, wie man es von ihr gewohnt ist."[4]

Die symbolische Tragweite politischer Macht, mithin durch Kleidung zum Ausdruck gebracht, verbittet sich laszive Gesten, wie uns die Aufregung um Merkels Dekolleté ihrer Operngarderobe in Oslo lehrt.

Das Klischee, Politik lebe von einer Aura der Ernsthaftigkeit, scheint sich vor allem in Deutschland wie ein ehernes Gesetz zu tradieren. So wie die Politik muss auch die Kleidung frei von Witz, Charme, Flirt und sonstigen frivolen Gesten der Verführung sein. Politik muss durch ihren symbolischen Status den Ernst der Sache widerspiegeln, sie soll nicht den Eindruck von spielerischem Vergnügen vermitteln – wie zum Beispiel beim Bier-auf-Ex-Trinken des österreichischen Bundeskanzlers auf einem Volksfest –, schließlich ist ein Parlament kein Partysaal. Da Politik die gouvernementale Konzentration gemeinschaftlichen Lebens ist, sollte ihr daran gelegen sein, zu zeigen, vernunftbestimmt und im Sinne gesetzmäßiger Regeln zu agieren. Dazu gehört es, ein gewisses Maß an Sachlichkeit vorzuleben, sich nicht von trendigen Launen leiten zu lassen. Aber gilt diese Ernsthaftigkeit auch für den Bekleidungsstil, ließe sich einwenden?

Selbst nach ihrem Ausscheiden aus der Politik ließ die ehemalige Kanzlerin mir auf Anfrage zum allgemeinen Verhältnis von Mode und Politik in einer Mail von ihrem persönlichen Referenten ausrichten: „Die Bundeskanzlerin a. D. dankt Ihnen für Ihre Anfrage, bittet aber um Verständnis, dass sie dieser leider aus grundsätzlichen Erwägungen, vor allem aus Gründen der Gleichbehandlung, nicht nachkommen kann.“[5] Die einstmals „mächtigste Frau der Welt“ scheint nach wie vor einer strengen Sachlichkeit verpflichtet, sowohl was die Beantwortung von Anfragen als auch die Verbindung Politik und Mode betrifft.

Bettina Schoenbach, eine der Jackenschneiderinnen dieser unzähligen Blazer, liefert uns kaum mehr Information über die Jacken des „zero spirit, but zero surprise“. Gegenüber einem Fashion-Magazin meinte diese, dass „Mode vergänglich [sei]. Wichtig ist, seinen eigenen Stil zu finden, und sich darin wohlzufühlen."[6] Der Aspekt der Vergänglichkeit hingegen lässt uns aufhorchen, denn durch ihn erfahren wir, dass die Sakkos der Kanzlerin auch dazu dienten, ihre Politik nicht wie eine modische Laune wirken zu lassen.

Aus dem Mode- und Fashionlager weiß man um die Geschichte und das Potenzial der Mode zum Vorteil des Imponierverhaltens, um die Chance, mit ihr und durch diese Eindruck zu erwecken oder bereits erlangte Macht zu demonstrieren. Die beinah protestantisch-freudlosen Blazer nehmen sich im Verhältnis historischer Beispiele von Macht dazu wie eine bewusste Untertreibung aus; wie eine Bescheidenheit, vielleicht wie eine Tarnung. Ganz im Gegensatz zur feminin gekleideten Dame Margaret **Thatcher**, deren strenge politische Hand durch ihre feminine Eleganz nichts an Vehemenz verlor.

Dass Mächtige oft als Role-Model enden, ist eine Binsenwahrheit. Denn die Nachahmung ist ein natürliches Verlangen der Menschen und nach diesem Prinzip funktionieren ganze Businessbranchen weltweit. Die Mimesis ist der Motor aller Moden und Trends. So zu sein wie andere, entspricht einem elementaren Verhalten der Menschen, derlei ist uns schon aus der Antike schriftlich überliefert. Ein bisschen gleich zu sein in Form und Farbe, befördert die Illusion, der Macht und den Mächtigen nahegekommen oder nahe zu sein. In diesem Reflex liegt die Kraft des Übertragungsglaubens, dieser schafft Einigkeit, erzeugt Harmonie, Nähe.

Weder chic und vital noch Role-Model[7] war die als mächtigste Frau hochgelobte Kanzlerin. Der sonst so faszinierende Eros der Macht, der davon lebt, eine über Jahrhunderte anhaltende Aura zu verströmen, fiel der protestantischen Ethik einer Pfarrerstochter und positivistisch denkenden Physikerin zum Opfer. Dieser „innerweltlichen Askese", um Max Weber zu bemühen, entsprach die politische Praxis, dem global agierenden Kapitalismus zu Diensten zu sein, um dem sich in Irrfahrten befindlichen Kommunismus etwas entgegenzuhalten. Weltpolitik zu betreiben und dafür den Sinn für das Schöne zu opfern, darob innenpolitische Reformen wie den Ausbau der Digitalisierung oder eine ausgewogene Sozial- und Flüchtlingspolitik zu vernachlässigen, stützt in der Tat die These Max Webers, vom kausalen Zusammenhang zwischen protestantischer Ethik und dem Fortgang des Kapitalismus durch fromme Arbeitsmoral. Dass der im Hintergrund des globalen Kapitalismus gurrende Motor die Lust am Schönen, der Hunger nach Glanz und Selbstdarstellung, nach mehr und noch mehr vom Teuren und Guten sind, wird dabei übergangen.

Das Prestige der politischen Macht speist sich auch durch edle Opulenz (beispielsweise im Absolutismus) oder kreative Kratzbürstigkeit (Joschka **Fischer**) und subversives Anti-Establishment. Die ungezierten Blazer oder die schlichten, einförmigen schwarzen, grauen, blauen, violetten, grünen Jacketts sind daher eine beinah restriktive Geste der Ablehnung, gar der Zurückweisung.

Wegweisende Marker von Image, wie sie feine Kleidung, edles Aussehen, ein gepflegter kultureller Manierismus, teure Uhren, Teslas, modische Taschen oder einfach pfiffig freches Styling repräsentieren, waren immer schon und sind heute nicht weniger Ausdruck von jedweder Form von Macht.

Tatsächliche und gefühlte Kluft zwischen jenen, die über Macht verfügen – und das meint Geld oder institutionelle Macht – und jenen, die sich von ihr angezogen fühlen, kann durch äußerliche Art der Annäherung – gleiche Tasche, gleiches Anzuglabel, gleiches Kleid – geschlossen werden.

Verkörpert also ein Luxusobjekt eines Machtinhabers einen Wert (ob ideell oder real), ist es erstrebenswert, wenigstens durch Erwerb dieses einen Objekts eine Form der Übereinstimmung im Sinne einer ideellen identitätsstiftenden Gesinnung herzustellen. In Großbritannien sorgen daher die erschwinglichen Kleider der **Prinzessin von Wales** regelmäßig für leergekaufte Regale bei Zara und Mango. Da bekannt ist, dass die Prinzessin dort einkauft, hat sich der Lifestyle-Journalismus zum Vorteil der Fashion-Unternehmen vorweg darüber Gedanken gemacht, welche Modelle gekauft werden könnten.[8] Dieses Begehren nach Mimesis ist nichts weniger als eine allzu typisch menschliche Form der inneren Übertragung, einem Prinzip, das uns aus der Psychoanalyse bekannt ist. Am unbedarftesten begegnen wir diesem archaischen Phänomen bei Kindern, die sich wie ihre Helden (Superman, Batman, Ironman) verkleiden wollen. In voraufklärerischen Zeiten ist es uns aus allerlei Übertragungspraktiken (Isopathien und sympathetischen Praktiken) bekannt. Macht festigt sich demnach durch Nachahmung, durch Teilung im Sinne der Vermehrung von Gleichem.

Überbleibsel aus diesem Denken begleiten uns alltäglich. Auch wenn wir dies inzwischen als symbolische, gleichnishafte Praxis deuten, der Effekt will derselbe sein. Die Kraft und Magie von „Sachen“ und Macht funktionieren auch auf umgekehrte Weise, zum Beispiel durch betonte Ablehnung.

Diese lebt vom Prinzip einer kollektiven Kongruenz, vom Bedürfnis nach Gleichheit, auch optischer Gleichheit also. Dieses Streben nach Übereinstimmung kollektiver Identität kann so weit gehen, dass sie, wie im Falle der US-Republikaner Robert **Ney** und Walter B. **Jones**, auch das Zeug zum Angriff hat. Die kritische Haltung Frankreichs im März 2003 zum Irakkrieg veranlasste die beiden Republikaner dazu, alles, was den Namen „french“ in sich trug, Kraft ihres Amts, ihrer Macht also, in der Cafeteria des Repräsentantenhauses umzubenennen. Sie schafften es damit, die ganze Nation und mit ihr die Welt aufzuwühlen. Aus den „french fries“, den Pommes, wurden „freedom fries“ und aus dem „french toast“ wurde „freedom toast“.[9]

Dass Essen zum Waffenarsenal politischer Macht gehört, finden wir einmal mehr durch die Ukraine bestätigt. Sie beanspruchte im Sommer 2022 über einen Dringlichkeitsantrag, den „Borschtsch“, eine in slawischen und benachbarten Kulturen geheiligte Suppe aus roter Beete, zum typisch ukrainischen Nationalgericht in die UNESCO-Weltkulturerbe-Liste immaterieller Kultur aufzunehmen. Die Begründung, durch die mit dem Krieg einhergehenden Fluchten sei „diese traditionelle Kulturtechnik bedroht“, ist zwar nachvollziehbar, aber ist diese nationale Vereinnahmung nicht auch schon wieder so eine Art von politischer Verführungskunst? Ist es angebracht, dass die UNESCO mit einem Eilverfahren zur Anerkennung (einer Armensuppe) in einen Kulturkampf westliche Welt gegen östliche, slawische Welt eintritt?[10] Was kulturhistorisch strittig ist, macht es durch einen unter moralischem Druck zustande gekommenen Beschluss nicht richtiger, denn was wir gesichert wissen, ist, dass durch die Wanderbewegungen von Polen, Ukrainern und Russen Richtung Westen immer schon, aber vermehrt nach der Auflösung des „Ostblocks“ die Suppe hierzulande eingeführt wurde.[11]

Wir haben es hier mit einer Art von politischer Überzeugungskunst in der Tradition subversiver re-nationalistischer Praxis zu tun. Die Kraft, die darin verpackt ist, ließe sich passend mit „Ethnofood“ bezeichnen.[12]

Was angesichts der realen und mentalen Bedrohung durch den Krieg gefühlsmäßig nachvollziehbar ist, nichtsdestotrotz deswegen vernachlässigt werden sollte, ist, dass also auch eine Suppe eine Waffe unter anderen sein kann; eine kulturpolitische Waffe, ein Instrument von Gewicht mit Verführungskraft und Repräsentationscharakter.

Blöße, Bluse, Charme & Amüsement

Es ist ungeschriebene Etikette, sich in der Politik nicht allzu belustigt zu zeigen, zu sexy zu gerieren oder sich gar zu entblößen – in doppeltem Sinne: buchstäblich und metaphorisch.

Nackte Haut zu zeigen, bedeutete nämlich, freizügig zu sein, die Kontrolle über den privaten, lasziven Eros (oder ist es die Libido?) abzulegen, womöglich sogar zu verlieren. Kontrollverlust ist jedoch das Letzte, das sich die Politik erlauben sollte, sonst wird sie – wir erinnern uns an Boris **Johnson** auf dem Cover des *The Economist* mit dem Titel „Clownfall"[1] – als unseriös befundet.[2]

Wenn Johnson, der Clown, unterhaltsame Politik betreibt und Angela Merkel im Stil das Gegenteil davon, unterscheiden sich beide dennoch nicht in ihren Bemühungen politischer Verführungskunst. Denn das Jackett der emotionslosen Deutschen – und jetzt müssen wir erneut Deutschlands erste Kanzlerin bemühen – ist nicht nur die Angleichung der Frauen an die Männer und deren „viel praktischere[] Herrenmode"[3], es steht auch in einer politischen Tradition, die frei von verführerischem Eros und von Vergnügungslust ist. **Merkels** Blazers sind in der Tat „praktische" Kleidungsteile, das heißt, funktionell und unaufgeregte Kleidung. Sie sollen die Aufmerksamkeit von der äußeren Erscheinung der Politikerin, von der Frau Politikerin mithin, ablenken.

Das Argument, dass etwas „praktisch" ist, zielt meistens darauf ab, nicht schön sein, nicht verführen oder auffallen zu wollen, um ja keinen Eros aufkommen zu lassen. Vor allem um Letzteres. Dabei kann feminines wie elegantes Kleiderverhalten der Kraft der Macht keinen Abbruch tun, wie wir von der „Eisernen Lady“, Margaret **Thatcher**, beigebracht bekamen.

Stellen wir uns zu diesem Zweck eine Kanzlerin in einem kleinen, klassischen Chanel-Jäckchen vor. Auch wenn sich ein Vergleich des feinen, eleganten, femininen Schwarzen von Chanel mit der prosaischen Nüchternheit Merkelscher Jacketts geradezu verbietet, lassen sich allein aus der Vorstellung eine Reihe von leider nicht objektiv messbaren Informationen ziehen. Informationen wie Flair, Reichtum, generelle ästhetische Affinität – Informationen, die wie Botschaften sind.

Eine Politik, die als einziges Ziel verfolgt, die Rolle des Amtes zu betonen, ist daher gut beraten, auf die historisch ausgebildeten, kollektiven Vorstellungen von Politik Rücksicht zu nehmen. Von daher passen die sich kaum verändernden uniformen Kombinationen (Hosenanzüge) der ehemaligen Bundeskanzlerin sehr gut in das habituelle Narrativ zu Deutschland. Durch ihre stets gleichbleibende Silhouette erzeugen sie den Eindruck von Stabilität und Kontinuität, sorgen für ein Gefühl von durchschnittlicher Gleichheit, indem sie in Charakter und Funktion einer Uniform ähneln. Dies alles zusammengenommen ließ vermutlich den Journalisten Dirk Kurbjuweit zum Begriff „Verpanzerung“[4]greifen.

Blöße, Nacktheit also, Bluse, Charme und Amüsement als Bewertungen politischer Kulturtechniken sind zweifellos eingebettet in nationale Mentalitätsgeschichten.[5] Dieses, im 20. Jahrhundert entstandene Genre der Geschichtswissenschaft hat an populärer Attraktivität verloren, ist aber unter dem Gesichtspunkt eines geeinten Europas und der mit ihm verbundenen Angst vor Vereinheitlichung gerade deshalb interessant. Der Vergleich macht uns sicher, wie man am Vergleich Deutschland – Italien sehen kann. So wie damals Merkel in Deutschland ist nunmehr Giorgia **Meloni** die erste Ministerpräsidentin Italiens.

Als sich in Italien die aus dem ultrarechten Lager stammende Meloni mit ihrem Team zur Angelobung versammelte, trug sie – wie das gesamte Team – einen Hosenanzug. Dies rief umgehend die Stilkritiker auf den Plan. Nicht bloß des Boulevards. Der Look war den italienischen Tageszeitungen Schlagzeilen wert: „Meloni in tailleur, nessuna ministra in gonna. Il look al giuramento del governo“[6] (Meloni im Hosenanzug, keine Ministerin im Rock. Der Stil der Regierung beim Amtsschwur.)

Der Hosenanzug von Frau Meloni samt hochhackigen Stöckelschuhen und die Bemerkung, keine Ministerin trüge einen Rock, war also Thema selbst politisch seriöser Medien. Der modische Stil der ersten Italienerin könnte im Vergleich zu den nüchternen Merkelschen Kombinationen kaum gegenteiliger sein und doch stellte sie Italiens Stilkritiker nicht vollends zufrieden.

Merkels bescheiden brave Blazer, die einem Pantone-Kanon zu folgen scheinen, zählen nun wirklich nicht zum stylischen „power dressing“[7] und Ursula **von der Leyens** bieder-braver Stil ebenso wenig. Keine dieser Frauen trägt Haute Couture, keine traut sich dies, nur Christine **Lagarde**, die, wen wundert es, als Französin gerne auf Chanel zurückgreift. Das „No spirit“-Flair der protestantischen Frau Merkel wird, folgt man der italienischen Stilkritik, von der zuckrigen von der Leyen noch getoppt.[8] „Power dressing“ – eine Übertreibung, wer in diesem Zusammenhang an Margaret **Thatcher** denkt. Grundsätzlich schließt dies jedoch nicht aus, auf Appeal, auf Statussymbole wie Broschen und Perlenketten, zu verzichten. Bis auf die „Schlandkette“ und eine zweite kurze

Halskette, die aber nie Gegenstand öffentlicher Fama war, verzichtete die Kanzlerin jedoch gänzlich auf schmucken Dekor.

Auch wenn im angelsächsischen Raum das Urteil zu Thatcher lautete, sie sei keine Stilikone gewesen, gilt sie unwidersprochen als Sinnbild des „power dressing" von Frauen. Die Schneidertochter Thatcher wusste um die Bedeutung von Stoffen und Farben im Politischen und setzte sie geschickt ein. Sie wusste beispielsweise um die Bedeutung der Farbe Rot, das sie geschickt bei einem Besuch als Geste einsetzte, um ohne viele Worte zu verlieren eine freundliche Absicht zu signalisieren. Zudem war sie so clever, sich in Tory-Blue, die Parteifarbe zu werfen, wenn die Situation es verlangte. Dennoch lehnte es das Viktoria & Albert Museum in London ab, die teure modische Hinterlassenschaft der Premiere-Dame zu kaufen, da ihre Kleider „zwar sozial-historische Relevanz hätten, aber keine ästhetisch modische Besonderheit" darstellten.[9] Dabei hob sie sich damit gerade von der politischen Hosenanzug-Uniformierung ab.

Der Wille zur Macht ist, in Nietzsches Sinne, ein dionysisches, anthropologisches Bedürfnis, um seinen Einfluss geltend zu machen und zur Schau zu stellen. Ohne viel der Worte und Bekenntnisse zu verlieren, ist das Aussehen erstes Mittel, um diesem Streben Nachdruck zu verleihen. Kleider machen Leute, wissen wir ja alle von klein auf. Die Schatzkammern und Kostümsammlungen weltweit üben noch heute jene Faszination aus, die mit dazu beitrug, sich im wahrsten Sinne des Wortes blenden und knechten zu lassen. Eingelullt von der Pracht und der Schönheit der Kleider der Herrschenden, bestaunt man die Wunderwerke aus Seiden, Brokaten und feinen Wollen, erfreut sich an jenem bezaubernden Glanz, der Zeugnis des Gegenteils, der Mäßigung und des Verzichts, ist, den man dafür selbst leben musste, vergisst die Kleiderordnungen, die nichts anderes als Verbote waren.

Die Macht des Schönen und das Schöne der Macht sind mittlerweile ein gesellschaftliches Spiel, geradezu eine politische Strategie geworden. Die Konturen zwischen den sozialen Klassen werden durch Verkleidungen camoufliert und neuerdings verschiebt man damit auch Geschlechtergrenzen.[10] Wer sich zu kostümieren und aufzuplustern weiß, dem wird per se geglaubt. Da muss schon die Welt in Trümmern liegen, um zu erkennen, dass es ist wie einst mit dem „Flanell, an dem man glauben muss, um ihn nicht zu riechen".[11]Alle Ministerinnen Italiens kleideten sich, trotz Rückgriffs auf einen Hosenanzug, elegant, individuell und betont feminin. Schicke Blusen, ein dezentes Make-up, modische High Heels, goldener Schmuck und natürlich frisiertes Haar, damit konturierten sich die Frauen Ministerinnen gegenüber den in Anzügen steckenden Männer-Ministern. Der Anzug, die Uniform der Machtträger, wurde damit mehr und mehr zur Adjustierung auch jüngster Machtträgerinnen. Allerdings in einer stylischen Variante, nicht wie ein Panzer, nicht wie eine Uniform.

Allein die Ministerpräsidentin sorgte am Beginn ihrer Amtszeit im Land der edlen Künste und Moden für Irritationen. Derart, dass die liberal-konservative *La Stampa* über den „maskulinen" und „neutralen" Stil von Frau Meloni ein wenig motzen musste. Die Zeitung lästerte über die Regierung in Anspielung auf die Partei der Regierungschefin Meloni „Fratelli d'Italia" (Brüder Italiens) sinngemäß: Der Stil der Georgia-Premier und deren blauen Schwestern sei der „harte und calvinistische Hosenanzug".[12]

Der Anzug, die Robe nationaler Repräsentation, ist außerhalb Italiens, sofern er sichtbar von der Stange kommt, stufenlos ranggleich wie selbstverständliches Outfit für Männer in öffentlichen Ämtern. Doch in der öffentlichen Debatte wird zwischen Anzug und Anzug unterschieden – und das nicht unbegründet. Wer unter den Männern Maßanzug trägt, wird recht schnell als Repräsentant dekadenter Pervertierung von Macht klassifiziert. Insbesondere in einer parlamentarischen Demokratie, die sich einem idealisierten Gleichheitsprinzip verpflichtet fühlt, ist der Maßanzug Ausdruck von überdurchschnittlichem Wohlstand, Symbol für Luxus und pervertierter Macht. Luxus ist aus der Geburt des schönen Eros geboren, Sinnbild des Überflusses und Spross der Eitelkeit. Was aus dem Reiche der Sinnlichkeit kommt, unterliegt der Dynamik der Lust und Triebe, dem Bedürfnis nach Schöngeistigkeit und erweckt den Eindruck mangelnder Ernsthaftigkeit. Als nüchterne Dienstkleidung eignet sich der Maßanzug daher weniger. In einem Anzug steckt daher nicht bloß ein Mann, sondern auch eine Botschaft: die der prinzipiellen Gleichheit in Bescheidenheit, die der Klassengleichheit. Luxus und Gleichheit schließen sich in einer vom Ideal der prinzipiellen Gleichheit ausgehenden Gesellschaft daher sehr oft aus. Es ist dem Irrtum geschuldet, es gäbe tatsächlich so etwas wie eine natürliche soziale Gleichheit in der äußeren Erscheinung, und sei diese überschritten, handele es sich um einen moralischen Fehltritt. Diesem Irrtum verdankt, wie wir bereits gesehen haben, die ehemalige Staatssekretärin und Sozialdemokratin Swasan **Chebli** wegen ihrer Rolex-Angriffe auf ihre Person.

Die Wertvorstellung, je bescheidener wir uns gemeinsam anziehen, umso gerechter sind wir, ist natürlich eine irrationale Absurdität, die glaubt, eine Nivellierung in der Kleidung egalisiere soziale Unterschiede. Es ist nichts anderes als (Selbst-)Täuschung.

In (sozialistischem) Totalitarismus, wo Wert auf eine gut sichtbare Gleichheit in der Kleidung gelegt wird, alle per Verordnung die gleichen Jacken und Hosen zu tragen haben, die Auswahl der Frisuren staatlich verordnet wird und Luxus nicht Ausdruck von höchster Handwerkskunst, individueller Strebsamkeit und Ästhetik ist, sondern Symbol kollektiv verordneter Bescheidenheit, erreicht man damit keine soziale Gleichheit. Im Totalitarismus und *nur* im Totalitarismus ist weniger Zier Programm, Fluch und Pflicht für alle. Der Anzug, bei uns die Uniform des politischen Tagesgeschäftes, ist selbst dort von einer übermäßigen, aus jeder modischen Zeit gefallenen Manier. Da stellt sich die Frage nach Anzug oder Maßanzug erst gar nicht.

Nordkoreas Parade-Anzug ist dem Erbe des Chinesen und Verbündeten im Geiste, Mao **Zedong** verpflichtet. Wenn **Kim Jong-un** auf Wladimir **Putin**, beide Vertreter ein und desselben Systems von Masse und Macht, trifft,[13] trägt der Nordkoreaner zu seinen Beinkleidern mit sehr weitem Schlag, ganz in der Tradition einer Arbeiterjacke, ein gut genähtes, aber deutlich antiwestliches, antimodisches Sakko. Die von ihrer Herkunft geadelte Arbeiterjacke mit mindestens zwei Brust-Pattentaschen, dem typisch abgerundeten Umlegekragen, der bis zum Adamsapfel geknöpft wird, der einreihig und oberschenkellang geschnitten à la bleu de travail (französische Arbeiterjacke) façonierten Jacke / Hemd hebt sich **Kim Jong-un** deutlich von Putin ab. Der Vater **Kim Jong-uns**, **Kim Jong-il** (1941–2011), trug einen noch weniger modisch geschneiderten Arbeiteranzug, vorzugsweise in militärischem Grün oder Khakifarben gehalten.

Bei Aufmärschen scheint das fügsame Heer von gleichförmig eingekleideten Menschen wie eine Armee vorgetäuschter Gleichheit und wie gezeichnet von einer durch tagelangen Regen ergrauten Tristesse. Diese morphologische Gleichheit durch einheitliche Kostüme ist ein von totalitären Systemen erprobtes Instrumentarium, um dem mystischen Körper einer national-kollektiven Masse zu einem gemeinsamen Geist und Habitus zu verhelfen. Galt also die lieblose Uniformierung **Merkels**, ihre Anzugkombinationen, noch als Beispiel einer Zuwendung zu einer Politik uncharmanter Sachlichkeit, haben wir es beim nordkoreanischen Stil tatsächlich mit einer militärischen Adjustierung zu tun.

Der Wunsch, über Kleidung den Politikstil zum Ausdruck zu bringen, Gesinnung zu zeigen und damit zu überzeugen, kommt gelegentlich auch in der deutschen und österreichischen Politik auf. Jüngstes Beispiel einer solchen Gesinnungskleidung ist der sich unter der pangermanischen neuen Rechten ausbreitende Trachtenjanker. Dabei knüpfen sie an Traditionen aus den 1930er-Jahren an. Die Gefahr daran: Gnadenlos durchgetaktete Strukturen samt kollektiver Uniformierung, auch in Teilen der zivilen Kleidung, wie einst im Nationalsozialismus oder noch immer in Nordkorea, trachten danach, jeden noch so kleinen Anschein individueller Behübschung im Keim zu ersticken.

Das Regime Nordkoreas ordnet dazu beispielsweise eine Auswahl auf einer Liste erlaubter Frisuren an, diese hängen dann in Nordkorea jeweils in den Frisiersalons. Kenner nordkoreanischer Verhältnisse berichten, dass 18 Typen für Frauen und zehn Modelle für Männer zur Auswahl stehen. Berichten zufolge soll sich das öffentliche Nordkorea im Fernsehen dafür ausgesprochen haben, die Frisur mit dem alltäglichen sozialistischen Lebensstil in Einklang zu leben und sich folgerichtig aktiv an der Harmonie des Kollektives als Gleiche unter Gleichen zu beteiligen. Noch heftiger kann der Ausdruck von Macht nicht sein, der nicht nur die Kleidung vorschreibt, sondern Macht über den Körper der Untertanen ausübt.

Im Nationalsozialismus war dies nicht derart restriktiv gehandhabt, jedoch gab es so etwas wie eine ideale Frisur für die „deutsche Frau“. Die sogenannte *Gretlfrisur* galt „als *landverbunden* und solide, anders als der *schnippisch-städtische* Bubikopf“.[14] Mitte der 1920er-Jahre war die Gretlfrisur bereits als völkisch beleumundet und der Bubikopf als jüdisch geschmäht.[15] Es war die Gret(e)lfrisur, die sich bei Illustrationen von Trachten- und Dirndlvorschlägen in Büchern wie ein Naturgesetz als einziges Modell durchzog. Eine Gretlfrisur wurde aus zwei Zöpfen über dem Hinterkopf zusammengesteckt. Da zu dieser Zeit der aufkommende Bubikopf als Zeichen urbanen jüdischen Chics galt, sahen die Trachten- und Dirndlfetischisten ihn als Gegenspieler zur quasi natürlichen, historisch beständigen Gretlfrisur. Das Diktum *Arisch ist der Zopf, jüdisch ist der Bubikopf*[16] war vereinzelt auch noch nach 1945 zu hören.

Die Illusion einer idealen politisch-harmonischen Gesellschaft lässt sich auf einen Blick eingängig mit Kleidung erledigen. Da würde jeder aus einem individuellen Begehren heraus entwickelter Chic, ein persönlicher Stil, den Anschein von Gleichheit stören.[17] In der Uniformierung und Ritualisierung eines Kollektivs wirkt eine transzendente Kraft, ähnlich einem geheiligten Akt, wie bei der gemeinsamen Kommunion der Christen. Die Suggestivkraft uniformierter Menschen, insbesondere wenn sie folkloristisch-bunt und charmant exotisch wie bei den Tiroler Schützen ist, lässt bei deren Anblick selbst Bundespräsidenten die Affektkontrolle, sprich Distanz, verlieren. Heinz **Fischer** (ein Mann der Sozialdemokratie) nahm in seiner Rolle als Bundespräsident am 20. September 2009 bei einem Landesschützenaufmarsch zum Gedenken der

Tiroler Landesgeschichte und der Befreiung von den Franzosen (1809) teil. Beim sogenannten Landesfestumzug unter dem Donnergewitter mehrerer Gewehrsalven nahm er eine Parade ab und verfiel freudig in ein rhythmisches Klatschen, wie auf einem Volksfest. Das Ereignis ist tatsächlich nichts mehr als ein folkloristisches Brimborium, abgehalten von noch immer betont patriarchal strukturierten Vereinen, die ihre ahistorisch-romantisierende Selbstverklärung der Tiroler und habsburgischer Politik als kollektive Geschichte wie einen Schleier über das Land legen wollen. Es wäre realpolitisch ohne Bedeutung, es sei denn, man argumentiert identitätspolitisch und befürwortet zu Marketingzwecken einen bunten Folklorismus.

Die Schützen, Männer in bunten Uniformen, ausgestattet mit historischen Gewehren und Säbeln, den Kopf geziert mit riesigen Tellerhüten, dekoriert mit allerlei Medaillen, deren Einheiten im Marschieren geeint, flankieren jeweils zwei Frauen als Marketenderinnen in ebensolchen bunten Uniformen, Trachten genannt. Was aussieht wie ein Freizeitevent einer Reenactment-Aufführung, ist Teil eines kollektiven, identitätspolitischen, ernst gemeinten Narrativs. Während die Tiroler Marketenderinnen ein Schnapsfässchen mit sich herumtragen und ausgewählte Honoratioren aus der Politik zum Süffeln animieren, vergessen sie anscheinend ihre in der Vergangenheit liederliche Rolle in den Regimentern. Verführungen durch Folklorismus, das ist daraus abzuleiten, sind mittlerweile Teil des politischen Verführungskanons. In Berlin empfängt der Bundespräsident die Trachtler des Bundes der deutschen Vertriebenen (BdV) auf Schloss Bellevue und sorgt damit für eine lieblich romantische Buntheit, die deren innenpolitisches Potenzial verschleiert: nämlich konservativ bis rechtskonservativ zu sein, sich als betont deutsche Vertriebene zu gerieren, ausgestattet mit dem Selbstbewusstsein, „deutsche Vertriebene“ zu sein, um sich über anderen Flüchtlingen erhaben zu fühlen.

Blöße, Bluse, Anzug – niemand wird den Repräsentationsgestus und die Kraft der politischen Verführung, die in ihnen stecken, leugnen wollen. Das anthropologische Moment der Anziehungskraft von Kleidung ist unbestritten. Auch die mit Kleidung verbundene soziale Einordnung oder soziale Distinktion, die in ihr steckt. Ovid, der wegen „Kränkung des Kaisers Macht“[18] aus Rom verbannte Genius, berichtet uns an mehreren Stellen zur Mode der Zeit und dem Wettlauf im Behübschen. Wie fremd er sich als Römer im Exil am Schwarzen Meer (dem heutigen Rumänien) von den „Barbaren“ fühlt, drückt er auch mit der Beschreibung der Kleidung seiner Nachbarn aus. „Ja, es wohnen mit uns, durch nichts getrennt, die Barbaren, haben sogar vom Haus innen den größeren Teil. Fürchtet man sie auch nicht, so haßt man es doch sie zu sehen, Körper, mit Fellen bedeckt und mit dem struppigen Haar.“[19]

Die ewige, tief in die Vergangenheit reichende Anziehungskraft, die Magie der Mächtigen, die vom Prunk und edlem Luxus in der Garderobe ausgehen, vermögen uns Museen nahezulegen. Beim Vergleich mit theresianischen Zeremonienbildern und anderer höfischer Bildpolitiken, die heute in Europas Museen hängen, tun sie noch immer ihre Wirkung. Sie sind eingängige Zeugen der hohen Kunst der Ausübung und Festigung von Macht durch schöne Bilder.

Ordnung der Macht mit Frack

Die Mode und das Modische in der Politik waren keineswegs immer ein harmonisches Pärchen. Die Hausordnungen der Parlamente und die Diplomatie kannten Kleiderordnungen, an die man sich bis auf den heutigen Tag hält. Doch erst wenn diese nicht befolgt oder boykottiert werden, erfahren wir davon.

Die Kleiderordnung des Deutschen Bundestages beispielsweise sieht vor, dass die Würde des Hauses gewahrt werden muss. „Dem deutschen Volke“ sollte als Repräsentant der Republik Respekt entgegengebracht werden. Die Magie der politischen Macht verdichtet sich auch in der besonderen Kleidung für besondere Anlässe. Im Deutschen Bundestag gibt es „[a]ls einzige Gruppe [...] für die Saaldiener eine Kleiderordnung“, die dazu führte, dass sie mit Beginn des Jahres 1955 fortan Frack trugen. Mit Zunahme weiblicher Saaldienerinnen kam es zum Entwurf eines Kostüms: „70 Prozent der auch Plenarassistenten genannten Saaldiener sind mittlerweile weiblich. Vor ihrem Einsatz wurde für sie extra ein eigenes Kostüm entworfen und aus dem gleichen Stoff gefertigt wie der Frack ihrer männlichen Kollegen, goldfarbene Manschettenknöpfe sind mit dem Bundesadler versehen. Getragen wurde das Kostüm zum ersten Mal bei der Plenarsitzung am 19. Januar 1989 – exakt 70 Jahre nach der Wahl der Weimarer Nationalversammlung, bei der Frauen erstmals abstimmen konnten.“[1]

Die Schweiz kennt in ihrem GRN (Geschäftsreglement des Nationalrates) hingegen keine Bekleidungsvorschrift.

Allein, was gegen die Würde des Rates verstößt, kann zur Ordnung gerufen werden.[2] Anders verhält es sich im Ständerat, deren jeweiliger Vertreter den jeweiligen Kanton symbolisch vertritt. Dazu besagt das Geschäftsreglement des Ständerates (GRS), dass diese „schickliche Kleidung" zu tragen hätten. Der Interpretationsspielraum versteht unter „schicklich" „für die Herren mindestens Hemd, Veston und Krawatte oder Fliege und für die Frauen eine dem offiziellen Charakter des Ortes angemessene Kleidung".[3]

Die Faszination von Macht steckt in der Repräsentationskraft von Bekleidung. Ein loses Netzwerk italienischer Diplomaten beispielsweise weiß um diese Kraft der Mode, um die Wirkung von Stil. Sie kümmern sich um angehende Diplomaten und Parlamentsmitarbeiter, geben daher Tipps, wie sich Nachkömmlinge der diplomatischen Welt, sogenannte „onorevoli" (Ehrenwerte), anziehen sollten.[4] Wieder einmal sind es die Italiener, die Wert auf modisch-stylische, wenig aufdringliche Erscheinung legen. Sie betonen, dass gepflegtes Aussehen unter Berücksichtigung gesellschaftlicher Konventionen wie Höflichkeit, Freundlichkeit und im Sinne guter Sitten (buone maniere) dem Repräsentationswert der beruflichen Rolle, den Staat zu vertreten, unverzichtbar wäre. Angesichts dessen mögen die Röcke bei Frauen kurz unter dem Knie enden, eine Handtasche zum guten Stil gehören und Stöckelschuhe seien zwar schön, aber auch unbequem, daher seien für ihre Dienste Ballerinas oder Kitten-Heels anempfohlen. Männer sollten auf jeden Fall Kniestrümpfe, also lange Strümpfe tragen. Jeans, Sweatshirts, Pullover, Leibchen, Turnschuhe wie generell „colori vivaci", bunte Farben also, sollte man vermeiden. Von Sportkleidung wäre abzusehen.

Das Aussehen spielt, wie diese Ausführungen zeigen, in der italienischen Kultur eine nicht zu unterschätzende

Rolle. Deshalb ist im italienischen Parlament einem Abgeordneten der rechten FdI (Fratelli d'Italia) der Kleiderstil von weiblichen Abgeordneten schon mal ein Einwurf wert. Sein Einwand gegen zu viel Dekolleté einer Abgeordneten schloss mit dem Argument, man befände sich schließlich in der Abgeordnetenkammer und nicht am Strand, zu viel Dekolleté zu zeigen passe nicht ins Haus, was wiederum den populistischen Rechtsaußen **Salvini** veranlasste, in sexistischer Altherrenmanier unpassend zu kontern, er habe nichts gegen Dekolletés.[5] „Buone maniere", gute Sitten, setzen einen common sense voraus, beruhen auf direkt und indirekt formulierten gesellschaftlichen Konventionen. Eine Übereinkunft, wie etwas zu sein hat, ein Arrangement des Verhaltens, das ohne große Erklärungsversuche funktioniert. Wie diese Beispiele zeigen, ist dieser aber eben nicht common, sondern sehr individuell.

Die Ordnungen in den Parlamenten sowie die Ordnungen, die wir uns durch gesellschaftliche Konventionen schaffen, repräsentieren das Verständnis von Macht durch den Staat. Die Bemühungen der Diplomaten, dem Nachwuchs Tipps zur angemessenen, zur edlen Darstellung dessen, was den italienischen Staat darstellt, zu geben, vergegenwärtigen das Verhältnis, in dessen Vertretung sie sich sehen.

Der Anzug & Triumph des T-Shirts

Die Stimmung politischer Kader auf den Tribünen während der Sowjetzeit, die sich alljährlich wie ein den Horizont verdüsternder Sprühnebel bei den Militärparaden in Moskau zum 9. Mai legte, erweckte immer schon, egal wie schön das Wetter war, den Eindruck eines ernsthaften Tribunals. Der sinistre Charme der Sowjetgranden schien und scheint gewollt.

Was wie eine bewusste, ernsthafte Tradition zu sein scheint, bestätigte der grimmige Blick Putins während seiner Neujahrsansprache 2023 einmal mehr. Wladimir **Putin,** stets in feinem Anzug gekleidet, lenkte den Blick von den im Hintergrund stehenden, uniformen Statisten in Armeekleidung schon durch sein Äußeres auf sich – auf einen Mann, der angestrengt versuchte, Entschlossenheit, Mut und Potenz zu vermitteln, der mit einer empathielosen, steril-einförmigen Rede derlei wohl unterstrichen wissen wollte.[1] Die Jahre zuvor fand die Ansprache jeweils vor dem Hintergrund einer eingeblendeten Kremlkulisse statt, beinahe im Stile einer einladenden Tourismuswerbung. Putin, der Mann, der bei einem seiner Auftritte im März 2022 (kurz nach dem Überfall auf die Ukraine) nicht in grauem Militärdrillich auftrat, sondern in einem 12 000 Euro teuren Mantel von Loro Piana steckte[2], von dem vermutet wird, er sei auch aus Kevlar, einem schusssicheren Material, ist Vorsteher eines trist uniformierten Volkes, und kaum jemanden scheint es zu kümmern. Die modische Attitüde des Russen hatte zwar wegen des Preises vereinzelt Unmut in den sozialen Medien provoziert, dieser war jedoch nur von kurzer Dauer.

Putins Stil, Putins Art, sich zu kleiden, stehen dazu in krassem Gegensatz zu jenem Mann, der nur mit einem T-Shirt in die Annalen der Modegeschichte eingegangen ist.

Es ist Wolodymyr **Selenskyj**. Dessen Land unter der Regentschaft des grimmigen, mit italienischen Luxusprodukten ausgestatteten Despoten in Tod und Verderben gestürzt wurde und durch pausenlose Angriffe der Russen zermürbt wird, hat keine Zeit für glattgebügelte Hemden und Anzüge und übertrumpft mit Impetus den rhetorisch eintönigen Duktus Putins. Im schmucklosen tarngrünen Overall und sichtlich von den Strapazen eines Krieges gezeichnet, steht er ohne Lack und Glanz vor den Kameras. Dezent, aber unübersehbar ist das auf den Sweater gedruckte, stilisierte Wappen der Ukraine. Er, der sich realiter im Krieg befindet, beeindruckt mit einer ungeschönten Rede, camoufliert nichts, paraphrasiert nichts schöner, als es ist. Kein italienischer Designer, der ihn ausstattet, kein Luxuslabel, mit dem er Politik macht.

Zwei Männer, ein Krieg. Zwei Männer, zwei Kleidungsstile. Unprätentiös im militärgrünen T-Shirt hält der Ukrainer jeden Tag eine Rede an seine Landsleute. Er spricht ohne gülden barocke Ziererei im Hintergrund, gebraucht keine von italienischen Möbeldesignern entworfenen und gezimmerten Tische, um seine Rolle als Staatsoberhaupt zu markieren. Er hebt sich nicht durch symbolisch repräsentative, durch einen herrschaftlichen Gestus zaristischer Manier ab. Er findet weder Zeit noch Gefallen daran, durch vergoldete Räume und an bunt aufgeputzten Lakaien vorbeizuziehen. Seine politische Dramaturgie entspricht einer im Land vorherrschenden realistischen Stimmung, seine Dramaturgie ist nicht das edle Parkett der Politik. Auch bei der ein- und ausgehenden internationalen Politik pflegt er darzustellen, was das Land ist: nämlich im Krieg. Daher ist sein Anzug das Camouflage-Shirt.

Das *ZDF* meinte, es wäre sein „Markenzeichen", und der Journalistin Katrin Eigendorf war dies eine Frage nach der Anzahl der sich in seinem Besitz befindlichen, identischen T-Shirts wert.[3] Im *Stern* stand zu lesen, es wäre das „Kleidungsstück des Jahres".[4] Selbst bei seinem Besuch in den USA im Abgeordnetenhaus scheute er nicht, sich symbolträchtig im T-Shirt zu zeigen, um ja nicht vergessen zu lassen, dass sich sein Land im Krieg befindet. So irritierend ein anzugloser Präsident auf der offiziellen internationalen politischen Tribüne ist, so trefflich authentisch ist diese Geste.

Der Geschäftsanzug hingegen funktioniert hervorragend als diplomatisches Etikett auf dem politischen Parkett. Der Anzug als Funktions- und Arbeitsdress auf dem Feld der Politik erlaubt sich in der Regel keine Überbetonung durch überbordenden Luxus. Da kann, vor allem in Deutschland und wie wir bereits festgestellt haben, schon ein Vollmaßanzug zu unerwünschten Schlagzeilen führen. Wer sich dennoch aufputzen möchte, der greift zu hidden luxury als versteckte Chiffre von Macht und Reichtum. Das bedeutet, Stoff und Anzug sind vom Edelschneider, oder die stylischen Accessoires lenken das geschulte Auge diskret zu einem kostspieligen Objekt. Manschettenknöpfe, Stecktücher, teure Uhren.

Putin ist, so oft man die Bilder auf der Homepage des Kreml auch rauf und runter durchforstet, nie mit Manschettenknöpfen oder Stecktuch zu sehen. Vermutlich weil ihm das zu Chichi ist, zu weich, zu sinnlich, gar zu wenig männlich, zu wenig zweckmäßig, oder einfach zu antisowjetisch.[5] Sein Alleinstellungsmerkmal als mächtiger Autokrat eines riesigen Landes in einer Gesellschaft extremer Ungleichheit vermag er dennoch nicht ganz zu verbergen. Bekannt für seinen Hang zu opulenten Bauten und luxuriösen Uhren trug er selbstverständlich bis zum Inkrafttreten der Sanktionen durch den Westen als Folge des Überfalls auf die Ukraine, ganz im Stile einer Hidden-luxury-Attitüde, exorbitant teure Schweizer Uhren.[6]

Trotzig bockig, ganz im Sinne Freuds, übt er sich in der Geste eines übermoralischen Masochismus und meint damit „den Westen“ zu bestrafen, der stellvertretend für enthemmten Überfluss, grenzenlos moralische Freiheit (Verkommenheit) und Luxus steht, indem er sich seiner sündhaft teuren Schweizer Uhr entledigt und diese durch ein auch für ein russisches Durchschnittseinkommen teures, aber von einem russisch-traditionsreichen Unternehmen hergestelltes Produkt ersetzt. Diese, im Verhältnis zu den Taten und Reden Putins, Petitesse ist streng besehen gar keine: Denn das von ihm getragene Modell in dieser einen Ausführung bleibt auch innerhalb Russlands ein luxuriöses Stück und allein ihm vorbehalten, sie kann von keinem anderen Menschen geordert werden.[7]

Der Hang zu Prunk, Macht und absoluter Herrschaft, diese Lust, sich abzuheben, anders (besser?) als die Gemeinheit im Staate zu sein, befördert nicht umsonst Überlegungen von der Art des englischen *The Economist*. Nonchalant leiten sie vom Verhalten Putins eine zaristisch-absolutistische Präferenz ab, die dazu führte, Putin auf dem Cover mit einem leichten, boshaften, lautmalerischen Buchstabenverdreher „A Tsar is born“ abzubilden.[8]

In der Tat ist Putin bei seiner Selbstdarstellung immer öfter ein gewisser großfürstlicher Hang nicht abzusprechen. Er steht dabei in einer Tradition langer sowjetischer „kolossaler Absichten“,[9] die letztlich immer in einen Gigantismus innerhalb eines Totalitarismus enden. Sein Counterpart, der Mann im tarngrünen T-Shirt, hat, darüber sind sich die Modeaffinen einig, in diesem traurigen Moment der Weltgeschichte einen neuen „War-Style" begründet. Beim Militärausrüster *Spartanat* formuliert man es freudig salopp: „Beim Präsidenten der Ukraine schaut die Welt genau hin. Liegt nicht nur am Krieg, sondern auch am Stil. Abgefeiert wurde bereits das 5.11 Shirt mit dem ukrainischen Logo – wir haben berichtet. Jetzt ist Selenskyj mit einer österreichischen Bekleidungsmarke, nämlich OUTRIDER TACTICAL, zu sehen gewesen. Logisch, man kommt ja nicht mit einem T-Shirt durch den Krieg. Trotzdem eine gute Wahl für den Präsidenten."[10]

Bemühen wir, in Anlehnung an den russischen Philosophen Michail Ryklin, die Tragweite des T-Shirts zu erfassen. Es ist der (hegelianische) Geist, der sich im T-Shirt, dem „Raum des Jubels",[11] äußert, und er ist es auch, der nicht gebannt werden kann. Die vitale, beseelte Kraft der Erhebung des ukrainischen Volkes gegen die russischen Invasoren verdichtet sich in diesem Shirt, das den Leib Selenskyjs umhüllt und das längst seine banale Bedeutung, den Zweck, nur billiges Kleidungsstück zu sein, abgelegt hat. „Effekte des Jubels" (Ryklin) und Momente des symbolischen Augenblicks kontrastieren in diesem tränen- und verlustreichen slawischen Drama. Der beinah regungslose Mann im Anzug in Moskau, der hinter einem Schreibtisch mit Telefonen aus der Frühzeit ihrer Erfindung wie ein Überbleibsel aus dem Kalten Krieg wirkt, der, wenn er am überdimensionierten wie überteuren Tisch Staatsgäste auf Abstand hält oder sich sichtbar angespannt an den Tischkanten in einem salonartigen Arbeitszimmer im Angesicht eines seiner Generäle festhält, erweckt den Eindruck, als sei er eine Junggesellenmaschine in einem Stück der Absurde.[12]

Stellt man so oder so kollektive Einheit her?

Ist eine Junggesellenmaschine das geeignete Mittel, um Überfälle auf Nachbarstaaten zu legitimieren, zu rechtfertigen, dass man die Jugend der Nation verheizt, nur um ein „eurasisches Imperium“[13] zu errichten? Ist eine Menschmaschine die ideale Zufuhr, Magie und Fluidum der Macht zu nähren, die Menschen zu verführen, um seine Macht zu festigen? Wie viel Meter misst die Macht und erfüllt ihr Geist mehr als nur den Zweck, sich durch überzogene Distanz lächerlich zu machen, wollen wir an dieser Stelle einwenden.

Politisch-religiöse Allianzen

Wir erinnern uns, dass sich Österreichs Kanzler mit dem mächtigsten Interessenverband innerhalb seiner Partei, dem Bauernbund, zum Hochamt in Österreichs legendären Wallfahrtsort Mariazell, weil von den Habsburgern zu solchem erklärt, einfand. Obwohl weit davon entfernt, mit den Wallfahrten des Kankan **Mansa Musa** (Geburtsdatum unbekannt, verstorben 1337), dem König eines großen Westafrikanischen Reiches (Mali), verglichen zu werden, haben wir es doch, anthropologisch besehen, mit einem parallelen Verhalten absolutistischer Praxis zu tun.

Mansa Musa galt arabischen Quellen zufolge als grenzenlos reich, denn er hatte das alleinige Verfügungsrecht über alles Gold seines Reiches. Legendär waren Mansa Musas Wallfahrten nach Mekka, die Hadschs. Begleitet von Scharen von Gefolgsleuten, gezierten Kamelen und allerlei Sklaven[1] demonstrierte er nicht bloß seine Gottergebenheit, er nutzte diese Prozessionen mitsamt seinem Hofstaat aus der gesamten muslimischen Welt, um zu verdeutlichen, wessen weltliche Macht sich hier auf dem Weg machte. Der Effekt, durch Staunen Ehrfurcht und Bewunderung zu erlangen, war ihm gewiss. Der opulente Pomp verschaffte ihm während seiner frommen Pilgerfahrt weltliche Reichweite, alleine durch den Glanz seines demonstrierten Reichtums und seine demonstrative Unterwerfung an das metaphysische Göttliche. Nach diesem Prinzip funktionieren auch weltliche Herrscher, die damit signalisieren, dass es über ihnen nur einen gibt, dem sie folgen mögen, der höher steht als sie selbst. Nämlich Gott. Mit solchen Gesten legen sie eine weltlich-hierarchische Ordnung auf symbolische Weise fest. Es ist also nicht verwunderlich, wenn **Putin**, der russische Tyrann, Kriegstreiber und Unruhestifter, demonstrativ dem Patriarchen von Moskau und der ganzen Rus, Kyrill I. **Gundjajew**, der übrigens wie Putin eine Geheimdienstvergangenheit vorzuweisen hat, als einen der wenigen Gleichen unter Gleichen behandelt, sich für alle Welt sichtbar mit ihm zu den höchsten Feiertagen im allerheiligsten Kirchenraum zeigt.

Das Spiel mit der geheiligten Aura vermag im Lichte der sich häufenden Völkerrechts- und Kriegsvölkerrechtsbrüche so geheiligt gar nicht zu sein. Es drängt sich besonders im Falle Putin auf, strapazierte Frömmigkeitsgesten seien nichts weniger als perfekt inszeniertes Blendwerk des Bösen.

Der Gestus des aus spätantiken Monarchien bekannten Gottesgnadentums (dei gratia) liegt der Vorstellung von politischer Macht über jahrtausendealte Muster zugrunde, die sich noch immer effektvoll nachweisen lassen. Hierarchische Verbindungen weltlicher Mächtiger mit Mächtigen der Kirchen bedienen diese jahrtausendealten Muster, von denen sich zu lösen Gesellschaften große Mühe haben. Da religiöse Systeme darauf beruhen, zu glauben, und das bedeutet vor allem, sich dem göttlichen Schicksal hinzugeben und nicht kritisch nachzudenken, muss jeder Machtbewusste danach trachten, dieses System so perfekt wie möglich für sich auszunutzen.

Die auf dem Grundsatz der Trennung von Staat und Kirche und der Vorstellung von Gewaltenteilung beruhenden Demokratien pflegen daher kaum religiös motivierte Dramaturgien. In der Tendenz zeigen autoritäre Populisten, Autokraten und Demagogen hingegen einmal mehr, einmal weniger einen gut sichtbaren Hang zu diesem schon klassisch zu nennenden feudalen Repräsentationshabitus. Unter Einsatz von viel Weihrauch, golden glänzenden Kircheneinrichtungen, umringt von bedeutenden Männern in Kaseln aus Edelbrokat ist im Falle Österreichs ein antidemokratischer Rekatholisierungsschub im Schwange. Sowohl **Kurz** als auch der derzeitige Kanzler Karl **Nehammer** stehen hier für eine höfisch-habsburgische Frömmigkeitstradition, die bereits mit dem aufgeklärten Absolutismus **Joseph II.** (1741–1790) überwunden schien. Das allgemein als voraufklärerisch geltende Gottesgnadentum widerspricht nämlich allen Regeln liberaler Gesellschaftsordnungen, und weil dies so ist, müssen wir jenen, die derartig überkommene Verhaltensmuster beiziehen, die Frage stellen, ob sie das Ziel verfolgen, Mächtiger in einem Staat von linearen Hierarchien zu werden, indem die Welt in zwei Teile – göttlich und nicht göttlich – eingeteilt wird. Für den Fall, dass dies so wäre, müssen wir der Polemik zum Vorrecht verhelfen und einwenden, ob es dann nicht einfacher wäre, eine parlamentarische Monarchie einzuführen und das Land in Allianz mit einem Habsburgischen König zu beglücken.

Denn das höfische Verhalten der letzten Kanzlerschaften Österreich offenbart eine demokratisch durch und durch halbseiden zu nennende Praxis. Besonders die Ära Kurz I und II legt offen, wie vergleichsweise feudalistisch der Staat regiert wurde.

Da bekanntlich die Apotheose von Herrscherhäusern von einem weihrauchgeschwängerten Flair unter dem Baldachin vom Glanz und der Macht der Kirche herrührte, müssen wir annehmen, dass sich Autokraten à la **Putin** und Re-Katholisierer wie **Kurz** wohl als ähnlich auserkoren geheiligte Mächtige verstehen. Österreichs Kolumnisten, Leser und Leserbriefschreiber zeihen Kurz noch immer spöttisch als „Auserwählten" oder „heiligen Sebastian", derart drängte sich dieser Vergleich auf.

Putins Selbstverständnis des Gottesgnadentums, seine gelebte Hybris führt vor allem im Westen zu Spott und – so lassen alle Vermutungen und Berichte ahnen – sicher auch bei aufgeklärten Kritikern in der tyrannischen russischen Republik.

Dramaturgien politischer Inszenierungen faszinieren dort, wo sie sich habituell nicht auf ein historisch begründetes, über Jahre kulturell tradiertes, monarchisches Gottesgnadentum berufen können, mit ihren Bemühungen, die weltlichen Abkömmlinge zu gottgleichem Prestige hochzuerzählen, hochzuschreiben. Der oberste Führer wird rituell gestisch wie sonst nur religiöse Entitäten behandelt. Die Untertanen haben sich vor den Bildnissen des obersten Führers zu verneigen, es gibt einen „ewigen Präsidenten", während der aktive weltliche „oberste Führer" sich nicht scheut, wie ein realer Filmheld aus einem amerikanischen Testosteron-Epos zu inszenieren.

Als Nordkoreas Top Gun, in nur für Nordkorea so typisch breitem Hosenschlag und in geradezu kesser Lederjacke, schreitet filmreif entschlossenen Schrittes **Kim Jong-un** – flankiert von zwei Generälen – vor einer atomwaffenbestückten Rakete siegessicher direkt auf die Kamera zu. Dieses von Nordkorea fabrizierte „Hollywood-style video",[2] wie die Nachrichtenagentur Reuters im März 2022 vermerkte, war Signal eines Mächtigen an andere Mächtige. Es diente dazu, der Supermacht USA zu signalisieren, dass man imstande ist, auf derselben Klaviatur zu spielen, man nicht als hungernder zerlumpter Hinterwäldler gesehen werden möchte oder darf. Die Atomwaffenrakete als Staffage, als Signum höchster Potenz, bedient in der Tat zutiefst verankerte Instinkte in uns. Denn auch wenn die etwas clowneske Imitation hollywoodesken Habituses für Schmunzeln sorgte, blieb der

Kern der Botschaft als gut tradierte militärisch sexualisierte Machtsymbolik hängen.

Fern solch weltlichen Kräftemessens müssen wir daran erinnern, dass Nordkorea von einem gerade mal drei Generationen herrschenden Geschlecht dirigiert wird. Wenn auch erklärtermaßen der gottgleiche „ewige" wie tote imaginierte Präsident einem sozialistischen Kollektiv vorsteht, gilt es zu vergegenwärtigen, dass dessen numinose Abbildungen ein Instrumentarium der Knechtschaft sind. Schon allein aus dem Grund, weil sich alle Einwohner des Reiches als gute Untertanen ausnahmslos vor dessen Antlitz zu verneigen haben. Maliziös sind die tyrannisch verordneten, ritualisierten Huldigungsprozessionen vor von Blumenmeeren gesäumten Huldigungsstätten. Falsche Auslegungen, nicht gebührend vollzogene Riten können Strafen unvorstellbaren Ausmaßes annehmen. Die Strenge der Macht in derart totalitären Systemen lehrt uns: Selbst in erklärtermaßen atheistischen Gesellschaften vermag die Selbstauslegung von Macht nicht auf die Betonung des göttlichen Nimbus zu verzichten.

Als gottgleiche Entität verwandeln sich der sonst im realen Alltagsleben sterbliche Führer und seine Nachkommen in eine unantastbare, genealogische Herrscherlinie, wie wir sie nur aus monotheistischen Religionen kennen. Stete Wiederholung von quasi religiös kultischen Praktiken wie Verneigungen, Blumenniederlegungen, kollektive Besuche vor Denkmälern usf. zielen auf eine Beseelung ab, trachten danach, eine geistig emotionale Bindung aufzubauen, wo sonst nichts als die krude, unerträgliche Macht eines Regimes übrigbliebe: „Nordkoreaner aus allen Landesteilen steigen aus, schreiten zur 20 Meter hohen Bronzestatue **Kim Il-sung**, legen Blumen nieder, verbeugen sich. Nur wenigen gelingt es, bei dem Anblick nicht zu weinen.“[3] So muss es sein, wenn Politik zur Religion wird.

Geheiligte Verbindungen auszurufen oder einzugehen, egal ob sie seit Jahrtausenden bestehen, ob sie traditionell überlieferten, religiösen Glaubenssystemen entspringen oder aus einem realpolitisch verordneten ideologischen Überbau resultieren, scheinen anthropologisch unverzichtbarer Teil von Machtbegehren und Machtstruktur zu sein. Der Zauber von Ritualen, insbesondere der Bild- und Wortzauber, sind in ihrer irrational-magischen Tradition ehemaliger Volkskultur nur mehr ein Überbleibsel eines Relikts, aber trotz aller positivistisch rationalistischen Überlagerung des Alltagslebens nutzen wir die Kraft von Bildkulten, und zwar als Technik, als Kommunikationstechnik. Allein deswegen ist es der Politik nicht möglich, darauf zu verzichten.

Ritualisierter Prunk aller Arten – seien es Wallfahrten, Prozessionen, Huldigungszüge beim Einlauf auf Parteitagen, gemeinsame öffentliche Gebete, besonders politisch verordnete – hat nur ein Ziel: eine Art metaphysischer Beziehung zur Macht und zu den nach Macht Strebenden herzustellen. Je weniger demokratisch eine Gesellschaft ist oder je mehr eine Gesellschaft autokratische Tendenzen entwickelt, umso vordergründiger dienen solche „Beschwörungen“, solche Verführungen dazu, eine auratische Imago zu befördern.

Wer jetzt in kolonialistischer Manier an außereuropäische tribalistisch organisierte Gesellschaften denkt und diese belächelt oder auf das Stereotyp der „unorganisierten“ afrikanischen Staaten zurückgreift, sollte an die Ähnlichkeiten zu unseren Politik- und Starkulten denken. Das Prinzip der geheiligten Überhöhung mächtiger Personen, ihre Verehrung beruht im Kern auf denselben Automatismen. Wenn diese Tatsache nicht hinreichendes Argument zur Bejahung einer parlamentarischen Demokratie und der Vielheit durch Freiheit ist!

Lustprinzip, falsche Könige (Populist oder Demagoge), echter Applaus

„Il primo populista“, der erste Populist, titelte die italienische Tageszeitung *la Repubblica* im Juni 2023 anlässlich des Todes des ehemaligen vierfachen Premierministers Italiens, Silvio **Berlusconi**.

Italiens ersten Populisten zeichnete aus, was Merkmale dessen sind. Stets auf den eigenen Vorteil und jenen der eigenen Partei bedacht zu sein und sich zugleich als Stimme der vielen auszugeben. Hinter den Kulissen genussvoll bis luxuriös mit dem Leben zu jonglieren, sich auch als Staatsmann wie ein abgehalfterter Schlagerstar zur Adoration hinzustellen. Berlusconi, oft bewundernd „Lebemann“ genannt, war ein Phänomen, das anhand rationaler Argumente nicht zu erklären ist.

Er war, zeitlich eingeordnet, sozusagen der Prototyp eines Populisten, der genau jenes Dilemma verkörpert, das zwischen dem Populisten und seinen Wählern, dem Volk, den Bewunderern, augenscheinlich da ist, jedoch bei der Mehrzahl der Menschen kaum Widerspruch hervorruft. Populisten sind Genießer, die vor allem nicht genug von sich selbst bekommen können. Ihre eigene Identität und deren Imagination davon scheinen sie auf alles, das sie umgibt, übertragen zu wollen. Sie leben einen großzügigen Lebensstil und getrieben vom Begehren, gesellschaftliche Konventionen nach eigenem Ermessen anzuwenden, führen sie nur eines im Sinn: nonchalant losgelöst von üblichem protokollarischem Etikett den Staat oder die Welt zu lenken.

Die Vitalität, die Genusslust, der schrille Lärm, ein ausgeprägtes hetero-sexualisiertes Spiel enden dabei stets in einem (männlichen) „Sieg“ über den Rest der Welt. Der Populist ist ein Machtmensch und dieser „tritt am liebsten in der Rolle des Siegers vor die Öffentlichkeit“.[1] Ein solcher wird er allerdings nur, wenn er auf eine Öffentlichkeit trifft, die ihm applaudiert. Ohne diese Zustimmung wäre er nichts als ein lauter, aufdringlicher Störer einer sonst ruhigen Unterhaltung. Europas erster Paradepopulist, Silvio **Berlusconi**, und dessen entsprechendes Gegenstück, Amerikas ehemaliger Präsident Donald **Trump**, eint ihre hetero-sexualisierte Hybris.

Es ist erschreckend und ebenso ernüchternd, mitansehen zu müssen, wie brunftig männlich, demokratiefeindlich und salopp privat-familiär bis konspirativ das Selbstverständnis ist, mit dem diese Männer – und ja, es sind in der Regel Männer, mit Ausnahme der männergefälligen Giorgia **Meloni** – einen Staat führten beziehungsweise zu führen gedenken. Diese „starken Männer“ sind nichts als politische Triebtäter, sie befürworten und bestärken eine hoch sexualisierte Politik, verachten Feministinnen, queere Menschen und alles, was nicht in ihr ausgebildet chauvinistisches Korsett passt. Zu diesen falschen Königen zählen all jene misogynen mächtigen Männer, die sich mit einem in Treue und Gesinnung konspirierenden „System von Prätorianern“[2] umgeben.

Sie agieren wie Verschwörungsgruppen, etablieren mit ihrem Einsatz einen strukturellen Machismo, der sich von Angst vor dem Verlust überkommener Rollenbilder nährt. Dass Frauen in diesen Kreisen und außerhalb gleichen Geistes sind, sollte nicht verwundern, darf aber dennoch enttäuschen. Mit ihnen verhält es sich wie mit den Demagogen, die den demokratischen Staat kaputtmachen wollen: Die einen verdanken der Demokratie die Chance, an die Macht zu kommen, damit sie diese Demokratie dann abschaffen können, während die anderen, die konservativen, populistischen oder demagogischen Frauen, ihre Positionen dem aufgeklärten Feminismus zu verdanken haben und diesen dennoch ablehnen. Es scheint ihnen keinen Gedanken wert zu sein, dass sie ohne die feministischen Errungenschaften weder in ihren Berufen noch in hervorgehobenen Führungspositionen der Machtapparate sitzen würden. Dass solche Frauen in ihrem Eifer misogynen Männern in nichts nachstehen, zeigt, dass das Lustprinzip der Macht geschlechterunabhängig und selbigen Ursprungs ist. Das Begehren, den eigenen Machttrieb befriedigt zu wissen, lässt eben auch viele Frauen alle demokratischen Prinzipien vergessen.

Der Weg vom derben oder selbstverliebten Populisten zum machtvollendeten Autokraten ist mitunter kurz und eine Schimäre. Wer auf den ersten Blick wie ein Populist auftritt und im vereinten Zorn „das Volk" beschwört, ist bei genauerem Hinsehen nicht weit von einem Demagogen entfernt. Dessen erstes Anliegen, den demokratischen Staat zu destabilisieren, um am Ende die parlamentarische Demokratie abzuschaffen, sich an die Spitze des neuen Staates zu setzen und frei von jeglichen Kontrollorganen, autokratisch den neuen Staat nach eigener Façon zu gestalten, tritt meist recht schnell zutage.

Der Demagoge kann als wertkonservativer Populist in Erscheinung treten, aber auch in Gestalt eines faunischen Gigolos. Wertkonservative Populisten und Demagogen loben ein antiquiertes, oftmals tendenziös religiöses Moralbild in ihren Programmen und Reden. Dieses lehnt sich ideell und politisch an der „Staatskirche" an und geht mit deren Vertretern nur zu gern eine nach außen hin zur Schau getragene Partnerschaft ein. Beispielhaft zu sehen an den Ministerpräsidenten der Türkei, Recep Tayyip **Erdoğan**, an Ungarns Regierungschef Viktor **Orbán**, an Italiens Giorgia **Meloni** und deren Koalitionspartnern, den Spitzenkandidaten von Österreichs FPÖ, Deutschlands AfD, an den Männern und Frauen von Polens PIS und in Teilen der ÖVP.

Die Vertreter des linken Populismus[3] – das liegt in ihrer ideengeschichtlichen Natur – verzichten hingegen vollständig auf religiöse Anbindungen, aber nicht immer auf metaphysische Heiligung ihrer selbst. Den venezolanischen Linkspopulisten Hugo **Chávez**[4] (1954–2013) verbindet mit den Rechtspopulisten ihre Abneigung gegen die Demokratie. Sein Nachfolger, Nicolás **Maduro**, fand zunächst Gefallen an einer Art demokratische Teilhabe. Inzwischen praktiziert er jedoch einen semitotalitären Sozialismus. Daher ist Frankreichs Linkspopulist Jean-Luc **Melénchon** mit seinem bisweilen radikal destruktiven Linksdrall und seiner Deutschlandfeindlichkeit nicht weniger irritierend, als Marine **Le Pen** und ihre Bewegung es sind. Die linke Syriza-Bewegung Griechenlands wiederum scheint um einen gewissen Pragmatismus bemüht zu sein, Kraft der Mitte ist sie dennoch nicht.

Die Grenze zwischen Demagogen und Populisten ist bei schneller Betrachtung schmal wie Messers Schneide. Krawall und Lärm machen sie alle, das eint sie, gleichgültig ob links oder rechts der politischen Lager.

Der Demagoge kann allein oder in einer Doppelrolle als Populist und Demagoge auftreten. Er trachtet danach, „das Volk“ auf bewusst subversive Weise zu verführen, dieses mit falschen Informationen zu füttern, es als sein Stamm zu benützen.

Alles in der Absicht, es in seinem Sinne lenken zu können. So nutzt und manipuliert er das real existierende Volk, die Gesellschaft also, um den Staat und dessen Strukturen zum eigenen Vorteil nutzen zu können, zu einem hochidealisierten Volk im Sinne eines einheitlichen Volkskörpers zu machen.

Der Demagoge benutzt den Staat systematisch für höhere, eigene Ziele. Er ist für ihn nur ein Vehikel, um die eigenen Ziele zu bedienen. Nimmt also ein Präsident hochbrisantes Geheimmaterial des eigenen Landes und darüber noch Quellen zu anderen Staaten (Atommächte noch dazu) mit nach Hause, tut er dies zum Nachteil des eigenen und anderer Staaten, aber zum Vorteil seiner selbst. Ziel des Demagogen ist also die Demontage bestehender demokratischer Regierungen, egal welcher Couleur diese sein mögen. Spätestens als Donald **Trump** aufrief, die demokratisch erfolgte Wahl seines Nachfolgers zu ignorieren, mehr noch, das gesamte Ergebnis als Wahlfälschung diskreditierte, offenbarte er sich zweifelsfrei als Demagoge.

Die Praxis des Populisten, den Menschen *a Gaudi, a Hetz* vorzugaukeln beziehungsweise diese bei deren eigener Laune abzuholen, lädt sein populus, sein Volk ein, wenigstens Spaß am Staate zu haben. Nun ist ein Staat aber kein Spaßkabinett, kein Freizeitpark, kein Vergnügungszentrum, keine Konzerthalle. Und das ist auch gut so. Denn der Staat und dessen symbolisch repräsentative Ausformungen wie Sitz und Architektur des Parlaments, dessen Dependancen und sonstige amtlich assoziierte Einrichtungen mit Siegelgewalt, deren vereidigte Amtsträger und hohe Repräsentanten, deren gewählte Mitstreiter auch gegensätzlicher Lager, bedürfen eines respektvollen Umganges. Nicht zuletzt, um eine formale und faktische Abgrenzung zwischen privat und öffentlich herzustellen, um den Staat als eigenen Rechtskörper zu etablieren.

Dergestalt sollte das Selbstverständnis einer Regierung in einer parlamentarischen Demokratie sein. Aus dem Grund, aus dem eine Regierung im Sinne aller im Staate unter Berufung auf den Rechtsstaat zu wirken angehalten ist (und nicht bloß zum Vorteil parteieigener Interessen), ermöglicht es dem Parlament mehr „Spaß“ – sofern sich alle in diesem ernsten Spiel dem parlamentarisch zustande gekommenen Recht unterwerfen.

Wer sich nach dem Grundsatz verhält, das Recht gehe vom Volke aus und die Politik hat dem Recht zu folgen, macht also nach den Regeln der Demokratie nichts falsch.

Solange der Populist „das Recht“ als übergeordnete Macht respektiert, werden seine Versuche, sich dem Volke anzudienen, indem man einfache Instinkte wie Wut auf Mitstreiter, Zorn auf deren Politik usf., bedient, bei kritischen Geistern zu Staunen und Unverständnis führen. Populisten, die misogyne, esoterische, antiökologische Fantastereien bedienen, stellen noch keine Gefahr für die Demokratie dar. Das Verbreiten frauen- oder schwulenfeindlicher Witze mögen manche als geschmacklos bezeichnen, ist für eine Demokratie aber nicht gefährlich, solange unter Einhaltung des Rechtes als höhere Instanz nicht dagegen verstoßen wird. Bei Verstößen wird sich der Populist wie jeder andere Mensch im Staate den durch Gewaltenteilung zur Objektivität im Sinne des Gesetzes verpflichteten Gerichten anvertrauen. Schmuggelt beispielsweise ein Finanzminister – in diesem Fall war es ein österreichischer Finanzminister – in seiner Funktion als Finanzminister, während seiner Amtszeit, einen Koffer voller privaten Bargeldes über eine zwischenstaatliche Grenze, gilt in einer vitalen Demokratie die Kraft des Gesetzes. So, wie das für jeden Bürger im Staate, unabhängig von Stand, Geschlecht und Religion gelten würde.

Doch der Populist, so putzig sympathisch er bisweilen auch dialektelt, muss stets aufpassen, dass er nicht zum Demagogen wird. Frei heraus skandierte ein Hubert **Aiwanger**, stellvertretender Ministerpräsident und Kopf der Partei „Freie Wähler (FW)“ Bayerns auf einer Demonstration gegen ein geplantes, vom Parlament vorgesehenes Heizungsgesetz „Jetzt ist der Punkt erreicht, wo die schweigende große Mehrheit dieses Landes sich die Demokratie wieder zurückholen muss.“[5] Der unbedarft wirkende Bayer, der meistens im Trachtenjanker gekleidet und mit dem charmanten Schlag seines Dialektes recht binnenexotisch agierende Landespolitiker, erlaubte sich, angetrieben vom Zorn auf die Grünen, das bewährte demokratische Regierungsmodell per se in Frage zu stellen. Allen Relativierungsversuchen zum Trotz, die daraufhin auf den Aufschrei anderer Politiker in der Republik folgten, offenbart dies sehr anschaulich die Grenzen zwischen Populismus und Demagogie. Wer dem Wahlvolk, das einem zu Füßen tobt und das gar oft, ohne genau zu wissen, warum es so zornig ist, entgegenschmettert, dass man sich etwas zurückholen müsse, der suggeriert, dass einem etwas gestohlen wurde. Er erzeugt im anderen, im „Volk“, ein Gefühl, bestohlen worden zu sein.

Trumps Gezeter, die Wahl sei ihm gestohlen worden, hatte letztlich den Sturm auf das Kapitol zur Folge. Die Macht und die mephistophelische Lust von Demagogen nährt sich von einer sinistren Lust. Es ist die Unverfrorenheit, gegen den demokratisch organisierten Staat Stellung zu beziehen, um seine eigene personale Macht zu stärken. Er weiß, er will auf dem Weg dahin ohne Abkürzungen Macht erlangen, er will seine Zeit nicht unnötig mit komplizierten Konzepten, Rechnungen, Überlegungen zur Energiewende, zu einer moderaten Sozialpolitik, einer ausgewogenen Wirtschaftspolitik und einer kostspieligen Verteidigungspolitik vertun.

Der Demagoge strebt im Augenblick, jetzt und ohne Umwege nach der totalen, umfassenden Macht. Indem er gegen die parlamentarische Demokratie als irgendwo weit weg vom Menschen angesiedelten Moloch einiger weniger zum Feindbild skizziert, stellt er das zugegebenermaßen zeitraubende und mühsame System der parlamentarischen Demokratie in Frage und signalisiert indirekt dessen generelle Ablehnung. Dies führt zu „Fassadendemokratien“, wie Igor Tuleya,[6] ein Richter am Bezirksgericht Warschau, gegenüber deutschen Journalisten über Polen nach dem Umbau des Rechtssystems im Jahr 2017 durch die PiS-Regierung meinte.

Der Demagoge ist kein Demokrat. Er verbirgt geschickt seine dynastischen Ansprüche, was dazu führt, demokratisch zustande gekommene Wahlergebnisse nicht anzuerkennen. Demagogen sind falsche Könige, genau wie Populisten. Beide aber sind Rosstäuscher und Illusionskünstler.

Private Öffentlichkeit. Geteilte Leben. Wir und die Macht

Es liegt „in der Natur der Macht, öffentlich zu sein",[1] so der Philosoph, Anthropologe und ehemalige Mitarbeiter von Lévi-Strauss, Marcel Hénaff. Die politische Macht verlangt nach Öffentlichkeit, denn nur dort entfaltet sie ihre volle Wirkung. Also konzentrieren sich ihre Kräfte auf ideale, signifikante Repräsentationsformen. So ist es die öffentliche Bühne, die jenen machiavellistischen Effekt hervorruft, der vor der Erfindung der Demokratie sowohl Religion als auch Adel als den unübertroffenen Raum zur Erfüllung von Herrschaft werden lassen.

Der öffentliche Raum als Ort der öffentlichen Rede und Zurschaustellung ist Weltenbühne, selbst in den kleinsten Dörfern im Hinterland. Alle Kulturen wissen davon zu berichten. Der öffentliche Raum ist probates Mittel der (Selbst-)Darstellung egozentrischer Klein- und Großgeister, idealer Ort der Suggestion. Kulturkritische Anthropologen denken dabei an ein Forum, das an den Vorsatz von „Täuschen und Tricksen" denken lässt, das den Platz „zynischer Manipulation der öffentlichen Meinung in einer subtilen Mischung aus Demagogie und Tyrannei"[2] hergibt.

Doch die Faszination der Verführungskünste von Macht, wagen wir zu behaupten, nährt sich mindestens zur Hälfte auch vom Nimbus des nicht Öffentlichen, dessen, was die Fama über die Geschehnisse und Ränke hinter der Fassade zu erzählen weiß. Vordergründig jedoch ist es eine Person, im Idealfall eine gut gekleidete Person, die wir aufgrund ihres bloßen Erscheinens anziehend finden, die uns zu verführen weiß, ohne dass wir es merken.

So geht der Reiz von etwas, etwas Diffusem, das zu messen und benennen kaum möglich ist, aus, das sich zwar zeigt, aber eben auch nicht zeigt. Die Öffentlichkeit als Bühne der Geisteshaltung lässt sich trefflich mit Maximilian **Krah** dokumentieren. Der Spitzenkandidat für die Europawahlen der AfD gilt als stylischer Kerl, der bis zu seinem Wahlwerbeverbot bewusst im offenen Porsche-Cabrio mit Verbrennermotor (und selbstredend nicht mit einem Hybrid- oder Elektromotor) zu seinen Wahlkampfauftritten fuhr, weiß um die Qualität der Selbstdarstellung. Der rechte Chic zeigt sich und die Seinigen auf Instagram geradezu gestaltenwanderlisch, derart viel Gesinnungskontext ist ihm gelegen zu zeigen. Er scheut auch nicht davor zurück, den aufgebahrten Leichnam des bayerischen Papstes („Requiescat in pace") zu posten oder sein Kind in einer Kirche in Brüssel bei der Erstkommunion im Trachtenjanker („Sixtus' First Holy Communion"), wenn es nur nützt.

Die politischen Verführungskünste allgemein, vorzugsweise die von Populisten oder Demagogen, bedürfen geradezu der öffentlichen Bühne, sie brauchen den Krawall, den Lärm, denn sie schicken sich an, das Volk zu erobern. Sei dies, dass sie sich aus einem „geschichtlichen Erwachen" oder einfach nur dem eigenen Streben nach absoluter politischer Macht wegen der Welt als Ganzes bemächtigen wollen. Mehr als sonst ist ihr Impetus der Zorn, die Revolte. Der Porschefahrer, der schnittig zu seinem Wahlkampftermin erscheint, riskiert, nein, rechnet damit, Aufsehen zu erregen. Er zielt auf den Zorn im Volk ab, auf dessen „thymotische" Natur, um Deutschlands größten noch lebenden Philosophen, Peter Sloterdijk, zu bemühen.

Wer das „Volk anruft“,[3] muss dies im öffentlich Raum tun, der muss mit ihm eine Art Kommunion bei öffentlichen Auftritten feiern, bereit sein, in gemeinsamen Eifer aufzugehen. Es ist nahezu unvorstellbar, sich Angela **Merkel**, Romano **Prodi**, Mario **Draghi**, Emmanuel **Macron**, Olaf **Scholz** oder andere Staatenlenker wie **Kurz** und seine Entourage populistisch wetterwendig bei einer Wallfahrt mit Bauern, beim Tanzen mit verdächtig gut gelaunten Youngsters, beim gemeinsamen Klettern mit dem slowenischen Rechtsaußen Janez **Janša** für einen Tross von Fotojournalisten in Aktion zu wissen. Vom Lebemann **Berlusconi**, vom schillernden **Trump** hingegen wissen wir, wie sehr sie sich in Fernsehshows gefielen und in Clubs Politik machten, ohne Politik zu machen; wie wenig Wert sie auf bisherige, nicht nur wohlerprobte, sondern der Sache angemessene Konventionen politischer Praxis legten.

Sich in der Öffentlichkeit zu zeigen, um sich umgehend rar zu machen, ist auch eine hohe Kunst. Denn das Begehren nährt sich stets vom neuen Begehren. Das geteilte Leben als politische Verführungskunst ist, so wie es scheint, die einzige Politik, die sie, die Populisten und Demagogen, machen. Es ist eine eigene Strategie, sich zu zeigen, sich zum Zentrum „des Politischen“ zu machen.

Da darf aber gefragt werden: Wäre es nicht besser, Politik zu machen und sich dabei zu zeigen?

Nun, möglich ist es. Alle Nicht-Populisten und Nicht-Demagogen vermögen es ja. Beispielsweise Sanna **Marin**, Finnlands Ministerpräsidentin und „coolste Regierungschefin Europas“,[4] die ihr Land mit ruhiger, bestimmter Hand in fordernden Zeiten führte. Als von der jungen Politikerin (Jahrgang 1985) und Mutter allerdings Bilder von einer lebensfreudigen privaten Party mit Freundinnen ein Video via Boulevardzeitung kursierten, sah sie sich einem Sturm der Entrüstung ausgesetzt. Dieser führte dazu, dass sie sich öffentlich entschuldigte. Nun mögen die Finnen dies möglicherweise habituell anders bewerten, hierzulande rümpfen die einen oder anderen kaum die Nase, wenn Fotos von privaten Clublokalbesuchen des Kanzlers mit einem Chefredakteur einer bedeutenden bürgerlichen Tageszeitung (Rainer Nowak) öffentlich werden.[5] Der Fall Marin legt die ganze Dimension symbolischer Qualität von populistischer Perfidie und Paradoxie offen.

Es lässt sich mit einer populistischen Aufmerksamkeitsmaschinerie, mit Zorn und viel Tschindarassa-Bier-auf-Ex-Trinken im Trachtenjanker Politik machen. Und zwar solange wir, die Wähler, das Volk, das Gefühl haben, wir dürfen dabei sein.

Wer mag sich noch daran erinnern, dass Angela **Merkel** während ihrer privaten Wandertage in Sulden im Westen Südtirols diese ohne viel Aufhebens absolvierte, was selbst vom Boulevard akzeptiert wurde.

Die Faszination der Macht, ihre magische Dimension, ihre Verführungskraft – das sollten wir uns vergegenwärtigen – lebt von unserer eigenen Schamlosigkeit, hinter den Vorhang blicken zu wollen, Anteil an etwas haben zu wollen, das uns eigentlich nicht zu berühren hat. Eben weil es die Grenzen der Intimität eines Subjekts zu respektieren gilt. Wenn Helsinkis Abendzeitung *Iltalehti* scharf auf Bilder der privaten Ministerpräsidentin ist, bedient sie einen vulgären Voyeurismus, der nur dann ein Recht auf Befriedigung hätte, wenn er Ausdruck einer realpolitischen Hinterzimmerpolitik, einer privaten Kungelei mit politischen Folgen fürs Land gezeitigt hätte.

Mit dem Vergleich der ungefähr gleichaltrigen und zeitgleich amtierenden Regierungschefs **Marin** und **Kurz** vermögen wir den Unterschied zwischen einer soliden Politik abseits populistischer Selbstdarstellung als eigentliche

Politik und einer Politik, die die Inszenierung zur Politik erhebt, zu verdeutlichen.

Kurz und sein Umfeld erhoben die halböffentliche Politpraxis, die private Öffentlichkeit zur politischen Praxis. Er setzte auf die Macht des Boulevardjournalismus, indem er diese mit Bildern fütterte, die ihn scheinbar bei seiner politischen Arbeit zeigten. Er umgab sich mit geneigten Medien und behielt es sich als Kanzler vor, selbst zu Hintergrundgesprächen nur einzuladen, wer ihm wohlgesonnen war. Ohne ein Mindestmaß von Willen an Transparenz, von Informationsaustausch im Dienste der Republik und deren Vielfalt der parlamentarischen Demokratie. So übte der populistische Herr **Kurz** nach den Regeln autokratischer Praxis eine Strategie semi-privatimer, man könnte auch sagen schein-privatimer Politik, denn natürlich zeigte er sich nie in seinem realen privaten Kontext. Gemäß dem natürlichen Gesetz politischer Macht, in einer Demokratie öffentlich zu sein, lehrt uns dies, dass Macht, so sie sich als populistische „Volksmacht" zu definieren gedenkt, gut daran tut, immer etwas offenzulassen, das Begehren nach Spekulativem in jedem von uns offen zu halten. Sich zu zeigen und sich zugleich zu verbergen. Die Verführungskunst populistischer Politik besteht darin – das sollten wir mit unserm Hunger auf Teilhabe berücksichtigen –, eine Politik des geteilten Lebens zu pflegen, aber nicht ernsthafte Sachpolitik zu machen.

Populistische Politik ist nichts weniger als ein von Kommunikationsteams gestaltetes episches Theater. Nur leider ist die Bühne nicht das Parlament, der reale und symbolisch repräsentative Ort von Politik.

Wenn also Gemeinplätze wie Szenelokale, alpine Kulissen, Volksfeste, Fotos von Touren und Ausflügen, gefüllten Mittagstellern den Eindruck des Vollzuges politischen Handelns erwecken, hat eine offensichtliche Veränderung der Politik stattgefunden. Gesellt sich dazu noch eine Erosion der Gewaltenteilung, der Medienfreiheit, der Trennung von Staat und Kirche – wir denken an dieser Stelle beispielhaft an Ungarn, Polen, an die Türkei und an Österreich während der Periode der Regierung Kurz I und II, an Italien unter Silvio Berlusconi und Giorgia Meloni –, sollte sich jeder von uns fragen, warum er sich mit dieser neuen Politik und ihren Verführungskünsten zufriedengibt.

Zum Abschied eine Hundegeschichte: Dudù, Buffy, Bo. Von der Verführungskraft des lieben Viehs

Man kuschelt öffentlich mit Hunden oder Katzen.

First Dogs, sie bellen in allen politischen Lagern. Sie sind gar mittlerweile Teil wohlüberlegter Inszenierungen. Der Haushund, *canis lupus familiaris*, trägt Namen wie Dudù, Buffy, Bo oder Blondi. Als im Dezember 2013 das italienische Klatschblatt und Wochenmagazin *Chi*, das Teil von Berlusconis Medienimperiums ist, auf seinem Cover exklusiv **Putin** und **Berlusconi** abbildete, galt das Motiv der Botschaft, eine innige Freundschaft zwischen einem italienischen, unberechenbaren Narzissten und einem höchst affektkontrollierten, geheimnisvollen russischen Regenten zu belegen. Es war ein ungewöhnliches Bild, da es jede gewohnte staatstragende Strenge vermissen ließ. Locker lässig spielten beide Ballwerfen im Palazzo Grazioli in Rom mit Dudù, dem weißen Pudel von Berlusconi.

Die Freundschaft der beiden Alphatiere mit Hund ließ ausgerechnet in diesem Moment des Spiels mit dem lieben Vieh alle gewohnt strengen, staatsernsten Grimassen vermissen, ganz besonders gelöst schien Putin. Die Tageszeitung *Corriere della sera*[6] meinte sardonisch, „Berlusconi, Putin e i giochi con il cane Dudù" (Berlusconi, Putin und die Spiele mit dem Hündchen Dudù) und schob dem Freundschaftsspiel eine Reihe weiterer Bilder nach, um das innige Verhältnis der beiden in Prunk und Protz verliebten Staatenlenker zu unterstreichen.

Dudù, Italiens berühmtester Pudel, wurde Teil eines politischen Narrativs zur Herzergreifung der Menschen, Teil politisch wohl kalkulierter Verführungskunst. Diese Strategie reifte bis zur öffentlichen Verlobung des weißen (Staats-)Pudels. Berlusconi selbst soll die Idee dazu gehabt haben, so seine Verlobte. „Nun hat auch Dudù eine Verlobte", ließ eine Illustrierte verlauten.[7] Hunde seien etwas „zwischen Engel und Kinder[n]",[8] meinte Berlusconi anlässlich des Welttiertages, scherte sich aber kaum darum, ob den Hund das Gezerre freute. Der eigene Blog des Hündchens wärmte das Herz der Italiener und ließ alle innenpolitischen Kalamitäten und fragwürdigen Geschäfte hinter den Kulissen vergessen.[9]

Populistische Politik scheint neuerdings etwas mit Hund und mit Tieren zu tun zu haben. Denn mehr und mehr finden sich in den sozialen Netzwerken und auf Wahlplakaten während Wahlkämpfen Bilder von Politikern mit Hunden, die oft nur geliehen sind. An launigen Tagen ist man geneigt, die Beziehung Hund-Politik flapsig unter dem Begriff „Gebell" zu subsumieren. Doch liegt auch Ernst in der Sache, denn im Fall Putin scheint die Hundeliebe derart authentisch und seriös verbürgt, dass ihm bereits mehrere Staatsmänner ein Tier geschenkt haben. Seine Freude über die Viecher sind in effectu jene wenigen Momente der Welthistorie, in denen er fast wie ein Mensch zu sein scheint: Wenn er einen Welpen kost oder Yume, einen Akita-Inu-Hund, ein Geschenks Japans,[10] freudestrahlend am Kopf streichelt, wirken seine Gesichtszüge gelöst, ja, geradezu glücklich scheint sein Lächeln.

In diesen Momenten vergisst man nur zu schnell, mit wem man es zu tun hat.

Der „kleine Wolodja Putin"[11], wie er von der Opposition verhöhnt wird, wird dann zu einem scharfen Hund, der das herzige Vieh gegen jeden diplomatischen Anstand als psychologische Waffe zum Einsatz bringt. Beispielsweise, um Angela **Merkel** Angst einzujagen. Putins augenfällige Lust – um nicht zu sagen sein unverhohlen zur Schau gestellter „Sadismus"[12] –, die damalige Anführerin

Europas und mächtigste Frau der Welt bei einem öffentlichen Termin (2007) mit einer schwarzen Labradorhündin namens Koni[13] in Angst und Schrecken zu versetzen, ist damit als parabolisch-weltpolitische Bosheit auf ewige Zeiten überliefert.

Die Hundeliebe des sonst so gefürchteten Russen schien für kurze Zeit den Eindruck von Putin als philanthropischem Herrscher erzeugt zu haben. Nach dem Überfall Russlands auf die Ukraine zeigte sich das römische Online-Magazin *lanternaweb.it* in Anlehnung an das römische Sprichwort „verba volant, scripta manent" (Wörter fliehen, Geschriebenes bleibt) enttäuscht und bemühte die tierische Begegnung zwischen Berlusconi und Putin in ihrer sogenannten Rubrik: „Verba manent: non è più quel Putin che giocava con Dudù"[14], um dem Entsetzen über den von Putin ausgelösten Überfall auf die Ukraine Ausdruck zu verleihen: „[...] es ist nicht mehr derselbe Putin, der mit Dudù spielte."

Merkel äußerte sich nach ihrer Begegnung mit einem der Hunde Putins bemitleidend bis herablassend über Putin gegenüber deutschen Journalisten – wer kann es ihr verdenken?[15]

Der Mensch ist empfänglich fürs liebe Vieh und dessen liebes Geschau. Schon Freiherr von Knigge wusste von „Damen" zu berichten, die „ihre Katze zärtlicher umarmen wie ihre Ehegatten; junge Herren, die ihren Pferden sorgsamer aufwarten wie ihren Oheimen und Baasen, und Männer, die gegen ihre Hunde mehr Zärtlichkeit, Schonung und Nachsicht beweisen wie gegen ihre Freunde, die sich von jenen müssen mit Flöhen bevölkern lassen".[16] Selbst um knallharte Politik bemühte Politiker, insbesondere jene auf der konservativen Seite, haben inzwischen selbst entdeckt – oder wurden von ihren Kommunikationsstrategen darauf hingewiesen –, dass sich mit Tieren Politik machen lässt.

Auch das ukrainische Verteidigungsministerium weiß um die Wirkung von Tieren, weiß, dass es oft leichter ist, mit dem Elend von Tieren als mit dem von Menschen Aufmerksamkeit auf sich zu ziehen. Sich des Viehs, des Kleintierviehs, anzunehmen, erzählt von der Fähigkeit des Menschen, besonders empathisch zu sein, sich jener anzunehmen, die sich nicht verständlich machen und die sich selbst nicht helfen können. Es ist ein besonderes Zeugnis von Menschlichkeit, sich der sprachlosen, hilflosen Kreaturen anzunehmen. Tierfotos, Katzencontents erweichen alle bis auf den pathologischen Sadisten. Daher erregt Aufmerksamkeit, wer zwar xenophob gegen Menschen hetzt, Systemkritiker in den Karzer wirft, aber sich – oh wie süß – einen Hund hält oder Kätzchen streichelt.

Ist der Mächtige nicht selbst im Besitz eines oder mehrerer Tiere, wie Putin oder Berlusconi, für den bucht der Kommunikationsberater der Parteien für Fotoshootings bei Tieragenturen Hund und Katz.

Marine **Le Pen** ist daran gelegen, ein entschlossen kompromissloses Image von sich zu vermitteln. Der feurige Zorn, mit dem sie um politische Macht in Frankreich buhlt, die gnadenlose Härte im politischen Alltagsgeschäft sucht sie mit einer sanften, anschmiegsamen Seite zu verbinden. Deshalb eröffnet sie den Menschen auf Instagram, sie sei eine ausgewiesene Katzenliebhaberin, und es wirkt, als finge sie selbst gleich an zu schnurren. Mit unüberhörbarem Befremden titelte daher das deutsche Nachrichtenmagazin *Der Spiegel* im April 2021: „Irgendwie rechts, aber mit Katze".[17] Mal zeigt sie sich in der Umgebung von Kälbern, Schweinen und Kindern wie in der Picardie beim Besuch von Landwirten. Sie streichelt Hunde, schürzt ihre Lippen zum Kuss einer Katze (am internationalen Tag der Katze). Der Tiere viele, am liebsten Katzen, ist das Anliegen der zackigen Madame **Le Pen**. Ihr Instagram-Account dient wie zum Beweis ihrer Sanftmut und Liebesfähigkeit. Diese teilt sie sonst nur mit weißen französischen Patrioten. Ihre Anhänger und Follower lieben, liken und herzen die Bilder.

Wer auf dem Weg zur Macht auf die schnurrende Karte setzt, setzt auf Millionen von Wählerherzen. Gleiches gilt für Hunde – auch wenn sie beißen, liebt man sie, verzeiht ihnen, wie es Alexander **Van der Bellen**, der Bundespräsident Österreichs, tat, als er vom First Dog der Präsidentin der Republik Moldawiens gebissen wurde. Die Irritation und der Schrecken brachten den Herrn Bundespräsidenten sogar dazu, ein Reel auf Instagram zu veröffentlichen, in dem er den Hund verteidigte.[18]

Blazer, Pudel, Glamour sind die Zutaten und Werkzeuge von Macht und deren Verführungskünste, sie sorgen für die nötige Magie, sie appellieren an unsere Gefühle und dienen einem Zweck: den Willen zur Macht zum Erfolg zu führen. Sie täuschen jedoch darüber hinweg, dass Macht, insbesondere politische Macht, mehr ist als schöner, glänzender Dekor oder treuherzige Hundeaugen.

Der süße Hund oder tapsige Welpe eines sadistischen Despoten sollte als par pro toto der politischen Verführungskraft gelten, als Werkzeug der Täuschung, das man nur einsetzt, wenn der Trend nach Tierfotos es verlangt. Jeder der vielen Hunde von Putin vermag nicht darüber hinwegzutäuschen, dass Macht, so sie über keine Kontrolle verfügt, hinter ihrer güldenen Hundehütte einen gefahrvollen Hinterhof birgt.

Anmerkungen

Geleit

1 Inschrift am Höllentor. III. Gesang, Vers 1–9. Alighieri, Dante: La Divina Commedia. Milano 1991. Ausgabe des Hoepli-Verlages.
2 Herbeck, Ernst: Der Hase!!!!. Salzburg / Wien 2020. S. 211.
3 9 061 848 betrug die Bevölkerung laut Angaben der Statistik Austria am 1. Juli 2022. Zuletzt abgerufen am 10. September 2022.
4 Kantorowicz, Ernst H.: Die zwei Körper des Königs. Eine Studie zur politischen Theologie des Mittelalters. München 1990. Die deutsche Ausgabe beruht auf der 2. korrigierten Auflage „The King's Two Bodies. A Study in Medieval Political Theology“ Princeton University Press. Princeton, N. J.
5 Vgl.: Luhmann, Niklas: Macht. Stuttgart 1975. S. 1.

Der Anlass

1 Paulmichl, Georg: Vom Augenmaß überwältigt. Briefe, Glossen und Bilder. Innsbruck 2001. S. 79.
2 Benedict Neff in der NZZ vom 17. Januar 2018 https://www.nzz.ch/international/kuehler-empfang-fuer-den-konservativen-hoffnungstraeger-ld.1348634. Zuletzt abgerufen am 11. September 2022.
3 „Der Streit hinter dem Lächeln“ von Stefan Braun, Berlin. SZ vom 17. Januar 2018. Zuletzt abgerufen am 11. September 2022. https://www.sueddeutsche.de/politik/sebastian-kurz-besucht-angela-merkel-1.3828834
4 Der Wirbel um Annalena Baerbocks Visagistin, die angeblich 7500 Euro monatlich verdient, zeigt Gewicht und Dynamiken gegenwärtiger Politpraxis.
5 Scheiber, Oliver: Die Krise der Volkspartei. Konservative Wende oder konservatives Ende. Wien 2023.
6 So Michael Fleischhacker von Servus TV bei Talk im Hangar vom 2. April 2019.

Alles eine Frage der Macht

1 Meyer, Piet: Kunst und Religion der Lobi. (=Publikationsstiftung für das Museum Rietberg Zürich Bd. 3). Zürich 1981. S. 17.
2 Benjamin Dodman nannte Gadaffi so. https://www.france24.com/en/20100829-gaddafi-rome-visit-berlusconi-business-islam-libya-italy Zuletzt am 3. August 2023 abgerufen.
3 Ein Höchstmaß an Exzentrik erreichte er bei einem Besuch des nicht weniger egozentrisch agierenden Ministerpräsidenten Berlusconi in Rom, wo er weibliche Models dafür bezahlte, dass er sie in der libyschen Botschaft empfing und sie zum Islam zu bekehren versuchte. https://www.spiegel.de/panorama/leute/rom-besuch-gaddafi-gibt-hunderten-models-koran-lehrstunde-a-714480.html. Zuletzt abgerufen am 3. August 2023. Die Süddeutsche Zeitung titelte am 31. August 2010 über diesen Besuch: „Zirkus Gadaffi“

https://www.sueddeutsche.de/politik/a-gaddafi-1.994209. Zuletzt abgerufen am 3. August 2023 und das Handelsblatt meinte „Grotesker Besuch". „Libyens Staatschef Gaddafi wirbelt Rom auf" https://www.handelsblatt.com/politik/international/grotesker-besuch-libyens-staatschef-gaddafi-wirbelt-rom-auf/3526758.html. Zuletzt abgerufen am am 3. August 2023.

4 Ein Beleg unter vielen. Vgl: https://www.nbcnews.com/politics/donald-trump/trump-says-wont-dictator-elected-day-one-rcna128267 Mittwoch, 6. Dezember 2023.

Das Volk, il popolo, le peuple I

1 Du principe de l'égalité. In: Saint-Just, Louis Antoine: Esprit De La Revolution et De La Constitution De France. Paris 1791. Online verfügbar: https://onb.digital/result/108AFD06

2 Kant, Immanuel: Anthropologie in pragmatischer Hinsicht. Hamburg 1980. S. 260 ff. (erstmals 1869).

3 Krah, Maximilian: Politik von rechts. Ein Manifest. Schnellroda 2023. S. 97.

4 Die ARD-Tagesschau berichtet online ausführlich über das „Versehen". Siehe: https://www.tagesschau.de/inland/afd-eu-100.html. Zuletzt am 4. August 2023 abgerufen.

5 https://www.noe.gv.at/noe/Wirtschaft-Tourismus-Technologie/Noe_Wirtshaus_Paket.html
https://www.falstaff.com/profi/newsbeitrag/wirtshauspraemie-2024-niederoesterreichs-gastronomen-erhalten-bis-zu-100-000-euro-foerderung/. Zuletzt am 26. März 2024 aufgerufen.

6 https://www.diepresse.com/13442455/oevp-will-an-begriff-normal-festhalten. Zuletzt am 18. März 2024 abgerufen.

Das Volk, le peuple, der „Volkist" II.

1 Jules, Michelet: Das Volk. Nordhausen 1846. Das Original erschien unter dem Titel „Le Peuple" in Paris 1846 bereits in dritter Ausgabe.

2 Wallnöfer, Elsbeth: Heimat. Ein Vorschlag zur Güte. Innsbruck 2019. S. 30.

3 Weber, Max: Politik als Beruf. Ditzingen / Stuttgart 2020. S. 9.

4 https://www.spiegel.de/politik/deutschland/friedrich-merz-will-mit-union-alternative-fuer-deutschland-mit-substanz-sein-a-6b6e7687-ba67-4fac-9a3a-2b707b096d10
https://www.tagesspiegel.de/politik/cdu-ist-alternative-fur-deutschland-mit-substanz-aussage-von-friedrich-merz-sorgt-fur-scharfe-kritik-10184986.html
https://www.welt.de/politik/deutschland/video246506264/AfD-mit-Substanz-Glaube-nicht-dass-es-Merz-so-rausgerutscht-ist.html
https://www.bild.de/politik/inland/politik-inland/empoerung-ueber-merz-wortwahl-cdu-will-alternative-fuer-deutschland-mit-substanz-84751316.bild.html
Alle zuletzt am 4. August 2023 abgerufen.

5 Eine sehr interessante Studie zur Ideengeschichte der Selbstliebe verfasste Hans-Jürgen Fuchs.
Fuchs, Hans-Jürgen: Entfremdung und Narzissmus. Semantische Untersuchungen zur Geschichte der „Selbstbezogenheit" als Vorgeschichte von französisch „amour-propre" (Studien zur Allgemeinen und Vergleichenden Literaturwissenschaft. Bd. 9). Stuttgart 1977.

6 Dahrendorf, Ralf: Über Populismus: Acht Anmerkungen (2003). In: Ders.: Der Wiederbeginn der Geschichte. Vom Fall der Mauer zum Krieg im Irak. Reden und Aufsätze. München 2004. S. 314–321.
7 Eine Serie zorniger Auftritte der AfD wurde vom NDR als Kompilation erstellt. https://www.ndr.de/fernsehen/sendungen/extra_3/AfD-Song-Poebeln-und-Stampfen-im-Bundestag,extra19998.html. Zuletzt am 11. Juli 2023 abgerufen.
8 https://www.youtube.com/watch?v=rl-O58ylSbU. Zuletzt am 5. Mai 2024 abgerufen.
9 Alexander Gauland nach der Bundestagspolitik 2017. https://www.youtube.com/shorts/_fnja9qN2vM. Zuletzt abgerufen am 12. Juni 2023.
10 Ein Zusammenschnitt groben Verhaltens siehe https://www.ardmediathek.de/video/extra-3/poebeln-und-stampfen-im-bundestag/das-erste/Y3JpZDovL25kci5kZS9 lYTNjMjMzYS03NDIwLTQ2NDEtYmM0O S02Y2ZlYjg4NGEzN2Y. Zuletzt abgerufen am 17. November 2022. Es gibt dazu auch ein im Netz kursierendes GIF.
11 https://www.youtube.com/watch?v=_fnja9qN2vM ARD-Tagesschau. Zuletzt abgerufen am 26. Jänner 2023.
12 https://zh-cn.facebook.com/andreascanzi74/videos/ma-perché-la-meloni-urla-semprecosa-sono-questi-toni-costantemente-sguaiatie-bas/129090118969361/ um hier nur ein Beispiel unter vielen zu zitieren. Zuletzt abgerufen am 24. Jänner 2023. Auf TikTok finden sich eine Reihe von Schreieinlagen der ehemaligen Oppositionspolitikerin der Fratelli d'Italia (Brüder Italiens).
13 Zitiert nach Sloterdijk. nach Kretschmer. Ernst, Kretschmer: Medizinische Psychologie. Leipzig 1930. S. 183 f.
Siehe: Sloterdijk, Peter: Zorn und Zeit. Frankfurt a. M. [5. Aufl.] 2019.
14 https://magazin.nzz.ch/hintergrund/warum-wurde-sie-so-zornig-le-pen-front-national-ld.154816?reduced=true. Vom 1. April 2017, 20 Uhr. Siehe Süddeutsche.de von Christian Wernicke, Lyon. „Le Pen gegen Macron – Zorn gegen Zuversicht" vom 5. Februar 2017; 18:55 Uhr https://www.sueddeutsche.de/politik/frankreich-le-pen-gegen-macron-zorn-gegen-zuversicht-1.3364530-0. Beide zuletzt abgerufen am 17. November.

Von der Selbstliebe & dem Selbstvertrauen

1 Frankfurt, Harry G.: Gründe der Liebe. Frankfurt / M. 2014. S. 47.
2 Online bestellbar und in einer Leseprobe einlesbar https://www.bertelsmann-stiftung.de/fileadmin/files/BSt/Publikationen/imported/leseprobe/1_974_Leseprobe.pdf. Zuletzt am 21. März 2024 aufgerufen.
3 Vgl.: Charim, Isolde: Die Qualen des Narzissmus. Über freiwillige Unterwerfung. Wien 2022.
4 Fromm, Erich: Sigmund Freuds Psychoanalyse. Größe und Grenzen. München 1984. [3. Aufl.] S. 48–58.
5 https://twitter.com/hbrandstaetter/status/1697199382863495590?s=58&t=XP8fbaRhbtyNVVw1jc914A Tweet-X vom 31. August 2023. Zuletzt am 1. September 2023 abgerufen.
6 https://www.ots.at/presseaussendung/OTS_20221103_OTS0014/journalistenausbildung-unter-kontrolle-des-bundeskanzlers-ist-mit-medienfreiheit-und-demokratie-voellig-unvereinbar. Zuletzt am 22. August 2023 abgerufen.
7 Siehe: Wallnöfer, Elsbeth: Wir sind Nation. Kommentar der anderen. Der Standard vom 29. August 2021.

https://www.derstandard.at/story/2000129233899/wir-sind-die-nation. Zuletzt am 26. März 2024 online.

8 https://www.derstandard.at/story/2000132106195/schmid-an-mitarbeiter-im-finanzministerium-du-bist-die-hure-fuer
https://www.profil.at/oesterreich/der-fall-siegfried-wolfoevp-die-hure-fuer-die-reichen/401850175
https://www.oe24.at/oesterreich/politik/schmid-du-bist-die-hure-fuer-die-reichen/504337593
https://www.kleinezeitung.at/politik/innenpolitik/6077471/Chats-in-Causa-Sigi-Wolf_Thomas-Schmid-an-Mitarbeiter_Du-bist-die
https://zackzack.at/2022/03/10/hure-der-reichen-traf-sigi-wolfs-steuerberater. Alle am 10. August 2023 zuletzt aufgerufen.
Zur Kulturgeschichte der Korruption siehe den Sammelband: Grüne, Niels; Slanička, Simona (Hgg.): Korruption. Historische Annäherungen an eine Grundfigur politischer Kommunikation. Göttingen 2011.

9 https://www.spiegel.de/politik/ausland/tuerkei-erdogan-bezieht-praesidentenpalast-mit-1000-zimmern-a-999881.html#fotostrecke-36458162-0001-0002-0000-000000120562 7. Dezember 2023.

10 AT-OeStA / HHStA StK Patente 12–75, Wien. Einzelstück. Entstehungszeitraum 31. März 1888.

Verführungskräfte, Verführungstechniken

1 Siehe: Belting, Hans: Bild-Anthropologie. Entwürfe für eine Bildwissenschaft. München 2001; ders.: Bild und Kult: Eine Geschichte des Bildes vor dem Zeitalter der Kunst. München 2005 [5. Aufl.].

2 Erst Kaiser Franz II. verbot im April 1791 derlei „luxuriöse Verschwendung" und forderte, das Geld „unter die Armen zu verteilen". Siehe: Der österreichische Zuschauer. Zeitschrift für Gebildete. Nr. 67, Montag, 26. April 1847. S. 536.

3 Siehe dazu die Einblicke des obersten Kommunikationsberaters von Sebastian Kurz, Gerald Fleischmann. Fleischmann, Gerald: Message Control. Was Sie schon immer über Politik und Medien wissen wollten. Wien 2022 (Februar 2023). Hier S. 209.

4 Weber, Max: Politik als Beruf. Ditzingen / Stuttgart 2020. S. 64.

5 Siehe: P. Ovidius Naso (Ovid): Ars amatorial / Liebeskunst. Übersetzt und herausgegeben von Michael von Albrecht. Stuttgart 1996. S. 95.

6 Ebendort S. 97.

7 https://www.derstandard.at/story/2000139142740/tirols-oevp-spitzen kandidat-mattle-isst-eis-wie-ein-normaler Zuletzt online am 25. März 2024.

Von der Kunst der Repräsentation: laute und stille Gesten.

1 https://www.bbc.com/news/av/world-asia-china-64897273 vom 9. März 2023. Zuletzt abgerufen am 20. März 2023.

Krawall, plakative Sprüche, Antifeminismus

1 The chainsaw and the blender. In: The Economist. March 23RD – 29Th 2024. S. 44. Printausgabe.

2 Weber, Max: Politik als Beruf. Ditzingen / Stuttgart 2020. S. 62.

3 Der ÖVP-Landesrat der Tiroler Landesregierung, Josef Geisler bei einem Auftritt 2020 gegenüber einer WWF-Aktivistin; Peter Boehringer von der AfD 2018 in einer Rundmail; Chatprotokolle im engen Kreis der Kurz-ÖVP.

4 Politprofifrauen berichten eindrucksvoll: https://www.tagesspiegel.de/politik/wenn-manner-zu-lange-reden-schalte-ich-ihnen-das-mikro-ab-5356471.html. Zuletzt am 27. März 2024 online.

5 https://www.afd.de/?s=frauen. Zuletzt am 27. März 2024 online.

6 https://www.afd.de/mariana-harder-kuehnel-effektive-frauenpolitische-massnahmen-statt-feministischer-symbolpolitik/. Zuletzt am 27. März 2024 online.

7 Döhring, Kirsten (Hg.): Braune Schwestern? Feministische Analysen zu Frauen in der extremen Rechten. Münster 2005; https://library.fes.de/pdf-files/dialog/10641-20140414.pdf. Zuletzt am 5. Oktober 2024 online abgerufen.

8 Vgl.: https://www.ilmessaggero.it/politica/giorgia_meloni_il_presidente_del_consiglio_governo_comunicati_eta_marito_figlia_news_oggi-7007539.html. Zuletzt am 10. Dezember 2023 abgerufen.

9 Vgl.: https://www.derstandard.at/story/2000125446645/wo-frauen foerderung-draufsteht-und-steuerbar-drin-ist. Zuletzt online abrufbar 10. Dezember 2023:

10 https://www.kleinezeitung.at/politik/innenpolitik/5753765/Susanne-Raab-im-Interview_Die-Frauenministerin-steht-Frauenquoten Zuletzt am 29. März 2024 abgerufen.

11 https://www.derstandard.at/story/2000132846954/offener-brief-kritik-an-aktueller-frauenpolitik. Zuletzt am 29. März 2024 abgerufen.

12 https://www.profil.at/oesterreich/oevp-ministerin-karoline-edtstadler-medien-brauchen-grenzen/402655754. Zuletzt online 10. Dezember 2023: Siehe: https://www.karoline-edtstadler.at. Zuletzt am 29. März 2024 abgerufen.

13 Max, Weber: Politik als Beruf. Ditzingen / Stuttgart 2020. S. 70.

14 https://zackzack.at/2020/01/20/eklat-um-edtstadler-foto-montage-sorgt-fuer-skandal Zuletzt online abrufbar am 10. Dezember 2023.

15 https://x.com/IbDoku/status/1397827720998961152. Zuletzt am 21. August 2024 online.

16 S. u. a.: Krah, Maximilian. Politik von rechts. Ein Manifest. Schnellroda 2023. S. 45 ff.

17 https://www.instagram.com/reel/C4NZkPGNigY/?igsh=ZXU4aTBxa G1qcnhu. Zuletzt am 27. März 2024 abgerufen.

18 Weber, Max: Politik als Beruf. Ditzingen / Stuttgart 2020. S. 62.

Die Mitte, nichts als ein schmaler Grat

1 Vgl.: Pallaver, Günther. Wen wundert der Erfolg der Ultrarechten noch? In: Der Standard. Kommentar der Anderen vom Mittwoch, 24. Mai 2023. S. 31.

2 Pallaver, ebendort.

3 Fleischmann, Gerald: Message Control. Was Sie schon immer über Politik und Medien wissen wollten. Wien 2022 (Februar 2023). S. 118.

4 Weber, Max: Politik als Beruf. Ditzingen / Stuttgart 2020. S. 70.

5 Fleischmann, Gerald: Message Control. Was Sie schon immer über Politik und Medien wissen wollten. Wien 2022 (Februar 2023). S. 114 ff. Der Begriff wurde von einem Journalisten des Boulevardblattes „Krone" geäußert. Er kritisierte die Pressearbeit der Regierung. Das Team um Fleischmann nahm ihn erfreut auf und setzte ihn strategisch ein.

6 https://www.reuters.com/world/europe/austrian-leader-backs-far-right-idea-enshrining-cash-constitution-2023-08-04/. Zuletzt am 13. August 2023 abgerufen.

7 Vgl.: https://www.parlament.gv.at/aktuelles/pk/jahr_2023/pk0563. Zuletzt abrufbar am 29. März 2024.

8 https://www.parlament.gv.at/dokument/XXVII/J/16265/imfname_1584529.pdf. Zuletzt am 29. März 2024 aufgerufen. Antwort auf eine Anfrage an den Finanzminister siehe: https://www.parlament.gv.at/dokument/XXVII/AB/15725/imfname_1594464.pdf. Zuletzt am 28. März 2024 aufgerufen.

9 Schreiben des BMF via Mail vom 6. Mai 2024. Geschäftszahl: 2024-0.311.173

10 https://www.zeit.de/2023/36/bargeld-abschaffung-karl-nehammer-oesterreich. Zuletzt am 29. März 2024 online.

Verführungskunst I – Namensänderung

1 Vgl.: https://www.sueddeutsche.de/politik/oesterreich-kurz-ist-so-maechtig-wie-kein-oevp-chef-vor-ihm-1.3504691
Siehe auch: https://www.derstandard.at/story/2000057558454/vorstand-designierte-sebastian-kurz-zum-neuen-parteiobmann
Zuletzt am 11. Dezember 2023 abgerufen.

2 http://www.nationalratswahl.at/oevp.html. Zuletzt am 21. April 2024 abgerufen.

3 Vgl.: https://www.derstandard.at/story/2000057546099/die-unterwerfung-der-oevp. Zuletzt am 11. Dezember 2023 abgerufen.

4 Siehe dazu ein Gespräch mit einer renommierten Kennerin: Presseclub Concordia: https://concordia.at/slapps-in-europa-und-oesterreich-flutura-kusari/.
https://www.derstandard.at/story/2000136772590/medien-mundtot-macheneu-entwarf-massnahmen-gegen-slapp-klagen. Beide zuletzt am 14. August 2023 aberufen.

5 Sloterdijk, Peter: Zorn und Zeit. Politisch-psychologischer Versuch. Frankfurt/M. 2006. S. 187.

6 Vgl.: SLAPP ist ein Akronym für strategic lawsuit against public participation. Darunter versteht man strategisch geplante juristische Klagen gegen öffentlich agierende Interessenvertreter, mit dem Zweck, deren Arbeit zu behindern.

7 Sloterdijk, Peter: Zorn und Zeit. Politisch-psychologischer Versuch. Frankfurt/M. 2006. S. 186.

8 FPÖ-Plakat während der Nationalratswahl 2024. August 2024.

9 https://www.signa.at/de/unternehmen/. Zuletzt am 14. August 2023 abgerufen.

10 https://www.fininvest.it/it/holding/profilo. Abgerufen am 14. August 2023.

11 „Berlusconismo“ ist ein fester Begriff in Italien. Er geht auf den Politologen und Philosophen Giovanni Sartori (1924–2017) zurück. Speziell empfohlen will sein „Il sultanato“, Rom/Bari 2009, sein. Siehe auch das Interview mit Sartori: https://www.latimes.com/la-fg-italy-qa11-2009sep11-story.html. Zuletzt am 14. August 2023 online.

12 Vgl. den Bericht beruhend auf Informationen der Wirtschafts- und Korruptionsstaatsanwaltschaft: https://www.derstandard.at/story/2000132957044/thomas-schmid-anrene-benko-finanzminister-benko-waere-sehr-cool. Zuletzt am 14. August 2023 abgerufen.

Verführungskunst II – politischer Folklorismus

1 Kater, Michael H.: Das „Ahnenerbe" der SS 1935–1945. Ein Beitrag zur Kulturpolitik des Dritten Reiches. (=Studien zur Zeitgeschichte, Bd. 6). Stuttgart 2006 [4. Aufl.].

2 https://www.bmkoes.gv.at/kunst-und-kultur/kulturinitiativen-museen-volkskultur.html. Zuletzt am 13. Dezember 2023 abgerufen.

3 https://www.tirol.gv.at/kunst-kultur/kulturfoerderungen/heimat-und-brauchtumspflege/. Zuletzt am 13. Dezember 2023 abgerufen.

4 https://www.volkskulturnoe.at/footer/foerderungen/
https://www.volkskultur-steiermark.at
https://www.burgenland.at/verwaltung/landesverwaltung-im-ueberblick/gruppe-3/abteilung-7-bildung-kultur-und-gesellschaft/hauptreferat-kultur-und-wissenschaft/referat-kultur-1-1/
https://www.land-oberoesterreich.gv.at/238184.htm
Zuletzt online am 13. Dezember 2023.

5 https://www.afd.de/wahlprogramm-kultur/. Zuletzt am 13. Dezember 2023 abgerufen.

6 https://www.heimat-bayern.de. Zuletzt am 13. Dezember 2023 abgerufen. Siehe auch: Pledl, Wolfgang: 100 Jahre Freistaat Bayern – Was trug der bayerische Landesverein für Heimatpflege dazu bei? (=Schönere Heimat 2018; 4).

7 Siehe dazu die zahlreichen Arbeiten von Konrad Köstlin.

8 Vgl.: Wallnöfer, Elsbeth: Heimat. Ein Vorschlag zur Güte. Innsbruck 2019; diess.: Heimat-Labor-Südtirol. In: europa ethnica. Hft. 1 / 2. 2022; 79. Jg. S. 109–119.

9 Vgl.: https://kurier.at/chronik/oesterreich/was-perchten-von-der-metoo-debatte-lernen-koennen/297.923.708. Zuletzt am 13. Dezember 2023 abgerufen.

10 https://www.kleinezeitung.at/kaernten/17774980/land-kaernten-zahlt-ver sicherung-fuer-riskantes-brauchtum. Zuletzt am 27. Oktober 2023 abgerufen.

11 So Markus Söder auf facebook am 8. Oktober 2016.
Vgl.: Wallnöfer, Elsbeth: TRACHT MACHT POLITIK. Innsbruck 2020.

Kontrolle und Blendung – Verführungen III

1 Zu den Techniken, die derlei bedingen, unübertroffen: De, Giuliano: Ingenieure des Chaos. München 2020.

2 https://www.tagesspiegel.de/internationales/giorgia-melonis-angriffe-auf-die-medienfreiheit-kein-fuss-breit-dem-autoritarismus-9543563.html. Zuletzt am 22. August 2023 abgerufen.

3 Siehe für deutsche Leser: Martina Castigliani für die Heinrich-Böll-Stiftung: https://fr.boell.org/de/2024/05/15/fernsehen-information-und-kultur-wie-giorgia-meloni-das-bild-des-landes-veraendert-um?amp. Zuletzt am 7. Oktober 2024 abgerufen.

4 https://www.derstandard.at/story/2000146388675/wie-giorgia-meloni-die-italienische-kulturpolitik-kontrollieren-moechte
https://www.faz.net/aktuell/feuilleton/italiens-kulturpolitik-meloni-greift-nach-dem-kino-19095969.html
https://taz.de/Einflussnahme-in-der-Kultur-Italiens/!5946682/
Alle zuletzt am 25. August 2023 abgerufen.
Die Slowakei folgt unter der Hand der rechten Regierung dem Beispiel Italiens: https://www.derstandard.at/story/3000000232943/slowakische-ministerin-eckt-mit-nationalistischem-kulturkampf-an. Zuletzt am 31. August 2024 online.

5 Vgl. zu Methoden der empirischen Kommunikationswissenschaft: Petersen, Thomas; Schwender, Clemens (Hrsg.): Die Entschlüsselung der Bilder. Methoden zur Erforschung visueller Kommunikation. Ein Handbuch. Köln 2018. Richtungsweisend: Warburg, Aby. Siehe: Warnke, Martin; Bredekamp, Horst (Hrsg.): Aby Warburg. Gesammelte Schriften. Mehrere Bände.

6 https://twitter.com/realdonaldtrump?s=58

7 Regener, Susanne: Fotografische Erfassung. Zur Geschichte medialer Konstruktion des Kriminellen. München 1999.

8 Zuletzt am 15. Dezember 2023 abgerufen. Vgl.: https://www.theatlantic.com/culture/archive/2023/08/trump-mug-shot-georgia/675134/

9 https://www.derstandard.at/story/2000097690892/fotograf-tatic-sebastian-kurz-ist-nicht-eitler-als-heinz-fischer. Zuletzt am 14. Dezember 2023 abgerufen.

10 Zu „Herrengewalt“ siehe jene Schrift aus dem Jahr 1922 (posthum): Weber Max: Typen der Herrschaft. Stuttgart 2019. S. 81 ff.

11 Fleischmann, Gerald: Message Control. Was Sie schon immer über Politik und Medien wissen wollten. Wien 2022 (Februar 2023). S. 216 ff.

12 Fleischmann 2023: S. 217.

13 Fleischmann 2023: S. 216 ff.

14 Fleischmann 2023: ebendort.

15 Vgl. den Beitrag von Achim Wendler: https://www.br.de/nachrichten/bayern/markus-soeder-sichtbar-aber-schwer-zu-finden,TlxMizH vom 22. September 2023. Zuletzt abgerufen am 15. Dezember 2023. Nicht mehr abrufbar. 5. Oktober 2024.

16 Ebendort.

Führung, Führer, Volkskanzler

1 Schmitt, Carl: Gespräch über die Macht und den Zugang zum Machthaber. Pfullingen 1954. S. 9.

2 https://www.sora.at/fileadmin/downloads/projekte/SORA_Bericht_Demokratie_Monitor_2021.pdf. Siehe dazu S. 19. Zuletzt am 3. September 2023 abgerufen.

3 https://www.bertelsmann-stiftung.de/de/themen/aktuelle-meldungen/2022/februar/demokratie-weltweit-unter-druck. Zuletzt am 3. Mai 2024 abgerufen.

4 Siehe die hervorragenden Analysen von Walter Mayr. Hier: https://gfbv-voices.org/geht-doch-nach-oesterreich/. Zuletzt am 17. Dezember 2023 abgerufen.

5 Vgl. den Beitrag des Chefredakteurs und Direktors der Südtiroler Wirtschaftszeitung, Christian Pfeifer, vom 21. April 2023: https://swz.it/politbarometer-applaus-fuer-meloni/
https://www.tageszeitung.it/2023/04/30/warum-suedtirol-meloni-liebt/ online abgerufen am 3. September 2023.

6 Belting, Hans: Florenz und Bagdad: eine westöstliche Geschichte des Blicks. München 2008 [2. Aufl.].

7 Kärntner Tagblatt von Dienstag, 1. Mai 1923. Nr. 99. XXX. Jg. S. 1; Kärntner Landbote von Samstag, 9. April 1927. Nr. 15. 44. Jg. S. 3.

8 Neues Wiener Journal von Donnerstag, 26. September 1929. Nr. 12876. 37. Jg. S. 1

9 Abendausgabe der Grazer Volksblattes von Dienstag, 2. August 1932. Nr. 175. 9 / 65. Jg. S. 1.

Von der Liebe, einmal mehr!

1 Vgl.: Frankfurt, Harry G.: Gründe der Liebe. Frankfurt/M. 2005.

2 https://www.heute.at/s/psychiater-ueber-kurz-er-wuerde-es-wieder-machen-100168897. Zuletzt am 4. Juni 2023 abgerufen.

3 Frankfurt, Harry G.: Gründe der Liebe. Frankfurt/M. 2005. S. 76.

4 Frankfurt, ebendort.

5 https://www.oe24.at/video/news/hoerbiger-haelt-wut-rede-fuer-oevp-chef/394419813. Zuletzt am 1. September abrufbar.

6 https://www.dw.com/de/ein-selfie-mit-merkel-ändert-das-leben-eines-flüchtlings/av-59992507
https://www.watson.de/leben/nah%20dran/689240313-selfie-mit-merkel-machte-ihn-beruehmt-so-geht-es-ihm-heute
https://www.spiegel.de/politik/deutschland/angela-merkel-das-selfie-der-bundeskanzlerin-mit-einem-fluechtling-und-seine-folgen-podcast-a-e11c2ea2-61f0-4a44-bc96-7ec4527e8609
Zuletzt am 10. Mai 2023 abgerufen.

Gesinnung, nichts als Gesinnung

1 https://salzburg.orf.at/stories/3270558/. Zuletzt am 1. September 2024 aufgerufen.

2 Vgl.: https://rsf.org/en/map-2024-world-press-freedom-index. Abgerufen am 5. Mai 2024.

3 https://www.spiegel.de/politik/deutschland/goetz-kubitschek-denkfabrik-als-rechtsextreme-gruppierung-eingestuft-a-30849654-8ec6-4ee9-b019-c007abb70053. Siehe weiters: https://www.bpb.de/themen/rechtsextremismus/dossier-rechtsextremismus/230002/es-geht-um-einfluss-auf-die-koepfe-das-institut-fuer-staatspolitik/ und https://www.verfassungsschutz.de/SharedDocs/publikationen/DE/verfassungsschutzberichte/2022-06-07-verfassungsschutzbericht-2021.pdf?__blob=publicationFile&v=7
Zuletzt am 11. Juli 2023 abgerufen.

4 https://www.verfassungsschutz.de/SharedDocs/publikationen/DE/verfassungsschutzberichte/2022-06-07-verfassungsschutzbericht-2021.pdf?__blob=publicationFile&v=7. Zuletzt am 11. Juli 2023 abgerufen.

5 Skizzenprotokoll der Autorin.

6 https://www.rainews.it/articoli/2024/04/rai-cancellato-il-monologo-di-scurati-lazienda-nessuna-censura-ma-questione-economica-17e2d8d6-c854-4383-8eb9-3c3ca42218e0.html. Zuletzt am 5. Mai 2024 abgerufen. Zahlreiche Medien in Europa veröffentlichten daraufhin den Text Scuratis.

Grobheit & Despektierlichkeit

1 Siehe STRG_F, das Online-Reportageformat des Norddeutschen Rundfunks. https://www.youtube.com/watch?v=2YCScM7qd8 g. Zuletzt abgerufen am 8. Juni 2023.

2 https://www.derstandard.at/story/2000133175727/rote-bleiben-gsindl-mikl-leitners-unmut-und-sobotkas-interventionsliste. Zuletzt abgerufen am 8. Juni 2023.

3 https://zackzack.at/2021/06/01/riesen-empoerung-ueber-schmids-poebel-chats. Zuletzt abrufbar am 2. Februar 2023 zackzack vom 1. Juni 2021.

4 https://www.zdf.de/nachrichten/politik/lanz-merz-silvesternacht-integration-100.html. Zuletzt am 7. Mai 2024 abrufbar.

5 https://www.zdf.de/politik/berlin-direkt/merz-zahnarzt-aussage-original-100.html. Zuletzt am 7. Mai 2024 abrufbar.

Fanfaren und Applaus

1 https://ibs.orf.at/news?image=https:%2F%2Fassets.orf.at%2Fmims%2F2019%2F25%2F09%2Fcrops%2Fw%3D1200%2Ch%3D630%2Cq%3D75%2F194215_master_51609_parteispenden_oevp_row.jpg%3Fs%3Dbd47cc9299377088811c085f9d6cbcd56b078d4e. Zuletzt am 6. Mai 2024 online.

Sie spielen mit dem Staat und wollen, dass wir mitspielen

1 https://www.faz.net/aktuell/politik/inland/feministische-aussenpolitik-baerbocks-leitlinien-stossen-auf-kritik-18715434.html. Zuletzt am 18. Dezember 2023 abgerufen.

2 Das volle Haar des knabenhaften Herrn Kurz war Gegenstand öffentlichen Diskurses, als „politische Dimension der perfekten Männerfrisur" verhandelt. „Sebastian Kurz trägt sein Privileg zu offensiv zur Schau", titelte Adriano Sack im Juli 2017 in Welt vom 18. Juli 2017 https://www.welt.de/iconist/maenner/article166714957/Sebastian-Kurz-traegt-sein-Privileg-zu-offensiv-zur-Schau.html
n-tv.de widmete sich in der ersten Ausgabe eines Österreich-Newsletters der Frisur von Herrn Kurz und bezog sich dabei auf die Berichterstattung der Wiener Wochenzeitung „Falter", die anhand geleakter Rechnungen aus der Partei auf die verschwenderische Ausgabe verwies – zwischen 300 und 600 Euro soll die Föhnfrisur gekostet haben. https://www.n-tv.de/politik/Schlingel-Kurz-hat-die-Haare-schoen-teuer-article21270401.html. Zuletzt abgerufen am 4. November 2022.
Auch die Frisuren, Frisöre und die Kosten selbiger von Merkel Scholz rückten in den Fokus des Boulevards.

3 Ovidius, Naso P.: Ars amatorial. Liebeskunst. Lateinisch / Deutsch. Übersetzt und herausgegeben von Michael von Albrecht. Stuttgart 1992. S. 51.

4 https://www.nzz.ch/feuilleton/geert-wilders-javier-milei-donald-trump-und-ihre-anarcho-haare-gruende-ld.1767843. Zuletzt am 8. Jänner 2024 abgerufen.

5 Boehn, Max von: Die Mode. Menschen und Moden im Neunzehnten Jahrhundert. Nach Bildern und Kupfern der Zeit. 1843–1878. München 1908. S. 43.

6 https://www.gentlemansgazette.com/stresemann/. Zuletzt online abrufbar am 5. Februar 2023.

7 Von Rüschenblusen und Brionianzügen. So der Journalist Jens Maier im Magazin „Stern" vom 24. August 2005.
https://www.stern.de/lifestyle/mode/politiker-outfits-von-rueschenblusen-und-brioni-anzuegen-3293010.html. Zuletzt am 1. November 2022 abgerufen.

8 Kantorowicz, Ernst H.: Die zwei Körper des Königs. Eine Studie zur politischen Theologie des Mittelalters" München 1990. Die deutsche Ausgabe beruht auf der 2. korrigierten Auflage „The King's Two Bodies. A Study in Medieval Political Theology" Princeton University Press. Princeton, N. J. S. 363.

9 https://www.dwdl.de/zahlenzentrale/96143/grosser_nachschlag_breyers_welt_der_superreichen_im_zdf/?utm_source=&utm_medium=&utm_campaign=&utm_term=. Zuletzt am 17. Jänner 2024 online abgerufen.

10 https://www.dwdl.de/magazin/89032/nur_prosieben_noch_unter_50_so_alt_ist_das_publikum_der_sender/. Zuletzt am Donnerstag, 18. Jänner 2024, abgerufen.

11 https://www.gov.uk/government/news/coronation-claims-office-to-look-at-historic-and-ceremonial-roles-for-king-charles-iiis-coronation. Zuletzt am 13. Februar 2023 aufgerufen.
12 Siehe: Purnell, Sonia: Just Boris: Boris Johnson: The Irresistible Rise of a Political Celebrity. London 2011. Purnell spielt mit dem Titel „Just Boris" auf eine Serie und Klassiker der Kinderliteratur namens „Just William", einem frechen, unzähmbaren Jungen, der Autorin Richmal Crompton (1890–1969) an.
13 Bower, Tom: Boris Johnson. The Gambler. London 2020. S. 388.
14 „a vision for a deregulated state skin", wie Bower konstatierte. Siehe Fn. 32. S. 391.
15 The Iron Lady. Biografischer Spielfilm von Phyllida Lloyd. Vereinigtes Königreich 2011. Mit Meryl Streep in der Hauptrolle als Margaret Thatcher.
16 https://www.christies.com/features/Antenna-Margaret-Thatchers-wardrobe-secrets-9789-1.aspx. Zuletzt am 20. Februar 2023 abgerufen.

Kein Grund zum Lachen

1 Fleischmann, Gerald: Message Control. Was Sie schon immer über Politik und Medien wissen wollten. Wien 2022 (Februar 2023).
2 Delaney, Sam: „How Lynton Crosby (and a dead cat) won the election: „labour were intellectually lazy". In: The Guardian vom 14. März 2017. https://www.theguardian.com/politics/2016/jan/20/lynton-crosby-and-dead-cat-won-election-conservatives-labour-intellectually-lazy. Zuletzt am 1. Juli 2023 abgerufen.
Siehe auch: Fleischmann, Gerald: Message Control. Was Sie schon immer über Politik und Medien wissen wollten. Wien 2022 (Februar 2023). S. 116.
3 Siehe dazu die exzellent recherchierte Biografie von: Chang, Jung und Halliday, Jon: Mao. Das Leben eines Mannes, das Schicksal eines Volkes. München 2005. S. 624.
4 https://www.youtube.com/watch?v=SU5CUPabPFc bei ca. 0:13. Zuletzt 12. März 2023 abrufbar.
5 Ross, Jan: Boris Johnson. Porträt eines Störenfrieds. Berlin 2020. S. 93 ff.

Slick

1 Arendt, Hannah: Elemente und Ursprünge totalitärer Herrschaft. Antisemitismus, Imperialismus, totale Herrschaft. München / Berlin 2017 [20. Aufl.] S. 856.
2 Vgl dazu mit Bezug auf Kant: Bergson, Henri: Das Lachen. Ein Essay über die Bedeutung des Komischen. Hamburg 2011. S. 66.
3 https://x.com/pwidakuswara/status/1440364384048451590.
4 https://fotoservice.bundeskanzleramt.at/bka/archiv/archiv_bk_kurz_2/20210920_new_york/_R3A6087.html. Abgerufen am 2. März 2023.
5 Arendt, Hannah: Elemente und Ursprünge totalitärer Herrschaft. Antisemitismus, Imperialismus, totale Herrschaft. München / Berlin 2017 [20. Aufl.] S. 747.
6 Vgl. u. a. Fareed Zakaria: The rise of illiberal democracy. In: Foreign Affairs; Nov. / Dec. 1997; 76, 6. S. 22–43: https://msuweb.montclair.edu/~lebelp/FZakariaIlliberalDemocracy1997.pdf. Zuletzt am 5. März 2023 abgerufen. Der common sense besagt, dass mit diesem Artikel erstmals der Begriff Illiberale Demokratie benutzt wurde.

„Künstliche Empörung"

1 Stuart Mill, John: Über die Freiheit. Ditzingen 2023. S. 108.
2 Bower, Tom: Boris Johnson. The Gambler. London 2020.
3 Ross, Jan: Boris Johnson. Porträt eines Störenfrieds. Berlin 2020.
4 Purnell, Sonia: Just Boris: Boris Johnson: The Irresistible Rise of a Political Celebrity. London 2011. S. 52.
5 Kurz, Sebastian mit Conny Bischofsberger: Reden wir Politik. Wien 2022. S. 208.
6 Gessen, Masha: Autokratie überwinden. Berlin 2020.

Politische Philosophie & politische Praxis

1 Orwell, George: England Your England. Nachdruck der Ausgabe von 1941. UK / USA / Canada / Ireland / Australia / India / New Zeeland / South Africa 2017. S. 7 ff.
Dieser Text ist der erste Teil einer Serie mit dem Titel „The Lion and the Unicorn".
2 Orwell, George: England Your England. Nachdruck der Ausgabe von 1941. UK / USA / Canada / Ireland / Australia / India / New Zeeland / South Africa 2017. S. 7 ff.
Dieser Text ist der erste Teil einer Serie mit dem Titel „The Lion and the Unicorn".
3 Wie Fn. 35. S. 13.
4 Orwell, wie Fn35: „The totalitarian idea that there is no such thing as law, there is only power [...]" S. 14.
5 Vgl.: Ross, Jan: Boris Johnson. Porträt eines Störenfrieds. Berlin 2020. S. 11.

Traditionen, Rituale, Hierarchien

6 Chang, Jung: Kaiserinwitwe Cixi. Die Konkubine, die Chinas Weg in die Moderne ebnete. München 2014. S. 232 ff.
7 Jung, Chang: Kaiserinwitwe Cixi. Die Konkubine, die Chinas Weg in die Moderne ebnete. München 2014.
S. 234.
8 Jung Chang zitiert Xin Xiuming (Hg.): The Forbidden City Publishing House. Siehe:
Jung, Chang: Kaiserinwitwe Cixi. Die Konkubine, die Chinas Weg in die Moderne ebnete. München 2014.

Tabu, Macht, Ekstase

1 https://thebritishschoolofexcellence.com/social-etiquette/meeting-the-queen-know-the-royal-protocol/. Zuletzt abgerufen am 20. Februar 2023.
2 https://www.bbc.com/news/av/uk-46195712
https://time.com/5454255/michelle-obama-explains-that-she-hugged-the-queen-for-this-very-relatable-reason/
Zuletzt am 9. Mai 2024 online.
3 Wallnöfer, Elsbeth: Kurz und die vierte Dimension der neuen Rechten. Kommentar der Anderen. In: Der Standard vom 21. Juni 2019.
4 Le Bon, Gustave: Psychologie der Massen. Stuttgart 1964. S. 43.
5 https://www.youtube.com/watch?v=Y7S59R6--nU. Zuletzt am 26. August 2022 abgerufen.

6 Im Deutschen Bundestag gibt es einen „Gebetskreis“ für Abgeordnete, dieser ist überkonfessionell und behandelt sozial- und gesellschaftspolitische Anliegen unter religiösen und sozialpolitischen Gesichtspunkten, hält die Trennung zwischen Staat und Kirche ein, funktioniert wie ein analoges soziales Netzwerk und hat sich die Selbstverpflichtung zur Diskretion auferlegt.

7 Es erinnert an die magische Praxis, wie wir sie von Studien aus Süditalien von einem klugen italienischen Ethnologen und Religionsphilosophen, Ernesto de Martino, kennen. Dieser hat mit *Katholizismus, Magie und Aufklärung* die Qualität und Bedeutung von Parallelwelten (rational / mystisch) und das Potential von Ritualen für die Gesellschaft nachgezeichnet.

8 https://www.mylondon.news/news/uk-world-news/royal-family-only-time-queen-25280016. Zuletzt am 25. Februar 2023 abgerufen.

9 Büchner, Georg: Der Hessische Landbote – November-Fassung. In: Werke und Briefe. Münchner Ausgabe. 2018 [16. Aufl.] S. 63.

10 https://www.youtube.com/watch?v=-bU4WRIbxms

11 Rudolph, Otto: Das Heilige. Über das Irrationale in der Idee des Göttlichen und sein Verhältnis zum Rationalen. Gotha / Stuttgart 1924 [12. Aufl.].

12 Langguth, Gerd: Angela Merkel. München 2005. [5. Aufl.] S. 347.

13 Unter anderem: Dewitz, Anne: Phänomen Deutschland: Deutschland macht den „Merkelizer“ – Die geheimen Zeichen der Kanzlerin. In: Hamburger Abendblatt online vom 31. Oktober 2009. Zuletzt abgerufen am 18. Juli 2022.

14 Siehe: One women to rule them all. German voters should re-elect Angela Merkel as their chancellor – and Europe’s leader. The Economist. Sept 12th 2013. Merkel ist auf dem Cover mit Merkelraute abgebildet und die Schlagzeile nimmt Bezug auf die Fingergeste unter Rückgriff auf Tolkiens „Herr der Ringe“-Sage, wo es heißt: „One ring to rule them all“, sinngemäß übersetzt: ein Ring, sie alle zu beherrschen.

15 https://www.derstandard.at/story/2000084424147/wandern-mit-sebastian-kurz-eine-heldeninszenierung-in-drei-akten. Zuletzt am 22. Jänner 2023 abgerufen.

16 Die Liste bekannter Blusentrachtlerinnen ist lang. Ganz besonders hervorgehoben will die EU-Kommissionspräsidentin, Ursula von der Leyen, werden. Barta, Susanne: Vyshyvanka-Eine Bluse macht Politik. In Online-Magazin: https://franzmagazine.com/2022/07/20/vyshyvanka-eine-bluse-macht-politik/

17 Siehe: Bihl, Wolfdieter: Zur Tätigkeit des ukrainophilen Erzherzogs Wilhelm nach dem Ersten Weltkrieg. In: Jahrbücher für Geschichte Osteuropas. NF Bd. 19. Jg. 1971. Hft. 4, Dezember 1971. Wiesbaden 1971. S. 538–541. Rasevyč, Vasyl‘: Ein habsburgischer König für die Ukraine? Wilhelm von Habsburg und Kaiser Karl I. In: Gottsmann, Andreas (Hrsg.): Karl I. (IV.). Der Erste Weltkrieg und das Ende der Donaumonarchie. Wien 2007. Vgl.: Snyder, Timothy: Der König der Ukraine. Die geheimen Leben des Wilhelm von Habsburg. Wien 2009. Zuerst als Englische Ausgabe: The Red Prince: The Fall of a Dynasty and the Rise of Modern Europe. London 2008. Zu den Umtrieben siehe auch Österreichisches Haus-, Hof- und Staatsarchiv: AT-OeStA / HHStA PA X 154-1-s

Wenn Recken sich strecken

1 Online am 12. Juli 2018. Kommentar von Kurt Kister. Zuletzt am 24. Jänner 2023 abgerufen. https://www.sueddeutsche.de/politik/trump-beim-nato-treffen-ein-ruepel-unterwegs-in-europa-1.4051221

2 Capodici, Vincenzo: Putolini, oder: wie sich Führerfiguren inszenieren. 11. August 2017 https://blog.tagesanzeiger.ch/historyreloaded/index.php/1332/duce-putin/. Zuletzt am 17. November 2022 abgerufen.
3 Am 15. August 2007 in Tuva aufgenommen von Dmitry Astakhov. Abrufbar https://www.gettyimages.de
4 Andersen, Hans Christian: Des Kaisers neue Kleider. Illustriert von Vitali Konstantinov. Berlin 2013.
5 https://www.corriere.it/cronache/22_febbraio_12/tavolo-putin-sei-metri-l-ha-costruito-italiano-oggi-varrebbe-100mila-euro-bdc8c1c6-8c35-11ec-a14e-5fea75909720.shtml?refresh_ce
6 Ponge, Francis: Der Tisch. Ein Textauszug. Übersetzt und mit einem Nachwort von Walter Seitter. Klagenfurt / Graz / Wien 2011 [2. Aufl.].
7 https://www.alamy.de/der-russische-prasident-wladimir-putin-setzte-rechtsgesitzte-gesprache-mit-valery-gerasimov-dem-chef-des-generalstabs-der-linken-und-sergej-shoigu-dem-verteidigungsminister-foto-kremlinru-image463130833.html?imageid=2B595C83-8894-49F8-8694-FC30D34CCE7C&p=13044&pn=1&searchId=dc2b9033003ea7223bbdcc2466ee61cb&searchtype=0. Zuletzt am 29. Jänner 2023 abgerufen.
8 Ponge, Francis: Der Tisch. Ein Textauszug. Übersetzt und mit einem Nachwort von Walter Seitter. Klagenfurt / Graz / Wien 2011 [2. Aufl.] S. 33.
9 Eine Recherche auf http://www.en.kremlin.ru ist hilfreich.
10 http://www.en.kremlin.ru/events/president/news/54102
11 http://www.en.kremlin.ru/events/president/news/67734/photos/67562. Zuletzt am 20. Mai 2024 abgerufen.
12 Vgl.: Schmitt, Carl: Gespräch über die Macht und den Zugang zum Machthaber. Pfullingen 1954. S. 13.
13 So Putin während eines Gesprächs mit Journalisten auf den Solowezki-Inseln in der Oblast Archangelsk vom 20. August 2001. Zitiert nach Eltchaninoff, Michel: In Putins Kopf. Logik und Willkür eines Autokraten. Stuttgart 2022. S. 88.
14 Schmitt, Carl: Gespräch über die Macht und den Zugang zum Machthaber. Pfullingen 1954. S. 15.
15 Aufschlussreiche Skizze seiner Mentalität im Umgang mit Freiheitsstreben siehe: Gabowitsch, Mischa: Putin kaputt!? Russlands neue Protestkultur. Berlin 2013.
16 https://superwatchman.com/president-of-russia-vladimir-putin-blancpain-grande-date-aqua-lung/. Zuletzt online abrufbar am 30. Jänner 2023.
17 Eine frühe Einschätzung zu Putin geben uns: Mommsen, Margareta; Nußberger, Angelika: Das System Putin. Gelenkte Demokratie und politische Justiz in Russland. München 2007.

Kaiserinnen, Königinnen, Ministerpräsidentinnen tragen (keine) Blazer

1 Packer, George: THE QUIET GERMAN. The astonishing rise of Angela Merkel, the most powerful woman in the world. In: THE NEW YORKER vom 24. November 2014. Zuletzt abgerufen am 16. Jänner 2023.
2 Jung Chang: Kaiserinwitwe Cixi. Die Konkubine, die Chinas Weg in die Moderne ebnete. München 2014. Titel der Originalausgabe: Empress Dowager Cixi – The Concubine Who Launched Modern China. London 2013.
3 Jung Chang: Kaiserinwitwe Cixi. Die Konkubine, die Chinas Weg in die Moderne ebnete. München 2014. S. 88.

4 https://www.bild.de/politik/inland/bundestagswahl/riesen-hype-um-schland-kette-von-merkel-32077728.bild.html
https://www.bunte.de/panorama/angela-merkel-das-geheimnis-um-ihre-schlandkette-ist-gelueftet-50940.html
Vgl.: https://encyclopaedia.fandom.com/de/wiki/Deutschlandkette
https://www.welt.de/newsticker/dpa_nt/infoline_nt/thema_nt/article119619444/Grosse-Aufmerksamkeit-fuer-Merkels-Deutschlandkette.html. Alle zuletzt am 21. Mai 2024 abgerufen.

5 https://www.bild.de/politik/inland/bundestagswahl/riesen-hype-um-schland-kette-von-merkel-32077728.bild.html. Zuletzt am 22. Mai 2024 abgerufen.

6 Siehe dazu den Beitrag von Kaddor, Lamya: Gebt den Hasserfüllten keine Chance! Vom 26. Oktober 2018. https://www.t-online.de/nachrichten/deutschland/id_84677890/rolex-streit-um-chebli-gebt-den-hasserfuellten-keine-chance-.html
Zuletzt abgerufen am 27. Jänner 2023.

7 https://www.merkur.de/politik/markus-lanz-zdf-talk-empoerung-wegen-luxusuhr-staatssekretaerin-chebli-spricht-daueber-zr-10346638.html
https://www.stern.de/politik/deutschland/sawsan-chebli--spd-staats sekretaerin-wegen-rolex-in-der-kritik-8411080.html
Zuletzt am 24. Mai abgerufen.

8 https://www.welt.de/jahresrueckblick-2008/april/article1899926/Wieviel-Dekollete-darf-eine-Kanzlerin-zeigen.html
https://www.spiegel.de/panorama/leute/dekollete-debatte-die-bundes kanzlerin-ist-ein-bisschen-erstaunt-a-547239.html
https://www.nzz.ch/gesellschaft/historisches-bild-das-dekollete-der-kanzlerin-ld.1795289
Zuletzt am 24. Mai 2024 online.

9 https://www.corriere.it/moda/21_ottobre_23/giacche-angela-merkel-abiti-elisabetta-ii-ei-completi-blu-maschili-ecco-simboli-potere-51f2fbee-33dc-11ec-93a1-3d25dcfcc17e.shtml?refresh_ce. Zuletzt am 30. Jänner 2023 abgerufen.

10 Vgl.: Wallnöfer, Elsbeth: TRACHT MACHT POLITIK. Innsbruck 2020. S. 86.

11 Mail von Claudia Roth auf die elektronische Anfrage der Autorin. Mail vom 29. November 2022. 13:52 Uhr.

Blazer, Uhren, Suppen

1 Zum Beispiel: Der Artikel von Violetta Simon in der SZ von April 2010. https://www.sueddeutsche.de/leben/angela-merkel-vom-topf-zum-topschnitt-1.15478. Zuletzt online einsehbar am 4. Februar 2023. Siehe auch: https://www.abendzeitung-muenchen.de/promis/angela-merkel-bei-friseur-udo-walz-so-laeuft-ein-anruf-und-termin-ab-art-448850. Abgerufen am 4. Februar 2023.

2 Kurbjuweit, Dirk: Angela Merkel. Die Kanzlerin für alle? München 2009. S. 24.

3 Trail Blazer: The Signature Style of Angela Merkel. Von Penny Mc Cormick. In: The Gloss Magazine. Zuletzt abgerufen am 28. Oktober 2022. Ähnlich herb beurteilte es der Großteil der Modejournalisten quer durch die internationale Presse. https://thegloss.ie/trail-blazer-the-signature-style-of-angela-merkel/

https://bellevue.nzz.ch/mode-beauty/angela-merkel-und-ihre-blazer-was-die-farbwahl-bedeutet-ld.1609506 Beitrag von Malena Ruder. 31. März 2021. Zuletzt am 22. Oktober 2022 abgerufen.

4 Beitrag von Malena Ruder vom 2. Dezember 2021 Zuletzt online am 4. Februar 2023.
https://www.abendzeitung-muenchen.de/promis/angela-merkel-bei-friseur-udo-walz-so-laeuft-ein-anruf-und-termin-ab-art-448850

5 Mail vom 28. Oktober 2022.

6 https://de.fashionnetwork.com/news/Die-mode-der-macht-kanzler-designerin-schoenbach,67906.html. Erschienen am 13. Juli 2009. Zuletzt abgerufen am 4. Februar 2023.

7 Anders als von Carmen Böker in der Zeit vom 10. November 2018 befundet. Auch wenn sie zum Beleg meint: „Angela Merkel hat sich ihre eigene Uniform erfunden. Und geschafft, was nur wenigen Frauen gelingt: dass ihre Kleidung kein Thema mehr ist. Mehr Macht geht nicht." Dieser totale Relativismus führt sich, indem sie „Jacke mit Hose" zum Thema macht, selbst ad absurdum. https://www.zeit.de/zeit-magazin/mode-design/2018-11/angela-merkel-uniform-kleidung-stil-mode-aufmerksamkeit/komplettansicht. Abgerufen am 4. Februar 2023.
https://de.fashionnetwork.com/news/Die-mode-der-macht-kanzler-designerin-schoenbach,67906.html

8 https://www.vogue.de/mode/galerie/kate-middleton-kleider-von-zara-und-mango-herzogin-shopping. Zuletzt am 27. Mai online.

9 Loughlin, Sean: House cafeterias change names for „French" fries and „french toast". Abgerufen am 4. Februar 2024. https://edition.cnn.com/2003/ALLPOLITICS/03/11/sprj.irq.fries/

10 Einsehbar via: https://www.unesco.de/kultur-und-natur/immaterielles-kulturerbe/immaterielles-kulturerbe-weltweit/unesco-erklaert. Zuletzt am 4. Februar 2023 abgerufen.

11 An dieser Stelle ließe sich einwenden, warum Deutschland nicht schon längst die Soljanka als immaterielles Kulturerbe beantragt hat. Gehört die „slawische Suppe" doch zur nationalen Identität Ostdeutschlands. Vgl.: Pochljobkin, Wladimir Wassiljewitsch; Mau, Hans: Nationale Küchen. Die Kochkunst der sowjetischen Völker. Moskau / Leipzig 1984.

12 Rund ums Thema Essen und nationale wie regionale Selbstbehauptung empfehlt es sich, die vielen verstreuten Texte des Volkskundlers Konrad Köstlin zu lesen.

Blöße, Bluse, Charme & Amüsement

1 The Economist. Clownfall. Britain after Boris. JULY 9TH – 15TH 2022.

2 Zur wissenschaftsphilosophischen Entwicklung des Eros siehe: Pechriegl, Alice: Eros. Wien 2009.

3 Vinken, Barbara: Angezogen. Das Geheimnis der Mode. Stuttgart 2013 [2. Aufl] S. 154.

4 Kurbjuweit, Dirk: Angela Merkel. Die Kanzlerin für alle? München 2009. S. 49.

5 Vgl. die aus dem Denken der nouvelle histoire hervorgegangene Mentalitätsgeschichte brachte eine Reihe aufschlussreicher Überlegungen hervor. Siehe u. a.: Fernand Braudel, Roger Chartier, Peter Burke, Peter Dinzelbacher, Jacques LeGoff, Lucien Febvre.

6 https://www.repubblica.it/politica/2022/10/22/news/look_ministri_giuramento_quirinale_governo_meloni-371178649/. Zuletzt am 7. November 2022 abgerufen. Siehe auch https://www.agi.it/politica/news/2022-10-22/look-ministri-tailleur-pantalone-donne-sobri-toni-scuri-uomini-18549145/
7 Molloy, John T.: New Womens's Dress for Success Book. New York 1975.
8 Siehe den stilkritischen, feinen Artikel von Gian Luca Bauzano: Le giacche di Angela Merkel, gli abiti die Elisabetta II e i completi blu maschili: ecco i simboli del potere. https://www.corriere.it/moda/21_ottobre_23/giacche-angela-merkel-abiti-elisabetta-ii-ei-completi-blu-maschili-ecco-simboli-potere-51f2fbee-33dc-11ec-93a1-3d25dcfcc17e.shtml?refresh_ce. Zuletzt online gelesen am 31. Jänner 2023.
9 Siehe dazu den Artikel von Jess Cartner-Morley vom 3. November 2015: https://www.theguardian.com/fashion/2015/nov/03/no-style-icon-but-an-image-maker-why-margaret-thatcher-was-the-wrong-fit-for-the-va. Zuletzt online gelesen am 5. Oktober 2024.
10 Vinken, Barbara: VER-KLEIDEN. Was wir tun, wenn wir uns anziehen. Wien / Salzburg 2022.
11 Boehn, Max von: Die Mode. Menschen und Moden im neunzehnten Jahrhundert. Nach Bildern und Kupfern der Zeit. 1843–1878. München 1908. S. 116.
12 https://www.lastampa.it/politica/2022/10/21/news/il_look_di_giorgia_premier_theblues_sister_in_tailleurpantalone_rigoroso_e_calvinista-12185149/. Zuletzt am 7. November 2022 abgerufen.
13 http://www.en.kremlin.ru/events/president/news/60363/photos#photo-58635 Offizielle Seite des Kreml (ru-engl.). Zuletzt am 8. November 2022 abgerufen.
14 Das kleine Volksblatt. Montag, 16. Jänner 1939. S. 10.
15 Arbeiterwille. Graz, Mittwoch, 8. März 1926. S. 7.
16 Wallnöfer, Elsbeth: How to wear a Dirndl. (K)eine Gebrauchsanleitung. Salzburg 2024. S. 95.
17 North Korea: Students required to get Kim Jong-un haircut. In BBC News vom 26. März 2014. https://www.bbc.com/news/blogs-news-from-elsewhere-26747649. Zuletzt am 9. November 2022 abgerufen.
18 Publius Ovidius Naso: Briefe aus der Verbannung. Mannheim 2011 [5. Aufl.] S. 275 (Zweisprachige Ausgabe Lateinisch-Deutsch. Übertragen von Wilhelm Willige).
19 Publius Ovidius Naso: Briefe aus der Verbannung. Mannheim 2011 [5. Aufl.] S. 273. (Zweisprachige Ausgabe Lateinisch-Deutsch. Übertragen von Wilhelm Willige).

Ordnung der Macht mit Frack

1 Anmerkungen von Helmut Stoltenberg in der Wochenzeitung „Das Parlament". https://www.das-parlament.de/2009/15_16/Themenausgabe/24076005-299486. Zuletzt am 30. Jänner 2023 abgerufen.
2 Online abrufbar https://www.parlament.ch/de/über-das-parlament/parlamentsportraet/ratsmitglieder/ratsmitglieder-im-parlamentsbetrieb/kleiderordnung Zuletzt am 17. Oktober 2024 abgerufen.
3 Zur Kleiderordnung des Schweizer Parlaments siehe: https://www.parlament.ch/de/über-das-parlament/parlamentsportraet/ratsmitglieder/ratsmitglieder-im-parlamentsbetrieb/kleiderordnung. Zuletzt online am 30. Jänner 2023.

4 IL DRESS CODE DI UN PERFETTO „ONOREVOLE“ gepostet vom „Democracy Team“ am 16. Jänner 2018. Zuletzt aufgerufen am 30. Jänner 2023. https://www.democracysimulazione.it/2018/01/16/dress-code-un-perfetto-onorevole/

5 Il fatto quotidiano. Zuletzt abgerufen am 30. Jänner 2023. https://www.democracysimulazione.it/2018/01/16/dress-code-un-perfetto-onorevole/

Der Anzug & Triumph des T-Shirts

1 „[...] It was a year that put many things in their place, and drew a clear line between courage and heroism, on the one hand, and betrayal and cowardice on the other, showed us that there is nothing stronger than love for our near and dear, loyalty to our friends and comrades-in-arms, and devotion to our Fatherland.“ Rede vom 31. Dezember 2022. http://www.en.kremlin.ru/events/president/news/70315
Abgerufen am 2. Januar 2023

2 https://bellevue.nzz.ch/mode-beauty/putin-traegt-jacke-von-loro-piana-was-das-label-dazu-sagt-ld.1675714
Zuletzt am 28. Mai 2024 aufgerufen.

3 https://www.zdf.de/nachrichten/panorama/selenskjy-tshirt-ukraine-krieg-russland-100.html. Zuletzt am 3. Jänner 2023 aufgerufen.
Siehe auch: https://www.ft.com/content/9599247f-c3cb-4d3c-a0b6-771f0aac8699. Zuletzt am 3. Jänner 2023 aufgerufen.

4 https://www.stern.de/gesellschaft/wolodymyr-selenskyjs-army-t-shirt--das-symbol-des-widerstands-32988138.html vom 29. Dezember 2022. Abgerufen am 2. Jänner 2023.

5 Ryklin, Michail: Räume des Jubels. Totalitarismus und Differenz. Frankfurt a. M. 2003. S. 73.

6 Zum Thema Uhren und Macht siehe auch: https://www.handelszeitung.ch/panorama/putin-obama-merkel-wer-tragt-welche-uhr oder https://www.chrono24.at/magazine/die-uhren-der-maechtigen-p_49585/ Beide zuletzt abgerufen am 6. November 2022.

7 https://ipf1721.com

8 The Economist. October28TH-November 3RD 2017.

9 Ryklin, Michail: Räume des Jubels. Totalitarismus und Differenz. Essays. Frankfurt a. M. 2003. S. 75.

10 https://www.spartanat.com/2022/05/die-t-shirts-des-ukrainischen-praesidenten/
https://zelensky-tshirt.com

11 Ryklin, Michail: Räume des Jubels. Totalitarismus und Differenz. Frankfurt a. M. 2003. S. 71.

12 Nach wie vor die ideenreichste und intellektuell vergnüglichste Erörterung zum Thema Junggesellenmaschinen siehe: Reck, Hans-Ulrich; Szeemann, Harald (Hrsg.): Junggesellenmaschinen. Erweiterte Neuausgabe. Wien / New York 1999.

13 Die Vorwegnahme panslawischer Großmachtpolitik in Gestalt des Überfalls auf die Ukraine formulierte vorweg Alexander Dugin. Zitiert nach: Eltchaninoff, Michel: In Putins Kopf. Logik und Willkür eines Autokraten. Aktualisierte Ausgabe. Stuttgart 2016. S. 108. Eltchaninoff zitiert Dugin nach der französischen Ausgabe: Dugin, Alexander: La Quatrième Théorie politique. Nante 2012. S. 54.

Politisch-religiöse Allianzen

1 Fischer, Rudolf: Gold, Salz und Sklaven. Die Geschichte der großen Sudanreiche Gana, Mali und Songahi. Feldbrunnen 2013 [3. überarb. und erweiterte Aufl.]; Pancella, Peggy: Mansa Musa. Ruler of Ancient Mali. Chicago 2003.
2 https://nypost.com/2022/03/25/kim-jong-un-channels-top-gun-in-bizarre-video-of-north-korean-missile-launch/
https://www.reuters.com/world/asia-pacific/nkorea-media-give-kim-jong-un-top-gun-treatment-missile-coverage-2022-03-25/
Zuletzt am 1. Dezember 2023 abgerufen.
3 Moeskes, Christoph (Hg.): Nordkorea. Einblicke in ein rätselhaftes Land. 2. vollständig aktualisierte Auflage. Berlin 2007. S. 12 f.

Lustprinzip, falsche Könige (Populist oder Demagoge), echter Applaus

1 Szilágyi, Ákos: Endsieg. Morphologie des politischen Zaubermärchens. In: Europäische Rundschau. Vierteljahreszeitschrift für Politik, Wirtschaft und Zeitgeschichte. 39. Jg. 2011 / 1. S. 19–25.
2 Lengyel Lászlό: Das ungarische Modell? In: Europäische Rundschau. Vierteljahreszeitschrift für Politik, Wirtschaft und Zeitgeschichte. 39. Jg. 2011 / 1. S. 11–18. Hier S. 18.
3 Haupttheoretikerin eines linken Populismus sind die Belgierin Chantal Mouffe und ihr verstorbener Ehemann Ernesto Laclau. Siehe: Mouffe, Chantal: Für einen linken Populismus. Berlin 2018. Laclau, Ernesto: On Populist Reason. London 2005.
4 Zu Chávez siehe: Kenneth, Roberts M.: Populism and democracy in Venezuela under Hugo Chávez. In: Mudde, Cas; Rovira Kaltwasser, Chrisóbal (Hg.): Populism in Europe and the Americas: Threat or Corrective for Democracy? Cambrigde 2012. S. 136–159.
5 https://www.br.de/nachrichten/bayern/den-bogen-ueberspannt-aiwanger-nach-heizungsdemo-im-kreuzfeuer,TgyWkiI Zuletzt am 13. Juni 2023 abgerufen.
6 https://www.zdf.de/nachrichten/politik/polen-rechtsstaatlichkeit-tusk-justizreform-100.html Zuletzt am 5. Dezember 2023 aufgerufen.

Private Öffentlichkeit. Geteilte Leben. Wir und die Macht

1 Hénaff, Marcel: Die Bühne der Macht. Die Inszenierung der Politik – Über sichtbare Figuren der Souveränität. In: Lettre international, 105, Sommer 2014. S. 88–96. Für den Hinweis auf Hénaff danke ich Doz. Dr. Karl Stockreiter, Psychoanalytiker, Wien.
2 Hénaff, Marcel: Die Bühne der Macht. Die Inszenierung der Politik – Über sichtbare Figuren der Souveränität. S. 91. In: Lettre international, 105, Sommer 2014. S. 88–96.
3 Sloterdijk, Peter: Zorn und Zeit. Frankfurt a. M. 2019[5. Aufl.]. S. 187.
4 Schneider, Anna-Sophie im Magazin der Spiegel von Dezember 2022. https://www.spiegel.de/ausland/sanna-marin-manchmal-will-sie-einfach-ein-normaler-mensch-sein-a-9cf0f3f1-2f33-4b1f-a7a7-0a1cbf83f446
Zuletzt abrufbar am 7. Februar 2023 (hinter der Bezahlschranke).
5 https://www.reddit.com/r/Austria/comments/dau5a1/warum_spricht_eigentlich_niemand_darüber_dass/?rdt=52042. Zuletzt am 28. Mai abgerufen.

6 https://www.corriere.it/foto-gallery/politica/13_dicembre_03/berlusconi putin-giochi-il-cane-dudu-64973bf8-5c34-11e3-bc7d-68ebf7f6255f.shtml#1. Zuletzt am 23. November 2022 abgerufen.

7 Vgl.: https://www.suedostschweiz.ch/zeitung/forza-dudu-silvio-kommt-auf-den-hund-0 zuletzt abgerufen am 23. November 2022.
Sieh auch das Klatschmagazin Oggi: https://www.oggi.it/people/vip-e-star/2014/05/31/ora-anche-dudu-ha-la-fidanzata-silvio-berlusconi-e-francesca-pascale-allargano-la-famiglia/. Zuletzt am 24. November 2022 abgerufen.

8 https://osservatorequotidiano.it/berlusconi-animalista-e-la-foto-con-dudu-nella-giornata-internazionale-del-cane-tanti-auguri-ai-nostri-amici/ Veröffentlicht am 26. August 2022. Zuletzt abgerufen am 24. November 2022.

9 http://ilblogdidudu.blogautore.espresso.repubblica.it

10 Juli 2012.

11 Wolkow, Leonid: Putinland. Der imperiale Wahn, die russische Opposition und die Verblendung des Westens. München 2022. S. 11.

12 Der Psychoanalytiker Hans-Jürgen Wirth befundet bei Putin aufgrund dieser Szene einen sadistischen Zug. Deutschlandfunk am 27. Dezember 2022.

13 Koni war ein Geschenk Sergei Shoigus. Die Hündin warf Junge, zwei davon bekam der österreichische Bundespräsident Thomas Klestil.
Siehe: Wladimir Putin: Lieg! Fass! Gib Laut!. In: Komsomolskaja Pravda vom 25. Juli 2001 [mit Unterstützung von Jana Enzelberger gelesen] Zuletzt online am Freitag, 13. Jänner 2023.
Die Hündin war jahrelange Begleiterin Putins bei öffentlichen Auftritten, von denen alle überliefert sind. Mit dem Ehepaar Bush, mit Toni Blair, mit Manuel Barroso u. v. a.
https://english.pravda.ru/russia/106780-putin_animals/ vom 2. Dezember 2008. Zuletzt abrufbar am Freitag, 13. Jänner 2023.

14 https://www.lanternaweb.it/verba-manent-non-e-piu-quel-putin-che-giocava-con-dudu/ von Domenico Ercoli. Oktober 13, 2022. Zuletzt gelesen am 24. September 2024.
https://twitter.com/albertonardelli/status/407962779333570560?lang=de

15 https://www.newyorker.com/magazine/2014/12/01/quiet-german. Zuletzt am Freitag, 13. Jänner 2023 abgerufen.

16 Knigge, Adolph, Freiherr von: Über den Umgang mit Menschen: in dreÿ Theilen. Wien 1793. Siehe Digitalisat: https://onb.digital/result/10386659 S. 124.

17 https://www.spiegel.de/ausland/frankreich-marine-le-pens-image-wandel-irgendwie-rechts-aber-mit-katze-a-3ec07e65-0002-0001-0000-000177155101. Zuletzt am 19. Juni 2023 abgerufen.

18 https://www.instagram.com/reel/Czv1pnIrZYY/. Veröffentlicht am 17. November 2023.